杏坛廿载
桃李成蹊

——成都银杏酒店管理学院建校二十年学术论文集

魏 昭 ○ 主编

西南财经大学出版社
Southwestern University of Finance & Economics Press

中国·成都

图书在版编目(CIP)数据

杏坛廿载,桃李成蹊:成都银杏酒店管理学院建校二十年学术
论文集/魏昭主编.—成都:西南财经大学出版社,2022.12
ISBN 978-7-5504-5235-0

Ⅰ.①杏… Ⅱ.①魏… Ⅲ.①饭店—商业企业管理—文集
Ⅳ.①F719.2-53

中国版本图书馆 CIP 数据核字(2022)第 243656 号

杏坛廿载,桃李成蹊——成都银杏酒店管理学院建校二十年学术论文集
XINGTAN NIANZAI,TAOLI CHENGXI——CHENGDU YINXING JIUDIAN GUANLI XUEYUAN JIANXIAO ERSHI NIAN XUESHU LUNWENJI
魏昭 主编

策划编辑:李邓超
责任编辑:王青杰
责任校对:金欣蕾
封面设计:何东琳设计工作室
责任印制:朱曼丽

出版发行	西南财经大学出版社(四川省成都市光华村街 55 号)
网　　址	http://cbs.swufe.edu.cn
电子邮件	bookcj@ swufe.edu.cn
邮政编码	610074
电　　话	028-87353785
照　　排	四川胜翔数码印务设计有限公司
印　　刷	四川五洲彩印有限责任公司
成品尺寸	170mm×240mm
印　　张	19
字　　数	354 千字
版　　次	2022 年 12 月第 1 版
印　　次	2022 年 12 月第 1 次印刷
书　　号	ISBN 978-7-5504-5235-0
定　　价	99.00 元

序

2022 年是成都银杏酒店管理学院建校 20 周年。经过 20 年风雨兼程，学校在不断发展和壮大，在建设特色鲜明的一流应用型酒店管理本科学校的道路上昂首阔步。

论文集遴选部分展示我校优秀办学成果，体现学校发展历程的优秀学术论文，涉及人才培养模式改革与创新、课程建设与教学改革研究、学生综合能力与素质培养研究、综合类研究四方面。全书体现了师生积极践行学校"成就学生，服务社会"的办学理念，践行"服务养成，知行相济"校训，坚持教中研、研中教的教学研究理念，其中有对办学历程的回顾和对学校未来的展望，有立德树人、潜心教书、静心育人的崇高师德展现，有紧密结合行业需求开展应用型人才培养探索和实践的累累教学成果，也有学校行政及后勤服务岗位言传身教、知行合一，努力构建全员育人环境的生动实践。

成都银杏酒店管理学院 20 年的发展历程，是我国高等教育与酒店旅游行业互动互融的写照。酒店不仅仅是一种业态，更是一种体现先人后己、开放包容、注重品质、引领时尚的先进文化。我们希望并将致力于将学校建成全国一流、世界知名的酒店管理学院。同时我们也深知，在没有经验借鉴的前提下，要办好一所酒店管理本科院校任重而道远。

虽然道阻且长，但我们坚信行则将至。

魏昭

2022 年 8 月

目　录

人才培养模式改革与创新

课程建设与教学改革研究

学生综合能力与素质培养研究

综合类研究

人才培养模式改革与创新

坚持理实并举，重构教学体系，思创同心同行，培养创新创业创青春的双创人才

校长　魏昭　教务处　高恒　秘涛

摘要：新时代背景下，国家、社会对具有创新思维的实践型人才的需求极其迫切，但国内高校双创人才培养尚未取得实质性突破。成都银杏酒店管理学院联合西南交通大学、四川农业大学、宜宾学院、四川旅游学院等高校及其创新创业教育团队，经十余年设计、推进与完善，形成了以培养新时代创新创业人才为核心目标、以"创新、创业、创青春"为价值引领，以理论与实践并举为手段，以双创与思政教育并重为保障，重构教学体系，创新人才培养模式。

关键词：理实并举；教学体系；思创融合；双创人才培养

成都银杏酒店管理学院始建于 2002 年，坚持"成就学生，服务社会"的办学理念，以立德树人为根本，以服务地方经济建设和行业发展为目标，以产教融合、校企合作为途径，围绕四川省文旅产业及现代服务业发展需要，培养应用型、创新型人才。

新时代背景下，我校根据国家、社会对具有创新思维的实践型人才的迫切需求，针对"双创"教育与实际需求脱节，课堂缺乏活力；"双创"课程体系不完整，缺乏层次递进，缺少广度和深度；思政教育和"双创"教育融合难等问题，联合西南交通大学、四川农业大学、宜宾学院、四川旅游学院等高校及其创新创业教育团队，经十余年设计、推进与完善，探索理论与实践并重并举的"创新创业创青春"双创教学新模式；构建课程新体系，整合优质资源，实践多校协同开展"双创"教学；扎根中华大地，讲好中国创业故事，思政教育与双创教育有机融合，培养新时代创业青年人才。

1　坚持理论和实践并举，打造双创教学新模式

探索"课堂—项目—比赛—孵化—案例—课堂"螺旋提升的"理论实践

并举"教学新模式（见图1）。

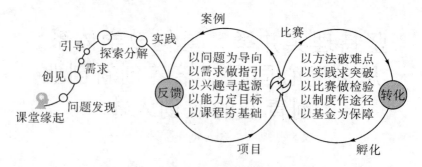

图 1　理论实践并举螺旋提升的教学新模式

理实并举的新教学模式，发现与创见，探索与实践，不断延展教学宽度、深度与持久度，加深学生对课堂知识的理解。改变实践教学定位，由"课堂讲解，辅以实践体验"转变为"理实并举的双创教学"。成果以问题为导向、以兴趣为指引、以能力定目标、以课程奠基础、以方法破难点、以实践求突破、以比赛做检验、以制度做支撑、以基金为保障，持续推进教学。

开创性地建立自有"银杏格美双创基金"，成立专门机构"创业学院"，建立长效机制，保障双创教学。

改变学习考核办法，改考为评，通过比赛、实践落地、孵化项目等检验课程成果。制定创业休学等基础管理机制，保证双创实践体系稳定长效。

课赛结合，为"创新创业创青春"提升软实力和影响力。自主发起，常态化举办成渝双城经济圈"银杏杯"旅游酒店+大学生创新创业大赛，得到了教育主管部门的高度重视，吸引了数十所院校广泛参与，学生同场竞技，评委来自行业，闭环检验双创教育效果。例如，合作开展四川旅游创意产品设计研讨暨展览会、参与"导航名师"大学生创新创业指导课程教学大赛、四川省旅游酒店行业创新创业论坛等，帮老师提水平，帮学生进市场。

完善项目转化落地孵化机制。高校创新成果走向市场的"最后一公里"是整个双创教育体系有效运行的症结和引爆点。成果投入资金，健全实践体系：已经自建四川省级众创空间、大学生创新创业离岸服务站、"种子计划"培养基地、省级大学生创新创业园区、成都大学生创业孵化示范基地等，深入参与国家级科技园、国家级创新创业孵化园区、创新创业项目训练体系，搭建校内外多主体互动协同的实践孵化平台，形成了"教学情境市场化、出入通道多样化、成果导向产业化、创新动力长效化"的双创实践教学新模式。

2 构建双创课程新矩阵，创建优质资源新平台

2.1 构建层次递进、纵横兼济的双创课程新矩阵

构建"普及双创知识、兴趣驱动比赛、问题分析研究、项目孵化企业"四层次递进的课程矩阵，满足不同学科、不同层次学生差异化、个性化学习的学习需求。课程体系在纵向维度上，把握不同阶段学生的知识结构特征，从易到难，由浅到深，层次递进；在横向维度上，力求课程设计宏观与微观相结合，纵横兼济。宏观维度主要表现在课程知识面的宽泛，关注问题的宏大性；微观维度主要是具体分析解决问题的工具与技术（见图2）。

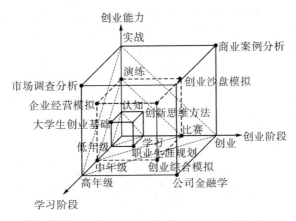

图2　层次递进、纵横兼济的课程矩阵

例如，成果面对低年级开设有"大学生创业基础""创新思维与方法"等基础导论课程，后续有"创新创业创青春""创业沙盘模拟"等课程，已创业或高年级学生可选"市场调查""公司金融学""商业案例分析"等课程。

2.2 探索多校协同，优势互补的"双创"教学新路径

跨界联动，取长补短。学校以常设机构、自有基金为保障，汇聚多校优质师资。打通校际、校企、院系壁垒，全过程、广覆盖、普收益、可持续。将"知识型、专家型、实战型"相结合，注重师资梯队建设，形成由四川省"导航名师"获奖教师、成渝双百导师团、省创新创业中心专家导师团成员组成的跨院校、跨行业、跨学科的授课团队。学界业界联动，形成专业教师、校外讲师、项目导师"三师制"师资队伍。

团队突破多校联合培养过程中的空间、人员、资源等方面的限制，实行有效的资源共享、同频共振、互联互通，基于此共同打造国家一流本科实践课程——创新创业创青春。

成都银杏酒店管理学院联合西南交通大学、四川农业大学、宜宾学院等教师以及行业领域的专家人才资源，打造教育联合体。比如西南交通大学负责提供可借鉴的创新人才培养方案和创业类大赛比赛经验；四川农业大学负责组织学生农业农村实践调研以及创业精准扶贫、乡村振兴等思创融合实践中的可行性论证和深入探讨。多所高校在管理互通、师资共配、协同创新、研训互动、资源共享和质量共提等方面共同发力，通过组建虚拟教研室、智慧化平台、同步质量评估等方式，打破校际壁垒、专业壁垒，实现优质教育资源的扩大与辐射。

2.3 思政教育与双创教育同心同行，实现中国梦与创业梦有机统一

学校进一步明确思想政治教育是创新创业教育的根本，坚持"育人为本、理论为基、应用为要、创新为魂"，讲好中国创业故事，培养学生家国情怀。高度重视案例教学和社会调查，构建了以"改变"为主题的"品读世界经典+助力中国创造+建设美丽家乡"三层次教学案例集。例如，通过"健力宝二十年兴与衰"讨论创业机会识别；通过"极飞无人机助力新疆棉农致富"讨论市场细分法与差异化竞争等。教学内容丰富，理论分析透彻，符合学习规律，学生兴趣盎然，效果持久。思创融合新途径如图 3 所示。

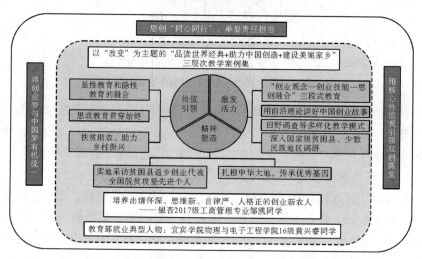

思创融合新途径

图 3 思创融合新途径

教学方法实现"以教师为中心"到"以学生为中心"，"以教为中心"到"以学为中心"，"以供给为中心"到"以需求为中心"的转变。学生带着问题，和教师一起走出课堂，来到田间、工厂、社区开展调查研究，实现浸润式

学习。引导学生"扎根中华大地，了解国情民情"，激发学生将创业梦与中国梦的有机统一，用核心价值观引领双创课堂。

雏既壮而能飞兮，乃衔食而反哺。成都银杏酒店管理学院 2017 级工商管理专业方锴同学关注到课堂分享"工业大麻种植产量小，但产业需求巨大"的供需问题，便前往种植区域云南楚雄农村实地走访，结合课程内容，与团队同学不断努力，最终"麻生云中，不扶自直"创业项目，荣获四川省"互联网+"大赛金奖。方锴毕业后返乡助力三农发展，扎根云南，孵化"千亩工业大麻种植项目"，成为创业新农人。

宜宾学院物理与电子工程学院 2016 级学生党员黄兴睿，学习期间创办泸州引磁未来无人机科技有限公司等三家公司。武汉新冠肺炎疫情期间，他利用无人机技术支持抗疫；亲赴武汉向最前线火神山医院和雷神山医院赠送蔬菜近百吨。他被省人社厅评为"四川省大学生创业典型"，荣获第五届"互联网+"省级金奖，国家级三等奖，入选教育部就业创业典型人物事迹。

3　人才培养成效显著

3.1　线上线下结合，数万名学生受益，在各院校广受师生好评

核心课程"创新创业创青春"被评为首批国家级一流本科实践课程、四川省创新创业教育优质示范课、全国高等学校创新创业教育"精彩一课"一等奖。目前课程第六轮开课。本团队依据"创新创业创青春"线下课程，已建设 6 门线上创业 MOOC 课程。"创新创业创青春"线上 MOOC 课程已于 2019 年 9 月上线，单门课程在线学习人员达到 20 000 余人，为包括扬州大学、长春工业大学、西华师范大学、渤海大学、安徽科技学院等国内 60 余所在校学生提供慕课学习，成为创业类 MOOC 课程的佼佼者；同时推出线上英文 MOOC 课程"Innovative Entrepreneurship of Youth"，入选爱课程国际平台首批线上课程，面向全球开放、共享。该课程成为创业类 MOOC 课程的佼佼者。学生评分 4.8 分，共计 1 355 个书面反馈和评价。例如：

"创新精神之前就有所了解，在老师这里对创业有了新的认知。明白了创业的本质就是我们要积极探索机会，整合资源，充分利用机会，实现价值创造的过程。听到这些话感觉自己对创业有了很浓厚的兴趣，对自己的青春创造也有了一定的方向。"

"通过创新创业的课程，对创业的整个过程有了完整的认识与理解，从识别创业的机会到整个过程观、认知观，对创业的全貌有了基础的概念，几位老师从不同的切入点，从精彩的讲解到案例的引用再到嘉宾的访问，都恰到好

处，从各个方面让我对创业创新有了全新的理解！"

3.2 人才培养质量提高，竞赛斩获佳绩，凸显人才优势

坚持理实并举的理念，我们的实践平台产出丰硕成果。获得全国大学生电子商务"创新、创意及创业"挑战赛全国特等奖6项、一等奖4项；"挑战杯"全国大学生课外学术科技作品竞赛大赛全国二等奖1项。

中国"互联网+"大学生创新创业大赛全国银奖1项；全国大学生服务外包大赛一等奖2项，二等奖5项、三等奖7项，团队至今共获得国家级、省级竞赛140余项。例如教学团队高恒老师带队参加中国"互联网+"大学生创新创业大赛三年内获得四川省金银铜奖共11项，获评优秀指导教师；李付老师带领学生团队在"学创杯"全国大学生创业综合模拟大赛上近5年先后获得国家一等奖2项，国家级、省部级奖项20余项。

用人单位评价信息反馈良好，普遍认为学院毕业生具备较强的综合分析能力，扎实的专业基础知识，较强的创新意识与创新能力，独创性的思维方式，敢于质疑，勇于挑战自我。

3.3 强固产教融合，立稳服务地方，应用特色显著

依托国家级孵化园菁蓉镇银杏学院园区、国家级科技园区西南交通大学科技园，已与阿里巴巴、希尔顿、锦江集团等30余个企业签订合作实践基地协议。并且本成果得到了广元市苍溪县县政府的大力支持，在涵盖716个行政村、91个社区的苍溪县政府微信公众号上推广课程，吸引当地大量社会学习者加入创业知识学习，对鼓励村民返乡创业、乡村振兴起到积极的推动作用。依托教学团队前期努力，学生现已确权创新创业项目76项，孵化16家创业公司，提供就业岗位150余个，带动社会投资近亿元。

3.4 教学成果丰硕，辐射效应显著

团队主编普通高等学校创新创业教育"十三五"规划教材《创业基础》《创业管理》《大学生创新创业实务指导》等系列书籍9部，该套教材是全国唯一——套创新创业教育系列教材，已被全国135所院校作为选修课、必修课参考用书使用，覆盖20多万名大学生和高校创新创业教育研究从业人员，成为全国高校创新创业教育领域颇具影响力的教材之一。创新创业创青春课程配套教材《创新创业创青春》已入选"十三五"国家重点出版物出版规划项目。团队撰写的创业案例，入选中国百篇优秀案例。团队先后主持国家级基金项目5项，教育部社科基金5项，教育部产学研项目5项，多名教师成员获得"教育部全国万名优秀创新创业导师""全国高等学校创业教育工作先进个人""全国高等学校创新创业教育工作突出者"等称号，成果先后获得第二届全国

大学生创新创业实践联盟年会优秀论文、先进工作事迹一等奖。

　　积极交流分享，参与各类会议论坛，扩大成果推广范围。课程负责人和团队积极参加全国性的创新创业教育会议，与各地教学团队深入交流，积极推广该教学课程的教学理念与模式。于 2019 年 10 月参加第八届全国创新创业教育研讨会，分享"创新创业教育 20 年发展趋势与变革"主题演讲，探讨推动产学研一体化发展新模式，于 2020 年参加四川省民办高校应用型人才培养教育教学改革研讨会并做主题交流发言等，获国内高校专家好评；团队打造的四川省"银杏杯"旅游酒店+大学生创新创业大赛、成渝双城经济圈首届"银杏杯"旅游酒店+大学生创新创业大赛，成为川渝两地百余所院校参加的特色创新创业大赛；成果已被成都信息工程大学 28 所省内外高校学习、推广与应用。团队成果多次被中新网、四川日报、四川在线等多家媒体争相报道。

"行、企、校"三位一体现代服务业应用型人才培养模式创新与实践

教务处 秘涛 高恒 冯竹

摘要： 成都银杏酒店管理学院以旅游、酒店管理为主要特色和优势，以管理学为主，多学科协调发展，形成了"行、企、校"三位一体的现代服务业应用型人才培养模式。该模式以转变观念为先导，凝聚共识，构建应用型人才培养顶层设计体系；以行校融合、校企协同为抓手，构建形成协同育人长效机制；以专业建设为突破，构建"一核心三集群多层次"的现代服务大类专业结构，实现专业结构与产业结构对接；聚焦人才培养模式改革，构建并实践以"培养规格与行业标准相统一""教学内容与行业实际相适应""教学过程与真实环境相融合""教师队伍与行业师资相贯通"为主要特征的现代服务业应用型人才培养模式。

关键词： 现代服务业；应用型；人才培养

在《中共中央关于制定国民经济和社会发展第十四个五年规划和二〇三五年远景目标的建议》提出加快发展现代服务业，《国务院关于促进旅游业改革发展的若干意见》提出大力发展智慧旅游，国家旅游局提出"人才强旅，科教兴旅"目标的背景下，中共四川省委、四川省人民政府《关于加快构建"4+6"现代服务业体系推动服务业高质量发展的意见》等多项政策，支持现代服务业高质量发展，行业产业结构优化升级，迫切需要高校为现代服务业快速发展提供人才支撑。

成都银杏酒店管理学院是目前全国唯一一所以酒店管理为办学特色的独立设置高等院校。学院持续创新与改革人才培养模式，形成了"行、企、校"三位一体的现代服务业应用型人才培养模式。该模式以转变观念为先导，凝聚共识，构建应用型人才培养顶层设计体系；以行校协同、校企合作为抓手，构建形成协同育人长效机制；以专业建设为突破，构建"一核心三集群多层次"的现代服务大类专业结构，实现专业结构与产业结构对接；聚焦人才培养模式改革，构建并实践以"培养规格与行业标准相统一""教学内容与行业实际相

适应""教学过程与真实环境相融合""教师队伍与行业师资相贯通"为主要特征的现代服务业应用型人才培养机制,育人成效显著。

1 以转变观念为先导,凝聚共识,构建应用型人才培养顶层设计科学体系

2011年以来,学院切实做好专业改革、四川省教育综合改革试点项目,多次邀请行业、企业专家及教育专家共同开展"重构人才培养体系,提升应用型人才培养质量"研讨会等,明确我校应用型人才培养顶层设计。

2 以行校融合,校企协同为抓手,构建形成"行业参与、校企合作、协同推进"的协同育人长效机制

2.1 行、企、校深入合作

与成都旅游住宿业协会及下属学术与标准化建设专委会等12个专委会,引领地方旅游和酒店业行业标准的制定和规范发展。与本土知名品牌成都瑞升芭富丽大酒店合作,建成全国首家运营式教学酒店,由学院副院长担任酒店总经理,探索形成校企合作长效机制。

2.2 行、企、校共建实习基地

与成都世纪城新国际会展中心有限公司等共建3个四川省大学生校外实践教育基地;与希尔顿集团、万豪等国际品牌酒店签订深度战略合作协议,共建实训基地,引行业标准入课程,校企协同开展专业和课程建设。

3 以专业建设为突破,对接地方产业链,构建现代服务大类专业结构

3.1 聚焦现代服务业(以酒店旅游产业链为主),主动对接产业链与创新链要求,构建相互支撑、相互渗透的现代服务大类专业结构

学校主动适应社会经济发展需要,围绕四川省"4+6"现代服务业体系,以省级一流专业建设为引领,依托学校优势与特色,结合行业发展需求,重点打造现代旅游业、休闲健康服务行业、文化创意等现代服务大类专业结构,培养满足生活性服务业向高品质和多样化升级的现代服务业应用型人才(见表1)。

表 1　现代服务大类专业结构

类型	核心专业 （重点建设专业）	主干专业 （加快建设专业）	其他构成专业 （加快培育专业）
现代旅游业	酒店管理 旅游管理	物业管理、物流工程、市场营销、人力资源管理	会展经济管理
休闲健康（养老）服务行业	休闲体育	社会体育	运动康复
文创服务行业	视觉传达设计	环境设计、产品设计	数字媒体艺术、服装与服饰设计
现代金融服务行业	会计学	工程造价、会计电算化	审计学、金融管理与实务
财税及咨询服务	税收学	财务管理	国际经济与贸易
信息服务行业	信息管理与信息系统	数字媒体技术、电子商务、软件工程	物流管理
语言与媒体服务行业	英语	商务英语、文化产业管理	网络与新媒体

3.2　以学院优势为基础，推进专业融合

引入行业、企业反馈评价机制，依据酒店旅游行业发展趋势，在保持特色优势专业的基础上，调整优化学科专业布局结构，设置符合新技术、新业态发展趋势的专业方向（见图 1），培养知识复合、能力复合、思维复合，能满足社会发展需求的"一专多长"的现代服务业应用型人才。

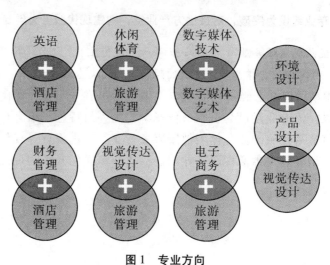

图 1　专业方向

4 聚焦人才培养模式改革，深化产教融合，提高应用型人才质量

以四川省"高等教育质量工程－专业改革"建设项目及 6 个省级应用型示范专业为载体，构建并实践了以"培养规格与行业标准相统一""教学内容与行业实际相适应""教学环境与工作场景相融合""教师队伍与行业师资相贯通"为主要特征的现代服务业应用型人才培养模式。

4.1 主动适应行业产业需求，明确培养规格，实现培养规格与行业标准的有效融合

学院坚持针对毕业学生，开展广泛的就业质量调研以及教学评价反馈，从知识、能力、素养反馈以及教育教学过程评价人才培养质量。同时组建了"行业专家+企业高管+高校教师"三方参与的专业教学指导委员会，深入开展人才需求分析，对标行业产业人才标准，明确应用型人才培养规格，以 OBE 为理念，按照"反向设计，正向实施"的方式，优化人才培养方案，有效解决应用型人才培养规格与社会、行业需求脱节，与产业链、创新链匹配不够的问题（见图 2、图 3）。

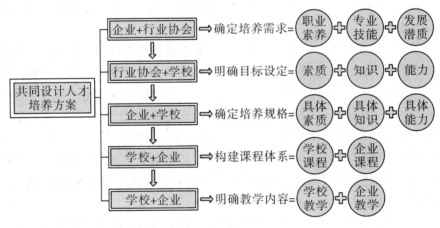

图 2 人才培养方案

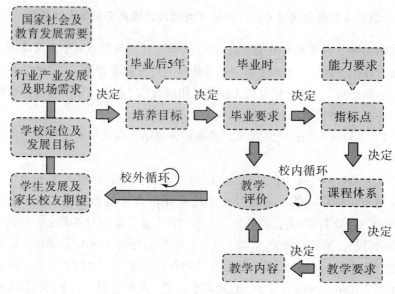

图3　人才需求分析

4.2　优化课程体系，多维度构建实践教学体系，实现教学内容与行业实际相适应

　　行业、企业、学校三方对学科知识体系和技术逻辑体系进行分析，通过"四增两减"的方式，重构基于行业标准的课程体系。一是增加第二课堂，减少第一课堂学分、学时，提高学生综合素质；二是增设适应行业一线、企业岗位标准的应用型课程，开设或引进反映产业、行业新业态、新技术、新成果的课程，优化课程设置和教学内容；三是增加实践教学在课程体系中的比重，实验（实训）课独立设课，实践教学环节学分比例稳定在40%左右；四是增加创新创业等柔性式获取学分，减少传统考试等刚性方式。多维度构建三层次、四模块实践教学体系（见图4）。

　　采用"四融合"方式，将行业实际融入教学内容，即合作研发课程融入课程模块、企业真实项目融入学生毕业设计（论文）、教师科研成果融入教学案例、服务流程融入实践教学，行业、企业、学校共同出版系列实训教材。

　　将教学内容与行业实际相融合，克服教学内容重理论、轻实践的弊端，增强学生应用能力，解决了长期以来理论教学与实践运用脱节的问题，缩短学生就业适应期。

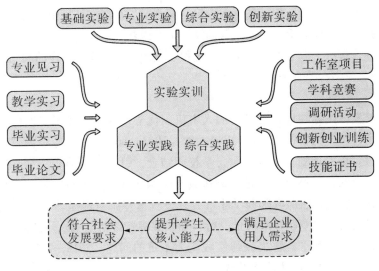

图 4　实践教学体系

4.3　设置真实教学情景，实现教学环境与工作场景有效融合

学院与行业、知名企业合作，持续共建实训基地，组建行业、企业、学校三方参与的师资团队，开展学校+企业实景教学：将瑞升芭富丽酒店作为教学酒店，学院副院长担任酒店总经理，开展8周全实景教学；2019年宜宾校区自建的经营性实体酒店（四星级）正式投入使用，实现现代服务业应用型人才培养全过程中各实践教学环节的全部实景教学，推进实践教学环境与工作场景相融合。同时，学院组建由行业、企业、学校三方导师共同参与的师生团队，完成行业咨询、企业项目、毕业设计（论文），实现"真题真做"。产学研训平台见图5。

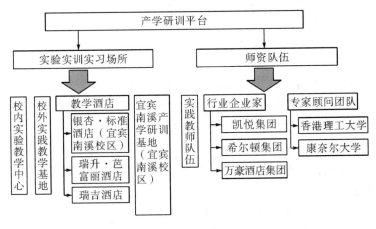

图 5　产学研训平台

通过教学环境与工作场景有效融合，实现学生在真实环境中由行业专家指导，依托真实工作要求，完成实景训练，全面提升学生专业知识、实践能力和综合素养，解决了教学方法、手段、过程与应用能力培养不适应的问题。

4.4 强化人事制度改革，优化师资队伍，实现教师队伍与行业师资相贯通

学校发挥民办院校相对灵活的人事机制优势，制定《关于"双师双能型教师队伍建设"的暂行办法》（成银人发〔2017〕86 号），实施校内"双师双能型"教师培养计划，采取企业与学校相结合，引进与培养相结合，专职与兼职相结合的"三结合"办法，聘用具有丰富实践经验的行业专业，担任专业、课程负责人、任课教师和学生导师；设置"双师双能型"教师专项培训经费，持续推进"专职教师到企（行）业实践锻炼计划"，显著提高师资队伍实践经验和教学水平，解决教师实践能力不足的问题。2018—2021 年，学校"双师双能型"教师占比持续提高。

5 社会效果与行业反响

5.1 人才培养质量显著提高

毕业生受到行业认可。学校人才培养质量得到行业企业的普遍认可，毕业生备受用人单位的欢迎，就业率均稳定在 96% 以上；绝大多数毕业生均能在与所学专业相关领域稳定发展，正逐步成长为企业的技术骨干和管理中坚。

学生学科竞赛成绩优异。学生参加学科竞赛人数多，得奖率高，成绩优异。近三年，共计 508 名学生，708 人次参加各类学科专业竞赛，学生获得学科专业竞赛奖项质量高，获国家级奖项 10 余项，省级及以上奖项逾百项，其中两次荣获"互联网+"大学生创新创业大赛四川省金奖，荣获多项银奖、铜奖，获奖级别及数量居同类院校前列。

5.2 学生实现多元化发展

近五年，学生积极参与各级各类科研项目，公开发表学术论文 400 余篇；逾万项创业项目参加全国"互联网+"创新创业比赛；近百项创新创业训练计划项目入选四川省级大学生创新创业训练计划项目；学校遴选优秀创业项目入驻大学生创新创业俱乐部，持续支持项目落地与孵化，截至目前已注册企业 54 家，孵化企业四川九运巨升科技有限公司现有发明专利 2 项，发明成果奖 2 项，四川青媒聚合广告传媒有限公司孵化企业在天府联合股权交易中心双创企业板挂牌上市。

5.3 创新模式，校企合作形式不断深化

学院与成都瑞升芭富丽酒店合作，建立国内首家独立运营的教学酒店，在

完全独立经营的情况下，为学院相关专业提供实景教学，提升学生实践能力与适应性。教学酒店面向学院全部专业开放，促进了各专业实践教学体系的完善，围绕学院对各专业以酒店、旅游的总体特色定位进行建设，产生了明显的引导和聚焦效应。

学院近百名教师参与了相关企业的挂职锻炼，通过教师本人、企业反馈的情况来看，教师返校教学的效果等方面均取得了良好成效；学院参与客栈主题设计、旅游商品设计、酒店布局、规范翻译、经营管理培训、宣传平台建设与维护等各类项目的学生总数已达 1 779 人。

5.4 服务地方经济能力显著增强

学院已与中共四川省委组织部、四川省旅游发展委员会、成都市旅游局等行业主管部门和地方政府建立合作关系，组织相关专业的专家学者，通过咨询建议、评审论证、项目研究等方式进行合作，服务地方经济和社会发展。2015年学校被四川省旅游局（现为四川省旅游发展委员会）设立为"四川省旅游局旅游科研重点基地"；学校连续 5 年受省旅游局委托，编制《四川旅游饭店业年度报告》及季度分析报告，为四川省饭店行业提供研究成果。学校作为秘书长单位和发起单位，牵头正式成立了成都市乡村旅游协会，为全成都市乡村旅游行业服务，完成"四川省文旅产业发展研究报告""成都市住宿业发展（2016—2020）五年规划"等 50 余项服务地方项目，为政府决策提供参考。近百名教师参与旅游扶贫、星级饭店、A 级景区、星级乡村酒店、农家乐等级评定等项目合作和社会服务工作，64 名教师担任评审专家。

5.5 主管部门充分认可

学校四川省教育综合改革项目成果收录四川省教育综合改革试点项目阶段成果集。近年来，学校持续推进专业内涵建设，"酒店管理"、"旅游管理"等4 个专业纳入"四川省民办高校重点特色专业质量提升计划"；"会计学""英语"等 6 个专业立项省级应用型示范专业建设点；"休闲体育"等 3 个专业立项省级一流专业建设点。2010 年获批建设的省级实验教学示范中心——"旅游与酒店管理实验教学中心"，于 2016 年顺利通过评估与验收；"国际标准酒店综合实验教学中心"2021 年获批立项省级实验教学示范中心建设项目。"立足旅游酒店行业需求的校企深度融合协同育人模式改革研究"等 4 项省级教改项目顺利通过省教育厅结题验收，其中 1 项认定为省级重大项目。

学校工作阶段性成果"现代服务业应用型人才培养体系的探索与实践"，2020 年荣获四川省民办教学协会教学成果三等奖，经过进一步总结与完善，获四川省高等教育学会教学成果特等奖。2020 年学校转设工作中，来自教育部的评估专家对我应用型人才培养给予了高度评价。本成果为同类院校应用型人才培养提供了借鉴。数十所省内外高校来我校考察、交流或开展实训基地合作。

参考文献

[1] 周屹，詹晓娟，吕松涛，等. 大学生创新创业能力培养的实践研究 [J]. 黑龙江工程学院学报，2019，33（2）：65-67.

[2] 耿松涛，王帅辉，华志兵. 美国与瑞士旅游专业硕士研究生教育特色及其启示 [J]. 西部素质教育，2016，2（6）：1-2.

[3] 李莉. 酒店管理专业应用型人才培养改革与实践：以重庆第二师范学院为 [J]. 现代商贸工业，2018，39（15）：109-111.

[4] 陈营，魏燕红. 材料成型及控制工程专业的建设、改革与实践 [J]. 科学与信息化，2021（25）：122-124.

[5] 李超，罗庆斌，谭明佳. 欠发达地区高校计算机类本科生创新能力培养的实践教学改革探索 [J]. 计算机时代，2021（2）：55-57，60.

[6] 刘欣. 职业学校"双师型"教师队伍建设研究 [D]. 长春：东北师范大学，2012.

[7] 张素娟. 基于企业工作岗位分工的高职旅游管理专业课程设置及建设研究 [D]. 石家庄：河北师范大学，2009.

成渝地区双城经济圈发展背景下应用型高校校企融合育人模式研究

教务处　高恒　秘涛　冯竹

摘要： 产教融合、校企合作既是地方本科高校应用型人才培养的必由之路，也是地方应用型高校更好地为区域经济社会发展服务的有效途径。本文以成都银杏酒店管理学院为例，研究了具有行业特色民办应用型高校的产教融合、校企合作的经验做法。围绕文旅产业，特别是酒店业发展需求，学校实践总结出了一系列富有特色的校企融合协同育人模式。

关键词： 应用型高校；校企融合；育人模式

应用型高校是高校教育体系中的重要组成部分，在服务当地经济建设、社会发展中扮演着越来越重要的角色。"应用型人才"的培养必须完成"新旧动能转换"，深度融入区域经济发展需求，发挥人才、智力推进器作用，为行业发展提供新动能。"服务行业、产教融合、协同育人"的高校校企融合育人模式能够充分发挥主体作用，解决高校培养与企业需求"两张皮"的问题，有效提高人才核心竞争力，保障人才质量，实现校企双赢，满足发展需求。

1　高素质应用型人才需求现状

随着"一带一路"倡议等的落地，经济建设、结构改革不断深入，区域带动作用将逐步突显，第一、第二、第三产业都将获得蓬勃的发展机会，同时在政治、经济、文化、教育等领域的"供给侧"将面临新挑战。高素质应用型人才需求将不断增加。

以成都银杏酒店管理学院所在的"成渝地区双城经济圈"为例。成渝两地在西部地区人口密度最大、经济基础最好、最有发展潜力。成渝双城西部增长极优势越来越突出，2016年《成渝城市群发展规划》中提出"成渝城市群"概念。2020年1月，中央财经委员会第六次会议，中央首次提出成渝地区双城经济圈"推动成渝地区双城经济圈建设，在西部形成高质量发展的重要增长极"。伴随着政策的不断演进，成渝地区双城经济圈必然超越地理阻隔和行政区域之间的阻隔，一体化发展，提升和强化成渝在对外开放、西部大开发、"一带一路"中的地位和功能。第一、第二、第三产业都迎来巨大挑战和机遇，第三产业（服务业）在区域经济占比将进一步提升，应用型人才需求量质双增。

值得注意的是：成渝地区第三产业增加值比重远低于粤港澳大湾区的水平。2019年粤港澳大湾区第三产业增加值比重为62.2%。成渝地区双城经济圈中相对领先的四川省提出"2022年力争全省服务业增加值总量达到3万亿元以上，占地区生产总值比重达到55%左右，4+6范围内重点产业增加值占全省服务业增加值的65%以上，生产性服务业增加值占全省服务业增加值的40%左右，人均服务增加值达到3.8万元"。

成渝地区双城经济圈现代服务业等"第三产业有发展基础、起点水平高"，高素质应用型服务行业人才需求旺盛，而且提升空间大，发展前景广阔。这对于应用型高校来说，是研究和实践校企融合育人模式的动力源，是有机融入当地经济建设获得跨越发展的切入点，也是院校提升行业核心竞争力的立足点。

2 应用型高校"校企融合"育人模式的内涵与现状

2.1 应用型高校"校企融合"的含义

应用型高等院校面临的突出问题是：学校课堂教育培养人才实践应用能力有限，行业企业人才需求旺盛，但人才与智力供给源高校"产能不符"，高质量应用型人力资源不足。

2015年教育部、国家发展改革委、财政部《关于引导部分地方普通本科高校向应用型转变的指导意见》中提出"推动转型发展高校把办学思路真正转到服务地方经济社会发展上来，转到产教融合校企合作上来"；2017年国务院办公厅《关于深化产教融合的若干意见》中提出"深化产教融合，促进教育链、人才链与产业链、创新链有机衔接，是当前推进人力资源供给侧结构性改革的迫切要求"；2018年后各省相继出台了促进产教融合、校企合作培养人才的政策和措施。

地方本科高校应用型人才培养必须走产教融合、校企合作之路，才能够及时跟上区域经济社会发展的步伐，为社会提供发展需要的大量应用型人才。

2.2 应用型高校"校企融合"协同育人发展模式的现状

不同地区、不同院校的人才培养模式各具特色，发展成熟度不同，但也呈现出一定的共同特征。我们调查了成渝地域乃至"京津冀""粤港澳"经济圈应用型高等院校，各所院校都根据自身情况，尝试实践大量独具特色的"产教融合"人才培养模式。

在众多的校企深度融合的协同育人模式中体现出的共同特征是：形成了"资源共享、订单培养、产学结合"的利益共同体合作机制。所有成功运行模式的目标都是要解决产业发展需求侧和人才培养供给侧存在的"两层皮"问题，通过产业与教育融合，最终达成"学生能力对标岗位标准、学生知识达到院校标准"的人才培养目标。

3 成都银杏酒店管理学院校企融合育人的实践

成都银杏酒店管理学院是一所以文旅产业特别是酒店行业学科为建校特色的本科学院。学院立足四川、服务西部、辐射全国，以立德树人为根本，以服务地方经济建设和行业发展为目标，以产教融合、校企合作为途径，围绕四川省文旅产业特别是酒店业发展需要实践总结出了一系列富有特色的校企融合协同育人模式。

3.1 重新认识双城经济圈背景下教育内涵发展，提升高素质应用型人才培养质量

成都银杏酒店管理学院的人才培养路线主旨为"保证稳定，逐步修改，鼓励创新"，已经建设了教师教学质量控制工程，设置了专门的教师发展中心，创立了创业学院等机构，旨在提升银杏学院产学结合的人才教育质量。学院全面贯彻党的教育方针，"立德树人"是学院人才培养的根本任务。坚持走行业特色内涵式发展道路，积极探索具有行业特色的应用型人才产学深度融合培养模式。通过快速响应行业需求，积极投入行业超前需求人才培养，加速融入成渝双城经济圈发展。

3.2 搭建校企深度融合实践平台，提升学生行业核心竞争能力

学校强化校企合作，与行业知名企业，特别是酒店旅游知名企业，合作建设实践基地，探索实现学生培养与行业需求面对面。学院各专业在近十年的校企校地融合中不断对集中实践性教学环节的设计和安排进行改革和修订，逐步增加实践性教学环节比重，逐步完善实习实践基地甄选机制，逐步完善统一实习实践管理办法等。在专业培养方案中，强调要加强课程实验教学内容的设计、集中性实践教学环节的落实，强化过程性评价，强调采用实践案例教学、现场教学、管培生师徒教学等实践教学模式。学院在宜宾校区自建教学酒店，更是为学校教学能够直接对标行业实际生产运营的需求，夯实了基础，让学校走在了全省同类院校的前列。学院在近两年实践教学中产出了200多项学生论

文与实践成果，应用于行业生产中，获得了良好的反馈。

3.3 紧贴行业前沿发展需求，突出专业实践的课程改革

"当前，我国很多地方高校都在向应用型高校转型，转型发展的目的是提高学生的实践动手能力，提高高校毕业生的社会适应能力。"成都银杏酒店管理学院是以酒店为特色的应用型高校。银杏学院紧贴行业发展需求，推出了"喜来登班""凯宾斯基班""银杏班""香格里拉班"等，将"最先进的理论、最规范的专业课程、最高端的行业标准"相结合，对课程体系的设置、教学内容的改进、实践教学的方式进行探索，在学生管理、教学管理、淘汰机制等方面大胆创新，细致管理，推进人才培养模式的创新改革工作。

3.4 以成渝地区双城经济圈一体化发展为契机，以行业人才需求为抓手，大幅提升教育的国际化水平

学校以"一带一路"倡议为引领，以成渝地区双城经济圈一体化发展为契机，加快国际化进程，实现了人才培养的国际化拓展。根据酒店管理行业的国际化特点，大力推进人才培养的国际化拓展。加强与海外院校的交流与合作，实施专业人才培养的国际化，使学生在校期间学到国际化的先进知识和技能，为学生搭建国外实习、留学、就业平台，组织合办海外交换生项目，开展形式多样的海外实习，努力实现学习和境外就业实习的无缝衔接。目前全院校企合作单位总数已超过200家，国内外实训基地已达百余个。学院探索构建了"学院+政府""学院+企业"的校地合作模式，合作成果直接为当地经济服务。

成都银杏酒店管理学院是成渝地区唯一一所以旅游酒店为特色的本科院校。成渝地区双城经济圈的协同发展为我们带来了机遇与挑战。按照国家对成渝两地协同发展的定位，以及国家民办高等教育发展的要求，成都银杏酒店管理学院将站在建设新时代高水平应用型大学的新起点上，紧密结合自身实际，深度融入经济发展需要，构建符合高水平应用型人才培养定位的人才培养体系，进一步开展实践教学质量提升工程，紧密结合国家经济、社会和行业发展的需求，培养能够服务于成渝经济圈、满足行业标准需求的高水平应用型人才，进一步立足旅游酒店行业，建设校企深度融合的协同教育平台，引领应用型人才教育发展，加强以特色专业建设为引领的学科发展，进一步深化招生制度改革，完善质量保障体系，进一步以"一带一路"倡议为引领，加快学院人才培养的国际化进程。学院还将努力推进政府、高校、行业企业联合建设特色产业学院，如校企合作产业学院、校地合作产业学院、校行合作产业学院、跨学科跨区域产业学院等，建设具有巴蜀地域特征的文旅产业人才培养生态圈。

民办高校休闲体育专业校企合作人才培养模式的实践研究[①]

休闲运动管理系　欧繁荣

摘要： 以校企合作为背景，在汲取我国部分民办高校休闲体育专业办学经验的基础上，结合新时代休闲体育市场人才需求现状，运用文献资料、实地考察、逻辑分析、总分构建等方法，构建了民办院校休闲体育专业具有市场特性的校企合作人才培养模式与发展路径：依托优势，交叉融合——走实践实训之路，建校企课程权重均衡模式；校培企助，多源引智——走资源整合之路，建内外师资优势互补模式；课岗对接，课证融合——走分层教学之路，建实践教学"三进三出"模式；术学为体，德才为用——走宽进严出之路，建人才培养注重应用模式。

关键词： 休闲体育；民办高校；校企合作；发展路径；发展模式

民办高校在办学上有着定位不明、学费较贵、师资不稳定等诸多缺点，同时，相对于公立院校来说，民办高校又具有办学的灵活性强等诸多办学优势。提升民办院校的发展，促进休闲体育专业的综合发展，针对民办院校休闲体育专业建设的研究非常有必要。全国有休闲体育专业的高等院校共有60多所，在全国400多所民办高校中开办休闲体育专业的有北京师范大学珠海分校、海南大学三亚学院、成都银杏酒店管理学院（以下简称银杏学院）、河北传媒学院、常州大学怀德学院等10余所院校，民办高校中开办休闲体育专业且已经有毕业生的院校有海南大学三亚学院、北京师范大学珠海分校、银杏学院等5所院校。随着市场需求猛增，普通高校开办休闲体育专业将是一种办学趋势。作为高教发展重要方面的民办高校休闲体育本科专业建设的路径和模式值得研究。

---

① 【项目基金】：四川体育产业与公共服务研究中心课题（课题编号：SCTY2021YB09）；四川省民办教育协会课题（课题编号：MBXH21YB80）；2021—2023年高等教育人才培养质量与教学改革项目课题编号：YXJG-21012）.

注：文章已发表于《广州体育学院学报》（中文核心），2019，39（5）：125-128.

1 总体模式探索："一心、两翼、四路径"休闲体育专业校企合作人才培养模式

运用文献资料、实地考察、逻辑分析、分总构建等方法，对民办高校休闲体育专业本科层次的人才培养进行重新思考。分析了"课程设置、师资队伍、实践教学、学生就业"四个方面的基本情况和主要不足，有针对性地提出了"校企课程权重均衡、内外师资优势互补、实践教学三进三出、人才培养注重应用"的发展路径，构建了民办高校休闲体育专业"一心、两翼、四路径"校企合作人才培养模式（见图1）。

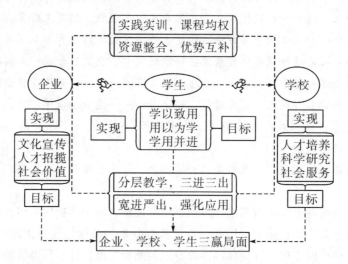

图1 休闲体育专业"一心、两翼、四路径"的校企合作人才培养模式

《国家中长期教育改革和发展规划纲要（2010—2020年）》指出"高等教育应加强校企之间以及中外合作等多种联合培养体制"。我们不难发现，社会对人才能力需求的高标准、严要求已对高校特别是民办院校惯用的"单兵作战"形成了强力挑战。民办高校只有走"实践实训、资源整合、分层教学、宽进严出"之路，构建"校企课程权重均衡、内外师资优势互补、实践教学'三进三出'、人才培养强化应用"的模式，切实做到以学生为本——"依托优势、交叉融合，校培企助、多源引智，课岗对接、课证融合，术学为体、德才为用"，更全面地实现休闲体育专业人才培养目标，才能缩短学生成才的后熟期。

2 休闲体育专业校企合作的“四路径”

2.1 依托优势，交叉融合——走实践实训之路，建休闲体育专业校企课程权重均衡模式

为了进一步提高人才培养质量，深化体育学类本科专业教育教学改革，教育部出台了《高等学校体育学类本科专业教学质量国家标准》（以下简称《标准》）。《标准》强调应注重结合优势、交叉学科、专业实践课程设置等方面的要求，给出了相应的学分要求。笔者调研了海南大学三亚学院、北京师范大学珠海分校、河北传媒学院、常州大学怀德学院以及成都银杏酒店管理学院五所学院的休闲体育专业人才培养目标（见表1）。

表1 国内各民办高校休闲体育专业人才培养目标设置

学校名称	专业培养目标
海南大学三亚学院	本专业培养能够适应社会主义现代化建设和市场经济需要，德、智、体、美全面发展，具有良好道德文化修养的应用型人才；系统掌握休闲体育基本理论、基本知识和基本技能，具备休闲体育技能指导与服务能力、休闲体育活动组织与策划能力、休闲体育企业（场所）经营与管理能力、休闲体育产品开发与推广能力的应用型人才；能在亲水运动企业、星级酒店康乐部、休闲健身会所、户外与拓展培训机构、体育文化发展公司、体育场馆等企事业单位从事休闲体育服务业方面的工作的应用型人才；具有创新精神、实践能力、人格健康的应用型人才
北京师范大学珠海分校	专业以体育学和休闲学为基础，经济学、管理学、教育学、心理学、医学等多学科交叉，培养具备现代健康生活方式、适应休闲运动高端服务业需求的复合型专业人才
河北传媒学院	本专业旨在培养能够掌握休闲体育的基本理论、知识与技能，拥有休闲运动项目专长，具备把握休闲体育活动规律和洞悉休闲体育市场能力，能够从事休闲体育活动管理指导与推广、体育旅游与开发、休闲体育产品策划与设计、相关专业教育教学等工作的应用型人才
常州大学怀德学院	本专业旨在培养德智体全面发展，适应新世纪发展需要，具有体育基本理论、体育旅游、休闲体育产品策划与设计工作的高素质、应用型专门人才
成都银杏酒店管理学院	本专业围绕学院“成就学生、服务社会”的办学理念，旨在培养德、智、体、美全面发展，能适应新时期社会发展需要的“强技能、善沟通、好服务、懂管理”的应用型商业体育管理人才

可以看出，服务型、管理型、技能型等应用型人才是休闲体育专业的主要培养目标。各民办院校都结合自身实际制定了培养应用型的休闲体育专业人才的目标。民办高校在应用型人才培养目标的驱动下，课程设置则需要做出相应

的调整，做到紧扣行业需求、紧扣国家标准、紧扣学生专业实际。校企课程权重均衡模式见图2。

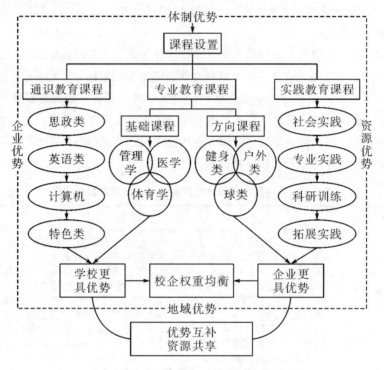

图2　校企课程权重均衡模式

　　课程体系是人才培养目标的分解，是人才培养规格形成的条件。如图2所示，课程分为通识教育课程、专业教育课程、实践教学课程三个板块。其一，在通识教育课程中，除了有思政类、英语类、计算机类课程外，还有能体现学校特色的通识课程，例如银杏学院的"服务礼仪""商务英语口语"以及海南大学三亚学院的"水上救生技术"等课程，充分体现了学院自身优势，体现了各学校的办学特色。其二，在专业教育课程中，除了常规的专业基础课程外，还设置了"推拿学"等医学康复类课程以及"服务营销与管理""休闲活动策划与管理"等管理学类课程（见表2）。各学科间的内在联系越来越紧密，将体育与医学、管理学有机结合，加大了专业基础理论知识体系的构建，充分体现了学科间的交叉融合。其三，在实践教学中，民办高校除了惯用的专业教育、专业实习外，特别重视人才培养过程中的专业见习和专业实训，开展次数、周期以及在企业进行上课的形式是目前很多普通高等院校无法达到的，但在民办高校中非常坚定，银杏学院"实训专周"的时间设置达到了20周。

表 2 国内部分民办高校休闲体育专业课程设置

学校名称	主要课程		
	专业基础课	专业方向课	特色课程
成都银杏酒店管理学院	休闲体育概论、体育旅游导论、运动解剖学（1~2）、运动训练学、运动生理学（1~2）、服务营销与管理、健康体适能与运动处方、体育管理学、物理治疗、推拿学、体育科研方法、健康与运动营养、常见运动损伤防治与急救、教材教法（1~2）等	健身俱乐部实务（1~4）、网球服务与管理（1~4）、赛事组织与策划、游泳、有氧健美操、搏击操、杠铃操、羽毛球、乒乓球、斯诺克等	社交礼仪、拓展训练、功能性训练、专业实训（6个月）、专业实习（1年）
河北传媒学院	休闲体育概论、休闲体育产业概论、体育旅游导论、休闲体育项目策划与开发、休闲体育经营与管理、户外运动技能、理论与方法（轮滑、竞技毽球、网球）等	文化传播模块：导游基础知识、体育新闻、体育摄影摄像、体育播音主持、户外运动等 户外运动模块：休闲体育经营与管理、体质测量与运动处方、户外运动、运动休闲场地设施管理与维护等 健身指导模块：有氧健身、俱乐部管理等	休闲体育项目创业培训、体能训练方法与实训
北京师范大学珠海分校	休闲体育产业概论、运动休闲与健康、体育经营与管理、节赛事与项目策划、体育训练学、运动医学、运动康复	高尔夫：高尔夫技术原理、高尔夫技术实践、现代高尔夫经营管理学、高尔夫企业市场营销与策划等 户外运动：户外运动史、攀岩、户外运动安全理论与实践、野营、定向运动、户外装备、拓展训练、户外市场策划、户外赛事运作与管理、山地自行车、溯溪、国家地理、攀冰、高海拔登山等 健身指导理论与方法、健身会所经营与管理、体适能基本理论与训练方法、健身健美理论与方法；羽毛球/网球专项运动理论与实践、网球专项运动理论与实践等	体育领导力、专业实训实践（30学分）
海南大学三亚学院	休闲体育概论、体育管理学、体育市场营销、休闲体育经营与管理、休闲活动策划与管理、休闲体育产品设计与开发、体育俱乐部经营与管理等	游泳、水上救生技术、休闲潜水、休闲高尔夫、健康体适能、健美操、民族传统类项目、时尚球类项目以及四个专业方向（亲水运动、休闲健身、户外运动、休闲体育产业管理）的相关课程	水上救生技术、健康体适能、实训实践

通过表 2 不难发现，民办院校应用型休闲体育专业课程体系设置需要遵守重视基础、优化结构、精简内容、注重能力、构建特色的原则，建立校企课程权重均衡模式，呈现课内与课外、理论与实践、校内与校外课程相结合的课程体系，这既符合《标准》中的合并交叉学科、压缩重复内容、优化课程体系、"7+3+X"的模式、强化专业技能等要求，又体现了原则性与灵活性相结合的设置思路，彰显了民办学院的办学特色，该模式即"依托优势，交叉融合——走实践实训之路，建校企课程权重均衡模式"。

2.2 校培企助，多源引智——走资源整合之路，建休闲体育专业内外师资优势互补模式

由于休闲体育专业是一个新兴专业，各高校专业教师多数为"半路出家"，许多任课教师存在学历水平高而行业经验不够的问题，专业教师队伍整体实践教学能力不强，不能有效指导学生实践活动，与培养应用型的休闲体育专业人才不相适应。目前各高校主要采用"公体教师"升级转岗的方式补给。民办高校则可以运用灵活的体制，引进行业、企业人士进入课堂。经过校企合作，整合资源，优势互补共建师资队伍，有效优化师资队伍的职称、年龄、学缘等结构，促进民办学校教育与社会服务结合得更为紧密，打造精品师资队伍。

如图 3 所示，在校外，一方面，通过引进行业资深教练、销售精英、培训导师、高层管理员等优秀企业员工走进课堂；另一方面，引进邻校高职称高学历的优秀师资走进课堂，通过多源引进的方法在课堂上传授行业最前沿、专业有深度的知识。在校内，一方面，有效结合师资成熟的教学方法及教学组织经验，给予学生更多的课后复习及作业跟进，有效地促进了校内外师资的优势互补；另一方面，每年定期选送教师走进企业挂职、培训、交流学习，企业切实助力校内教师队伍的培养。可见，"校培企助，多源引智——走资源整合之路，建内外师资优势互补模式"，有利于民办高校休闲体育专业师资团队稳中转化、成果倍增、集中优势。

2.3 课岗对接，课证融合——走分层教学之路，建休闲体育专业实践教学"三进三出"模式

体育专业有其自身的特点，理论与实践的占比有别于其他学科专业，实践的需求性突出，在课程设置上需要结合实际协调术科课程的取舍和教学规格的统一，这也成了民办高校的办学阻力，市场变化太快、设备配备昂贵，"分层教学"常常成为民办高校休闲体育专业课程建设的手段之一。

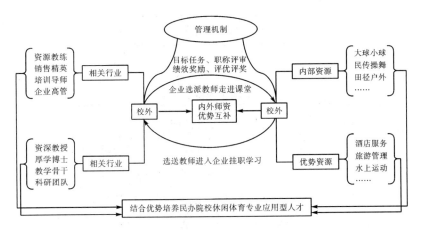

图 3　内外师资优势互补模式

从图 4 可见，学院校内具备基础实验实践教学条件，开展专业基础知识与技能的教学；校外建设实践教学基地，开展专业实践类课程教学，校内外相互融合，分层教学，在"三进三出"中实现课岗对接、课岗融合，培养实用型、职业型专业人才。但校外实践基地建设是一个系统工程，需要以市场需求为导向，有目的、有计划、有步骤地选择业内较高知名度和影响力的经营性场馆作为校企联合办学基地。多采取"走出去"的联系机制，为实践教学模型的构建做好保障。要符合学校教育、企业经济等的发展规律；基地要边建设边维护，保持合作的延续性，为"三进三出"分层教学提供必要的保障。

在教学模式方面，多数民办高校各有特点。例如银杏学院，大量建立优质教学基地，将部分实践环节直接放在企业进行教学，并在教学过程中进行分层教学，在第一、三、五、七、八学期进入企业进行观摩、实训、实习等方面的学习，其余学期则根据教学进度进行循序渐进式的知识教学；又如北京师范大学珠海分校，在第一、二、三学期学生进行初、中、高不同级别的专业见习，第四学期进行专业实训，第五、六、七学期进行专业实习和专业综合实践。这种分层教学"三进三出"的模式，既能降低民办高校的办学成本，改善办学条件，也能强化职业教育，提高教学质量。

分层教学之路的实质就是专业应用型办学探索与实践的过程，进一步扩大校企合作深度与广度，最终目标是培养能够满足社会和市场需求的应用型休闲体育人才。由图 4 可知，休闲体育专业在此模式下能够在课堂教学与实习教学环节之间形成良性循环，通过运用"三进三出"的教学实践模式，达到学生、学校、企业三者的分层教学，寻求利于学生学习、学校教学、企业获益的共赢格局。

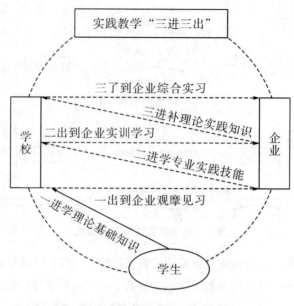

图 4 实践教学"三进三出"模式

2.4 术学为体，德才为用——走宽进严出之路，建休闲体育专业人才培养强化应用模式

2015 年以来，我国共新增了 16 所院校开办休闲体育专业，还有一些院校正在申报中，民办高校的休闲体育专业学生数也呈上升趋势，但在专业办学过程中存在着培养目标不明确、培养内容与社会需求错位等现象，毕业生就业形式普遍严峻。用人单位表示"一方面，科班生在学校学习的知识太宽泛了，理论性很强，但不实用；另一方面，大学生眼高手低，整体素质有所下降。进入用人单位后还得进行各种培训，其实是一种资源的绝对浪费"。

因此，对于各民办高校来说，重中之重是如何结合目前的社会形势及需求，更新和改善培养目标、教学内容、教学方法、教学环境等，且要知道建立一个良性的人才进出模式不仅需要"优设课程""精建师资""强化实践"，还需要"严守出口"，把好最后的质量关，为社会输送合格的专业人才。从图 5 中可以看到，民办高校在招生规模逐渐扩大、招生分数逐渐降低，呈现"大嘴式"进口的同时，需要加强学生实践运用能力的培养，强化素质教育，以术科、学科为本，在民办高校的办学定位中，术科更为重要，更应体现在前。同时，对于现代大学生来讲，品德修养比才华显得更为重要，学生只有在术科能力、学科基础、品德优良、才华出众的基础上，才能发挥自己的长处，为社会所用。因此，在保证"夹臀式"的出口下，与实践教学基地深度合作，用人单位可将学生作为战略人才储备来培养，广泛采用订单式合作联合培养，搭建休闲体育良好的实践和就业平台，学校走宽进严出之路，培养应用型的休闲体育专业人才，有助于提升体育专业学生的就业率。

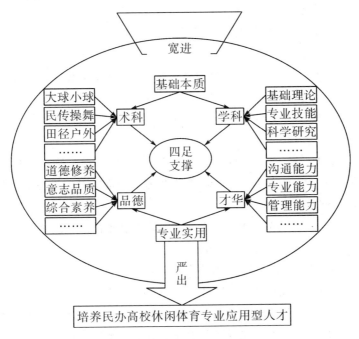

图5 "宽进严出"人才培养强化应用模式

3 结语

根据四条发展路径及模型不难发现，每个模型既是相对独立的，也是相互联系的。将四条路径融合在一起，从宏观上加以整合，便能形成以学生为重、以学校和企业为双翼、以四条循序渐进的路径为支撑的飞行模型。该模式同四条发展路径与模型属于"包含与被包含"的关系，在该模式下有利于企业选用适合岗位需求的专业人才，化解休闲体育专业人才"就业难"与"技工荒"矛盾的难题，有利于学校培养出更为符合市场实际需求的应用型优秀人才，有利于专业人才培养目标的达成，学校能实现人才培养、社会服务、科学研究的目标；有助于学生拥有较为扎实的专业知识和实操能力，学生能实现"学以致用、用以为学、学用并进"目标，并由此形成企业、高校、学生各自获益的三赢局面。

参考文献

[1] 欧繁荣，鲁道君. 我国高校休闲体育专业建设存在的问题及对策 [J]. 学子，2013 (12)：98-98.

[2] 潘叙辰. 中美高等院校体育管理专业课程设置的比较研究 [D]. 西安：西安体育学院，2016.

[3] 顾明远. 学习和解读《国家中长期教育改革和发展规划纲要（2010—2020）》[J]. 高等教育研究，2010，31 (7)：1-6.

[4] 左家奇."三重融合"模式下校企合作机制探索 [J]. 高等工程教育研究，2010 (3)：126-130.

[5] 黄汉升，陈作松，王家宏，等. 我国体育学类本科专业人才培养研究：《高等学校体育学类本科专业教学质量国家标准》研制与解读 [J]. 体育科学，2016，36 (8)：3-33.

[6] 贺怡凡. 对西安体育学院艺术类时尚健身专修课程教学内容设置的研究 [D]. 西安：西安体育学院，2016.

[7] 文烨，舒云久，李治. 对非体育类高校社会体育专业办学有关问题的思考 [J]. 成都理工大学学报，2011，19 (3)：71-75.

[8] 许霆. 论校企协同的机制创新 [J]. 教育发展研究，2012 (17)：64-69.

[9] 段绪来. 校企合作下地方院校体育专业人才培养路径研究 [J]. 体育教学，2016，37 (1)：119-120.

[10] 何忠. 高校社会体育专业开展校企合作办学的实践与探索 [J]. 湖北文理学院学报，2014 (11)：26-29.

[11] 赵梓伊. 体育院校体育舞蹈应用型人才培养课程设置的研究 [D]. 西安：西安体育学院学报，2016.

[12] 王珺君. 体育专业校企合作"订单式培养"模式之研究 [J]. 新课程，2015 (12)：16.

基于"洛桑模式"的银杏酒店管理人才培养探索

酒店管理系　廖君

摘要：瑞士洛桑酒店管理学院是世界上第一所专门培养旅馆业管理人员的学校，120多年来，在全球酒店管理专业大学中排名第一。"洛桑模式"已成为国际公认的培养酒店管理人员的成功模式。成都银杏酒店管理学院是中国有影响力的酒店教育人才培养应用型本科高校。办学二十年来，形成了以酒店旅游为重点，多学科、多专业协调发展的应用型特色办学理念。当前，学院正在高质量发展，致力于成为世界酒店教育领域的名校。本文结合笔者曾在瑞士洛桑酒店管理学院中国联盟院校的工作经历，阐述了"洛桑模式"的内涵，研究了成都银杏酒店管理学院优化酒店管理人才培养的思路、路径与校园文化建设等，对成都银杏酒店管理学院转型发展及特色办学模式具有建设性意义。

关键词：酒店教育；洛桑模式；人才培养研究

1　引言

瑞士洛桑酒店管理学院是世界上第一所专门培养旅馆业管理人员的学校，120多年来，在全球酒店管理专业大学中排名第一。"洛桑模式"已成为国际公认的培养酒店管理人员的成功模式。成都银杏酒店管理学院成立于2002年，是全国第一所以酒店管理命名的本科院校。办学二十年来，逐步形成了以酒店旅游为重点，多学科、多专业协调发展的应用型特色办学理念，走出了一条具有银杏学院特色的发展道路，在中国酒店教育领域尤其是西部地区具有较强的影响力。当前，国家正大力推进高校双一流建设，培育有国际影响力的名校。成都银杏酒店管理学院可以学习瑞士洛桑酒店管理学院的"洛桑模式"，整合办学资源，优化教育教学，构建酒店教育"银杏模式"，致力于将成都银杏酒店管理学院办成酒店教育领域的世界名校。

2 "洛桑模式"内涵研究

2.1 瑞士洛桑酒店管理学院

瑞士洛桑酒店管理学院（Ecole hôtelière de Lausanne，EHL）于 1893 年创立于日内瓦湖畔的一家旅馆里，是世界上第一所专门培养旅馆业管理人员的学校。120 多年来，EHL 只有酒店管理一个专业，在全球酒店管理专业大学中排名第一。1998 年，EHL 被瑞士联邦政府列入高等职业院校序列，是迄今为止得到联邦政府承认的唯一一所以酒店管理为专业的大学。国际上，洛桑得到了美国新英格兰高校协会的认证，其学历在全球 60 多个国家得到承认。EHL 也是瑞士唯一一所得到中华人民共和国教育部承认学历的四年制本科大学。"洛桑模式"成为国际公认的酒店管理人员培养的成功模式。

2.2 洛桑酒店管理学院"洛桑模式"内涵

2.2.1 面向行业需求，专注酒店教育、培养应用型人才的办学方向

1893 年，洛桑创立于日内瓦湖畔的一家旅馆里，是世界上第一所专门培养旅馆业管理人员的学校。120 年来，洛桑只有酒店管理一个专业，特色鲜明。

2.2.2 治学严谨，注重实用，既传统又现代的校园文化

洛桑以治学严谨而闻名，注重传统与现代的结合。洛桑常请著名企业 CEO 来开讲座，课程设置不断推陈出新。严谨的治学精神和学以致用的"洛桑精神"是洛桑在酒店教育领域"永远是第一"的根本保证。

2.2.3 理论与实践相结合的教学特色

实践课是洛桑的特色。洛桑在课程设置、师资选择、教材编写和学生管理上都十分重视这一原则。学生会在第一学年参加运营类实习（家政、后厨、接待等方面），在第三学年参加管理类实习（市场营销、人力资源、商务拓展、金融等方面），这两种实习时长均为 6 个月。洛桑毕业生有理论、懂业务，既会实际操作，又有管理才能，进入企业就能工作，深受企业的欢迎。

2.2.4 高水平匹配的师资聘用机制

洛桑的教员包括拥有饭店管理经验的实践家，来自酒店业相关领域的前业内高管以及知识渊博的硕士、博士生和学者导师。为了使教师队伍始终处于高水平状态，允许教师在企业中担当一定职务，从而保证教师不脱离经营管理实践，保证"洛桑模式"的生命力。每隔三五年，学校要求他们回到企业，使得教学始终与行业接轨。

2.2.5 严进严出的学生素质要求

相对于一般外国大学的宽进严出，洛桑是严进严出。洛桑强调学生学习能

力的同时，注重学生的学术能力和经历，在培养学生职业品行上有一系列严格的评分制度。

2.2.6　遍布全球的校友，为学院和学生发展提供广泛高端的人脉资源

洛桑历届毕业生共约 25 000 名，分布在全球 106 个国家。洛桑校友中，有 32% 的目前任职首席执行官总裁/总经理，有 17% 的任职董事、区域负责人，在酒店行业有巨大的影响力。和酒店行业的长期合作，为洛桑实现教学实习、就业推荐创造了良好的条件。

2.2.7　国际化办学

洛桑校园通常有 2 000 名学生，来自 80 多个国家，以法文、英文教学。学生可以选择以英文或者是法文进行学习。目前已经在全球形成了传播知识和技能的 8 所认证学院网络。

3　学习"洛桑模式"，优化银杏酒店管理人才培养模式

3.1　学习洛桑，优化银杏酒店管理人才培养的办学思路

基于瑞士洛桑酒店管理学院洛桑模式的内涵，优化银杏酒店教育人才培养的办学思路：

（1）教学设计：学习"洛桑模式"，基于酒店式校园实施小班教学；教学中强调理论与实践相结合，传统与现代相融合，艺术与科学相平衡。

（2）师资素质：严格选拔教师，指导教师不脱离经营管理实践，让教师始终处于业界高水平状态。

（3）教学方式：在瑞士洛桑 QLF 授课模式指导下，通过真实业态下酒店运营实践以及双语教学、学术写作、深度表达训练等培养未来酒店业领导者所具备的知识、能力与素养。

（4）育人环境：遵循环境育人、养成式教育理念，构建"以学生为中心"的酒店式校园文化育人环境。

3.2　鼓励创新，着力培养应用型、创新型高素质人才

学习洛桑，倡导创新，鼓励探索性行为。我们在专业设置、课程建设、教学实践中不仅面向职业，我们将更贴近行业，面向酒店业界的问题、需求、前瞻发展开展教学，融合新材料、新技术、新设备、新理念，跨学科、跨专业、跨课程开设面向业界新领域、新经济增长点的新专业、新课程，具有一定的超前性，为酒店业界的可持续发展贡献人力资源保障和理念理论研究，着力培养创新型应用型高素质人才。

3.3　强化外语，致力于培育学生优秀的国际理解力

英语是国际高端品牌酒店管理及服务工作的通用语言，是酒店员工实现职

场晋升、事业腾飞的翅膀。强化外语，让英语成为学生的第二交际语言，致力于培养酒店专业学生优秀的国际理解力。成立"英语语言教育中心"，最广泛开设"双语课程"，培养学生的"应用英语能力"，营造英语氛围浓郁的校园环境；校园公共区域宣传物、标识，如，路牌、横幅等需用双语标识；成立各类与英语有关的学校兴趣小组和社团组织，如英语话剧社、疯狂英语学习小组；组织英语演讲大赛、英语电影配音大赛、校园英语歌手大赛、英语话剧表演大赛、英语服务技能大赛等活动营造应用英语的校园氛围，让学生"说英语，爱英语"。

3.4　养成教育，培育学生绅士淑女的高雅气质

以生为本，养成教育，环境育人，培养学生绅士淑女的高雅气质。学习洛桑模式，用管理酒店的方式管理学校，让学生在真实业态下养成酒店从业者具备的知识、能力、素养。打造酒店式学生公寓，师生员工均按国际五星级酒店标准着装、办公；学院经营性场所等按酒店业态运营，学生以员工身份参与经营管理。开设化妆课程、服饰搭配课程等让女生具有秀美的仪容。通过"礼仪操大赛"、"银杏形象大使选拔赛"、礼仪队、高尔夫球社、书法、绘画、拉丁舞、钢琴、茶艺等活动让更多人参与到"学礼仪，做绅士淑女"的活动中，让全校师生员工崇尚"绅士淑女"文化。

3.5　校园文化，学生浸润式成长的沃土

3.5.1　构建酒店特色校园文化

校园文化建设与专业教学相辅相成，相得益彰。"用管理酒店的方式管理学校"，致力于将学院校园建设成为中国最具酒店教育特色的校园，让银杏学子在校园浸润式成长。

3.5.2　构建青春活力型校园文化

成立各类社团如街舞队、军乐队、国旗护卫队、啦啦操队，举办校园十大歌手、校园十大主持人大赛、大学生辩论赛、五四歌舞青春晚会、校园迎新晚会、国庆中秋晚会、春秋运动会、社团活动秀等，让学生将飞扬的青春与高远的梦想密切相连。

3.5.3　构建人文互爱型校园文化

构建人文互爱型校园文化，培养学生人文气质、人文修养、人文精神；对公平、正义的维护；关注慈善、关爱社会、爱护环境、倡导环保；尊重人性、维护人权；欣赏艺术等特质。学院成立关爱基金、青年志愿者社区义工服务队。通过贫困山区援教队、与贫困山区学校结对子等活动培养学生们的人文情怀。

3.5.4　构建科技智慧校园文化

构建科技智慧校园文化。在校园倡导科学的生活方式，倡导科技改变生活、让生活更美好的理念；建设数字校园、智慧课堂、智慧图书馆、智慧社交区；提供智能办公服务，探索移动智能技术支持下的科技智慧型校园。

4　结束语

艾瑞森发布的《2017 中国大学评价研究报告》数据显示，成都银杏酒店管理学院荣获"2017 中国独立学院本科专业排行 100 强"综合排名第 28 位；"2017 四川省独立学院本科专业排行榜"前 3 强；"酒店管理"荣评六星级顶尖专业。成都银杏酒店管理学院办学二十年来，走出了一条具有银杏学院特色的发展道路。当前，国家正在大力推进双一流建设，成都银杏酒店管理学院面临转型发展的新机遇。瑞士洛桑酒店管理学院的"洛桑模式"是国际公认的培养酒店管理人员的成功模式。我们相信，通过学习"洛桑模式"，成都银杏酒店管理学院将会站在巨人的肩上腾飞，实现成为世界酒店教育领域名校的愿景。

参考文献

［1］张祖望. 瑞士的"洛桑模式"［N］. 中国教育报，2003-8-11（3）.

［2］廖君. 瑞士洛桑酒店管理学院"洛桑模式"中国化探索与实践：以扬州中瑞酒店职业学院为例［J］. 当代旅游，2015（4）.

以 OBE 为导向的酒店业
国际化人才培养体系研究

外语系　田娜

摘要：本文旨在研究酒店业国际化人才培养体系的架构以及此体系的应用价值。此培养体系以 OBE 教学理念为导向，从培养体系的定义、内涵、创新点、意义价值等方面展开研究，意在指出此培养体系在应用型大学开展的可行性。与此同时，此培养体系的核心点在于充分结合酒店业行业的动态及需求，以行业用人标准为培养成果导向，逐步制定适合行业用人需求的各项行业技能，进而演化出以"国际化用语+酒店业技能"为核心的人才培养体系。此体系可逐步提升学生的国际化语言使用能力，以提升学生在外资酒店从事高端职位的竞争力。

关键词：OBE；酒店业；国际化用语；人才培养体系

酒店经营与经济发展水平息息相关，国内经济的良性发展给酒店业的崛起提供了温床。随着消费理念和消费水平的转变，越来越多的外资高档酒店将投资领域瞄准中国市场。相关数据显示，仅亚太地区豪华酒店和高档酒店占比分别为 12% 和 59%，全球连锁酒店一年 2 000 亿美元收入中一半以上来自豪华高档酒店。在国际酒店蓬勃发展的趋势下，酒店从业人员既迎来了机遇又遇到了挑战。机遇是国际酒店业对高级管理人员求贤若渴，管理岗位空缺较多；挑战则是从业人员国际化语言应用能力差，难以适应国际酒店全英文的用语环境。如此一来，学校的人才培养模式也应根据市场大环境的转变而改革。本文以 OBE 为导向，贴合国际酒店业的用人需求，着重探究国际化语言应用能力的培养体系。

1　OBE 理论解读

成果导向教育（outcome based education，OBE），亦称能力导向教育、目标导向教育或需求导向教育。OBE 最初形成于 1981 年，在 Spady 等人提出后，反响较好，在美国、英国、加拿大等国家占据主导地位，成为教育界一致认可的教改理念。美国工程教育认证协会（A-BET）始终遵循 OBE 三大基本理念：成果导向、以学生为中心、持续改进。对于人才培养方案的修订、教学质量工程的改进乃至教师梯队的发展方面，此教育理念都有很大的指导意义。

成果导向教育有四大原则，即清楚聚焦、扩大机会、提高期待和反向设计。清楚聚焦是指在整个教学环节中教师应清楚知道学生的最终走向，时刻关注最终的学习验收成果。教师必须聚焦教育所导出的成果之后才能有效制订相应教学目标，以期待学生实现预期目标。扩大机会是指教师在执行教学的同时需要考虑到学生的个体差异，要合理设计每个教学环节，尽可能公平公正对待学生的每次学习机会，并提供多渠道增加学生的学习资源。提高期待是指教师在设定教学目标的时候应尽可能考虑到差异化教学，根据学生的个体差异制定相应等级的难度和学习目标。教师可适当提高学生的学习难度，充分相信学生能够达到教师的期待值，以便激发学生的挑战欲，激励学生充分学习。反向设计是指教师在制订教学计划时以学习的最终成果为设计起点，反过来倒推课程设计理念及目标，再进行合理的教学活动设计，以推动和保证教学设计为教学目标服务并能够最终实现设定的目标。

学院深入学习《成都市国民经济和社会发展第十三个五年规划纲要》《四川长江经济带旅游发展规划》等文件，理清"一带一路"倡议下川渝外贸发展、成都打造世界旅游城市等经济社会发展定位，聚焦英语+酒店管理，针对酒店业用人需求，着重培养具备英语能力+酒店行业技能的酒店业国际化人才。人才培养模式以 OBE 为主要发展路径，以创新应用型人才培养模式，提高应用型人才培养质量。

2　酒店业国际化人才培养体系

为了贴近市场需求，为了实现独立学院的应用转型，并为酒店业输送专业化国际化从业人员，以 OBE 为导向的酒店业国际化人才培养体系应运而生（见图1）。此体系由培养目标"酒店业国际化人才"为学习产出，进而形成国际化人才培养教育模式，最终导出"国际化用语+酒店业技能"的培养体系。而对此体系的诠释需从语言能力和行业能力两方面展开。

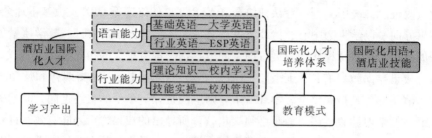

图 1　以 OBE 为导向的国际化人才培养体系

2.1　语言能力

2.1.1　基础英语

"大学英语"课程的开始在于培养学生英语基础语言能力，围绕大学英语四级难度展开，以巩固学生语法词汇量、短语及句型为准，即稳扎稳打，巩固学生的基础英语知识。与此同时，辅以开展"实用英语口语""跨文化交际""雅思培训"等课程，以聚焦学生的日常口语交际能力。

2.1.2　行业英语

其核心在于培养学生的 ESP 专门用途英语能力，所涉及的 ESP 课程与酒店业息息相关，直接对口为酒店业各部门培养国际化人才。酒店领域 ESP 课程有针对酒店管理专业的"酒店英语"和"餐饮英语"、针对旅游管理专业的"旅游英语"、针对财务管理专业的"会计英语"、针对物流管理专业的"物流英语"、针对工商管理专业的"商务英语口语"、针对信息管理专业的"IT 英语"以及针对艺术设计专业的"艺术英语"，旨在培养学生掌握与酒店业相关联的行业英语，使学生能够熟悉国际酒店业前厅部、餐饮部、接待部、会计部、物流后勤部、市场营销部、技术部和设计部方面的行业术语，做到课程目标与行业用语目标相匹配。

在 ESP 课程教学的同时，注重英文原版教材的开发与使用。在课程设计中引入国际酒店业标准，与美国饭店协会教育学院共同打造国际化课程群，合理利用国际化资源，引入英文原版教学教辅材料，以拓宽学生的国际视野。

2.2　行业能力

以 OBE 为导向的酒店业国际化人才培养体系立足应用型大学办学方针，以培养学生具备就业潜质为引导，紧密围绕学院"立足酒店旅游管理，面向现代服务业"的定位，以产教融合为切入点，以行业需求为导向，培养具备酒店业知识，具有较强英语语言能力，能在酒店业及相关领域就业的应用型人才。人才培养方案在调整过程中逐步形成"国际化用语+酒店业技能"的培养模式，旨在培养学生英语语言技能的同时，培养学生的酒店行业技能，实现学校培养与企业需求之间的有效对接。

　　在实现"国际化用语+酒店业技能"培养的过程中，主要关注构建多元动态应用型方向课程体系，引入行业标准培养方向相关知识及岗位技能，强调课程内容与行业标准的有效对接。为了加深学生对酒店业的了解以及加强学生酒店行业技能的培训，在人才培养过程中注重"校内实训+校外管培"并行的思路（见图2），旨在增强学生的服务意识，提升学生的服务技能。在双管齐下的培养方式中，体现对学生英语能力+酒店行业技能的培养。

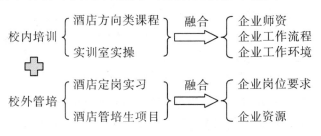

图2　"校内实训+校外管培"思路

　　"校内实训+校外管培"思路的实施，需要校企双方协同育人。校企双方需共享教学资源，引入行业标准培养相关知识及岗位技能，强调课程内容与行业标准的有效对接。在人才培养的过程中，企业需要参与培养过程的各个环节。实现校企协同育人机制，需要将专业培养和企业要求相结合，学生需要走进企业内部实践实习才是关键所在，目的是在校企合作中除通过课程设置和集中性实践部分培养学生的思想、心理、专业素养外，还要拓展学生相关职业技能。实施"校内实训+校外管培"的同时，做到合理利用企业资源，尽量实现学校和企业在师资、工作流程、工作环境、岗位要求、教学资源方面的匹配与融合。

　　在修订人才培养方案中会邀请企业精英及资深行业人士来校共同商讨培养方案中行业技能培养体系的设定。企业及行业人士参与"以英语立校"人才培养质量标准的建立。密切和企业合作，并参考行业人士意见，共同制定"国际化用语+酒店业技能"的人才培养质量标准，并以此检验学生综合素质及质量是否达到适应酒店需求的行业标准。学校与企业合作设置酒店定制班课程及管培生项目的教育教学。企业根据专业设定要求，参与定制班课程教学、专业课教学以及管培生课程教学，直接将行业知识传授给学生。再者，学校与企业共同打造实训基地，用于开展学生实训实习活动，让学生在酒店实习过程中完成对语言的使用和感知。同时，学校和企业可共同举办行业技能大赛，并派遣企业从业人员和在校学生共同参加比赛，以赛促学，共同学习。同时邀请企业专家与高校教师担任比赛评委，共同指导比赛流程，达到学生所学的行业技能匹配行业标准的目标。

2.3 国际化人才培养体系

人才培养体系是指在一定的现代教育理论、教育思想指导下，按照特定的培养目标和人才规格以相对稳定的教学内容和课程体系以及管理制度和评估方式，实施人才教育的过程的总和。人才培养体系涉及诸多环节，如教学组织、教学实施、教学评价等，通过对一定教学理念和教学内涵的解读，来指导多元动态教学过程的一种指导方针，是人才培养的一种模式及检验方式。

以 OBE 为目标导向形成的人才培养体系是 OBE 理念形成的基石。OBE 的最大特征就是目标导向，即需确定酒店业国际化人才培养的目标。人才培养体系涉及多个教学元素和教学环节，这些教学的方方面面互相作用、互相影响，组成教学复合体。在培养体系设定过程中要清楚最终的培养成果，即酒店业国际化人才，进而根据酒店业国际化人才所需掌握的技能来反向设置培养过程中所需的课程体系。国际化人才培养体系构建的第一步是打造具备国际化视野的专业性较强的人才培养体系。通过设定明确的应用型人才培养目标，设置行业技能凸显的专业特色，打造符合国际化人才培养标准的课程体系，接轨国际酒店业用人需求，设立行业及市场多方认可的教育评价等多个渠道，来制定符合国际化标准的人才培养体系，用以指导教学活动的开展，意在培养符合国际酒店业市场需求的应用型高端人才。人才培养体系的制定需参考多方因素，并参照国外酒店管理专业人才培养方案，引入酒店业专家参与培养方案的修订，以确保此体系的可行性。

3 酒店业国际化人才培养体系的特色创新

酒店业国际化人才培养体系的创新点在于层层递进，从巩固语言基础开始，逐步实际运用语言，进而掌握行业英语，熟识酒店业国际化语用技巧，以提升学生服务意识、行业技能及国际化语言应用能力，最终实现为酒店业输送具有国际视野、拥有国际化语言优势的高端人才的目标。

3.1 以英语语言应用能力为导向

国际化人才培养体系创新性的初始层面在于提升酒店业从业人员的语言应用能力，关注学生英语语言的实际使用，尤其是使用和酒店业相关的专门用途英语来熟练开展语言交际的能力。通过基础语言知识的学习，外加行业英语的灌输，学生学深悟透、融会贯通，形成了较强的语用能力，才能够适应国际品牌酒店全英语的工作环境和操作流程，有助于未来就业与发展。

3.2 以"校内实训+校外管培"为思路

国际化人才培养体系创新性的升华层面在于以"校内实训+校外管培"为思路，通过校内实训室开设的酒店从业技能培训课程，以及校企合作的实习实训项目，尤其是与外资酒店合作制定的 6 至 8 个月定岗实习以及管培生项目，来强化学生的酒店服务意识，以便在校内外教学中融入酒店相关行业背景、专业知识、行业发展前景及需求等，目的在于提升学生的行业技能，培育酒店业高端管理人才。

3.3 以提高就业层次为目标

国际化人才培养体系创新性的最终层面在于提高学生的就业层次，通过精心设置的培养体系构架，实现了对学生的培养要求匹配国际酒店业对从业人员的需求、课程设置及培育过程匹配酒店业操作流程、学校教师资源匹配酒店业专家资源，以此来培养国际化酒店所需人才，从而打破了学生就业起点低，工作职位低，从业眼界低，只在低端酒店从事低端职位的局限，让学生就此打破就业受限的局面，开始逐步迈入国际高端酒店从事初步管理工作的大门。

酒店业国际化人才培养体系立足于学院酒店管理平台，结合学院酒店业的行业资源，意在培养具备酒店行业技能同时具备行业英语应用能力的学生，提升学生在酒店业的服务意识与专业技术知识，拓宽学生视野，提升学生就业面及就业层次，为酒店业培养输送具备国际视野的高端人才。此培养体系打破了酒店业从业学生就业端口低、就业面窄、上升空间小的局限，提升了学生行业生存技能，拓宽了就业面及就业层次，具备国际视野，并在一定程度上缓解了高端酒店、国际品牌酒店对高端人才的需求，提升了学院在酒店业的影响力。

参考文献

[1] 林琳. 基于 OBE-CDIO 理念的大学英语多模态教学探究 [J]. 创新创业理论研究与实践, 2021, 4 (22): 160-162.

[2] 马莹. 基于 OBE 教育理念的《职业英语》课程体系建构: 以广东食品药品职业学院中药专业为例 [J]. 鄂州大学学报, 2021, 28 (6): 91-93.

[3] 沈琳. 独立学院大学英语逆向教学模式与学生语言应用能力培养研究 [J]. 和田师范专科学院学报, 2018, 37 (2): 45-47.

[4] 吴海燕. 专门用途英语体系下高校学生英语应用能力的培养 [J]. 高教探索, 2017, (S1): 78-79.

[5] 杨子元. 基于 OBE 理念的地方应用型高校本科人才培养体系的构建 [J]. 宝鸡文理学院学报（社会科学版）, 2021, 41 (3): 118-122.

高校物业管理专业校企合作模式研究
——以成都银杏酒店管理学院为例

酒店管理系　陈海燕

摘要：物业管理是一门实用性很强的学科，传统的重理论轻实践的教学模式难以满足行业对人才的需求，校企合作可以让学生更好地做到理论联系实际、知行合一。因此，积极探索校企合作模式，对人才培养具有重要的现实意义。本文以成都银杏酒店管理学院物业管理专业为例，探讨校企合作培养物业管理人才的优势，分析在实施过程中存在的一些问题，希望能提出一些有实际价值的建议。

关键词：校企合作；物业管理；教学模式

1　研究背景综述

1.1　研究背景

校企合作是指以企业和社会需求为导向，学校与企业共同参与的一种教学模式，其优势是学校与企业可以共享资源和信息。校企合作，可以实现学校、企业、学生的"三赢"，学校可以给企业提供专业人才，企业可以为学校提供实训和实习基地，为学生提供实习和就业岗位。

习近平总书记在党的十九大报告中指出，要促使高等教育内涵式发展，深化产教融合、产学研结合、校企合作。教育部于2019年10月下发了《关于深化本科教育教学改革全面提高人才培养质量的意见》，进一步要求强化实践育人和校企合作，建成一批高水平的应用型高等学校。国家高等教育顶层设计为我国应用型人才培养指明了方向。

1.2　校企合作对高校人才培养的现实意义

1.1.1　有利于促进国家的经济建设

我国是世界第二大经济体，是名副其实的"世界工厂"，国家经济建设需要大量应用型专业人才，加快应用型人才队伍建设具有战略意义。通过校企合作，根据社会和企业需求培养各类人才，是应用型高等院校的重大任务。

1.1.2　有利于促进大学生就业创业

近几年每年大学毕业生超 1 000 万人，就业压力巨大。不少学生由于缺少实际解决问题的能力，不能适应现代企业需要，往往毕业就失业。通过校企合作，学生可以边学习边实践，和企业员工一起上岗工作，体验劳动的艰辛，学会遵守生产纪律，提高团队合作能力，培养良好的职业素质和职业道德，提前完成从学生到员工的身份转化，实现毕业与就业的无缝衔接。

1.2.3　有利于提高高校的教学质量

校企合作，可以促进高校教学模式的改革与创新。学校和企业可以共同完善人才培养方案、编制教学大纲和教学计划。青年教师可以通过挂职锻炼及顶岗工作等方式，增强实际操作能力，培养"双师型"教师队伍。学校可以通过聘请行业专家、职业经理人作为学校的特聘讲师，优化师资结构，提高教学质量和教学水平。

1.3　国内外校企合作现状

第一个提出校企合作概念的学校是美国辛辛那提大学，1906 年该大学推出了首个校企合作计划。随后英国、德国、日本等国家在借鉴美国成功经验的基础上，结合本国的实际情况，纷纷开启了校企合作之路。

目前，世界上公认的比较成功的校企合作模式是德国的"双元制"，其特点是以企业和行业协会为主导，企业与学生直接签订合同，校企按照企业标准共同育人，符合要求的学生毕业后直接到企业工作。美国和英国的校企合作主要是以学校为主导，教学计划由学校和企业联合制订，学生先在校学习一段时间的理论知识，然后到企业实习一段时间，理论学习与实践交替进行，让学生熟悉自己所从事工作的所有流程。日本的校企合作则是以政府为主导，政府负责宏观管理，行业协会等单位负责指导，学校负责具体实施。

我国校企合作始于 20 世纪 90 年代，在学习国外经验的基础上，当时的上海工程技术大学推出了边学边实践、工学交替的校企合作计划。我国目前校企合作的主要模式是以学校为主导，如校企合办实习实训基地、"订单"式培养、实体合作、校办企业等几种模式。

1.4　高校物业管理专业校企合作的必要性

我国物业管理的概念是 20 世纪 80 年代初由香港引入的，其间经历了起步期、规范化监督管理期和多元化发展期三个主要阶段。经过三四十年的发展，物业行业市场规模不断壮大。截至 2020 年年底，我国有物业管理企业 24 万多家，管理面积 350 亿平方米，相关从业人员逾 1 000 万人，年营业额达 1.27 万亿元。

随着中国经济的飞速发展和城镇化进程的不断加快，我国物业管理进入迅猛发展的阶段。此外，智能化、大数据以及物联网等新技术的应用，进一步为物业管理企业提供了多元化发展的机会，从而对物业管理专业人才在数量和质量两方面提出了更高的要求。

物业管理是一门实用性很强的学科，学生仅靠在学校里学习的理论知识，是无法满足实际工作需要的，大量的实操能力需要通过上岗培训获得。校企合作可以充分发挥学校和企业各自的优势，使学生做到知行合一。目前，校企合作已经成为高校物业管理人才培养的主要教学模式。

2 成都银杏酒店管理学院物业管理专业校企合作现状分析

2.1 成都银杏酒店管理学院物业管理专业校企合作现状

成都银杏酒店管理学院，以下简称"银杏学院"，创建于2002年，是教育部首批审核批准的独立学院之一。学校设有8个教学系及1个教学部，27个本科专业和27个专科专业。学院主要办学目标是培养区域经济社会发展所需要的应用型和技术技能型人才。

银杏学院酒店管理系物业管理专业设立于2011年，主要办学目标是培养既掌握扎实的物业管理理论知识又具有实际操作能力，职业素养高以及具有国际化视野的复合型物业管理人才。目前物业管理专业拥有教授、副教授及讲师职称的专、兼职教师十余名，"双师型"教师3名。设有物业综合实验室、物业工程实验室、物业信息系统实验室等重要专业教学设施设备，还与其他专业共享咖啡、调酒、烹饪等实验室。银杏学院物业管理专业设立10年来，已为社会培养数百名物业管理的高端专业人才。

银杏学院物业管理专业从设立之初就确定了以校企合作培养人才的教学模式。从2011年开始，学校就与多家物业企业共建实习基地，接受学生到企业实训和毕业实习。随着合作模式的深化，从2015年开始，加入了学生顶岗实习、教师挂职锻炼、企业专家指导和专题培训等教学内容。

目前，银杏学院物业管理专业与近30家知名的大中型物业企业签订了校企合作协议，业务涵盖高端住宅、写字楼、商业、工业等多种物业形态。合作企业多为行业翘楚，如高端住宅物业领域的万科、龙湖、麓生活物业，商业物业领域顶级物业管理企业九龙仓集团国际金融中心、远洋太古里物业等。

银杏学院物业管理专业校企合作的教学成效非常显著。首先，校企合作模式的最大受益者是学生。银杏学院物业管理专业从2011年至2018年共有8届学生在校企合作基地参加本科毕业实习，人数比例达98%以上。毕业实习结束后，学生就业率100%，学生在本行业的就业率超过90%，留在实习企业工作的学生人数比例超过60%。30%的学生在毕业三年内升任项目主管岗位，20%的学生在毕业五年内担任了企业的项目经理、总监、总经理等中高层领导职务。银杏学院物业管理专业在四川等省市已经形成了良好的口碑，学生供不应求，收入水平远高于同行业同岗位。其次，通过校企合作，还极大地提高了教师的授课水平。物业管理教研室的所有教师都利用寒暑假、节假日到企业挂职锻炼，上岗操作，提高了教师的实践能力。其中有三名教师被评为"双师型"教师。

2.1 银杏学院物业管理专业校企合作存在的问题

2.2.1 校企合作的深度不够

目前银杏学院物业管理专业校企合作的层次还不够深入，大部分企业的思路是以"要人"为主，主要的合作方式是本科毕业实习和学生顶岗实习，企业缺乏培养方案制订、课程设置、教学大纲和教学计划编制、人才培养体系效果评价等全过程、深层次的参与。

2.2.2 企业参与校企合作的动力不足

企业以盈利为目的，而校企合作对于物业企业的收益不会产生太大的影响，因此物业企业难以把校企合作纳入它的必须工作内容之中。而且合作企业还需要为学生提供人员管理、食宿安排、承担意外保险费用等方面的服务，增加了企业的运营成本、管理难度和风险压力，因此容易造成企业对校合作的动力不足。

2.2.3 校企合作缺乏长效机制

由于企业经营领导和管理人员流动比较大，不同管理人员对校企合作的理解不同，长效稳定的沟通机制难以维护，造成企业换人后由于沟通不畅影响合作意愿，甚至中断校企合作。

2.2.3 政府支持力度不够

近年来，包括顶层设计在内的各级政府都发布了不少支持应用型高校开展校企合作的政策，但对企业有吸引力的具体措施并不多，尤其缺少资金、税收等方面的扶持政策，缺乏对企业的吸引力。

3 关于深化校企合作的建议

3.1 进一步深化校企合作办学模式

在深化校企合作办学模式方面，比较有效的方式是建立校企合作专家委员会，共同制订人才培养方案和教学计划、建立校企合作质量效果评价体系等，加深企业的参与度。以就业为导向，开展"委培""订单"等合作，目前由于学生人数有限，可以先组织开展小型"订单班"，针对企业需求联合培养人才，提高企业的凝聚力。

3.2 加强学校与企业的沟通

学校有关人员应主动加强与企业的沟通，不仅要和企业对接联系人做好沟通，还要经常与企业的各级领导和相关人员做好沟通，把企业当"客户"一样培养感情。同时要尽力为企业做一些培训、咨询服务，互惠互利，像"一家人"，减少因企业人事变动对校企合作的影响。

3.3 政府应加强引导和扶持

只有在政府统筹和支持下，校企合作才能够真正实现。政府应加强引导和加大扶持力度，从财政、政策等多方面鼓励企业积极参与，如能在税收政策、办学经费等方面给予优惠，可以极大地提高企业参与的积极性。

4 结束语

随着我国国民经济和城镇化的快速发展，社会对物业管理专业人才的需求还会进一步增加。多年的实践证明，校企合作已经成为高校物业管理专业人才培养的有效办学模式和发展趋势。教育改革与创新永无止境，校企合作模式还存在很大的探索空间，需要政府、学校、企业、学生共同努力，让高校物业管理专业人才培养更好地满足社会发展的需要。

参考文献

[1] 鲁捷. 深化高校物业管理专业校企合作的思考 [J]. 中国物业管理，2021 (11)：69-72.

[2] 陈银霞，纪献兵. 国内外校企合作办学模式比较研究 [J]. 教育教学论坛，2013 (14)：6-8.

[3] 胡海涛. 校企合作模式的特点及意义 [J]. 求知导刊，2015 (10)：86-87.

物业管理专业招生、培养、就业联动机制研究

酒店管理系　毛庆华

摘要： 招生、培养、就业是高校人才培养的相互影响、不可分割的三个环节，必须要实现良性互动，学校才能发展壮大。本文分析了物业管理专业学生培养现状和该专业就业容易招生难的原因，在此基础上提出了物业管理专业在招生、培养、就业联动方面可以实施的具体措施。

关键词： 物业管理专业；招生；培养；就业；联动机制

伴随着我国城镇化、住房商品化的发展，物业管理行业得到迅速发展，对物业管理人才的需求扩大，不少高校相继开设了物业管理专业。招生、培养、就业组成了高校人才培养的完整流程，三者相互影响、密不可分。影响人才培养关键的因素之一是生源的质量，学生自身的专业知识和技能、综合素质等直接影响其就业。对于家长和学生来说，就业情况是选择该专业的最重要的参考依据。通常情况下，好的就业能够促进该专业的招生。然而，物业管理专业却有着奇怪的现象，即学生就业好，但招生情况却并不尽如人意。专业要生存，学校要发展壮大，必须处理好招生、培养、就业三者的关系。

1　物业管理专业学生培养现状

1.1　就业率高

我校物业管理专业自 2011 年开办以来，共计招生 400 余名，历年就业率较高。据统计，毕业前就业率前几年在 90% 以上，近几年由于考研考公的影响，今年毕业前就业率有所下降，为 84%，但毕业后接近 100%。每年的实习季，学生都是供不应求，无法充分满足企业的用人需求。

1.2　校企合作平台高

近年与 20 余家物业企业建立了合作关系，包括万科物业、龙湖服务、中航物业等中国物业行业排名前十的品牌企业集团和九龙仓、太古集团等外企。每年不断地有新的物业企业来校寻求校企合作，但是由于学生人数少，为了保

证学生的实习质量，学校和系部都是精选实力雄厚的物业企业作为学生实习单位。

1.3 企业对学生评价较高

通过与企业座谈、交流，企业对该专业学生的总体评价有：专业基础扎实，踏实肯干，积极努力等。特别是学生留任率高的企业，与学校持续合作的态度非常积极，侧面也说明了学生在企业的表现佳。

1.4 就业业态不够丰富

学生就业的物业业态以住宅物业为主，其次是写字楼、商业综合体和工业园区，其他业态较少，如度假休闲物业、文旅物业、政府机关物业、事业单位物业等；而且学生在住宅物业从事的多为传统物业岗位，且转岗限制较大。

2 物业管理专业就业容易招生难的原因

2.1 物业管理专业的社会认可度不高

物业管理是新兴产业，在我国起步晚，但是发展迅速，还不成熟，专业化水平不高，行业的经济效益低，行业从业人员的薪酬待遇较低，行业缺乏吸引力，一定程度降低了专业的吸引力。由于是服务行业，受目前人们的传统认识所限，行业地位不高。很多外行人士包括学生和家长，不了解该专业，对物业管理的认识还停留在看大门、收停车费、打扫卫生等基础物业服务上，认为大学毕业生做这样的工作有失颜面，专业认可度低，导致报考该专业的人较少。

2.2 物业管理专业毕业学生人数不多

相比其他成熟的专业，物业管理专业开办时间不长，并且由于是冷门专业，招生人数和毕业人数都不多，随着时间的流逝，能坚持下来并留任在行业的人数则更少，也直接影响了该专业学生在行业内的话语权，没有起到推动社会更多地认识该专业的作用。

2.3 物业管理企业人力资源管理存在不足

不少物业公司起步晚，尤其是较小的企业，在人力资源管理方面还不成熟，导致学生在实习和就业期间对物业行业失去了信心。比如对物业管理不同岗位的工作分析不到位，无法做到人岗匹配；没有明确的职业规划路径，对学生的培训和培养不足，不能提供有前景的发展平台；薪酬福利、员工关爱等没有竞争力；等等，导致学生不能体现学习本专业的优势，丧失在行业内发展的热情。

2.4 物业管理专业办学功力不够

该专业成立时间不长，专业建设还不够成熟。我校从 2011 年开始进行物业管理专业的招生，到目前只有六届毕业生。受限于教学资源、师资力量等因素，学生专业基础不够扎实，主要体现在对物业工程管理、房屋管理等方面的知识和技能缺乏；另外职业素质不够高，没有充分做好适应企业的管理模式和工作压力的心理准备，在工作中遇到困难就容易放弃，从而离开物业行业。

3　物业管理专业招生、培养、就业联动的实施策略

3.1　以就业为导向，提高人才培养质量

3.1.1　积极推进和深化教学改革

要与时俱进，积极更新教学理念，创新人才培养模式和教学运行管理模式。每年修订人才培养方案之前做足市场调研，与毕业的校友、企业、行业专家等进行充分的沟通，了解行业最新的发展动态和最新的人才需求。此外，要增加教学手段、丰富教学内容，加大职业核心职业能力训练在课程体系中的比重，并积极对学生综合素质进行拓展，拓宽毕业生就业门路，引导物业专业学科被传播、被重视。

3.1.2　加强师资队伍建设

建立一支专业素养强、业务能力过硬的师资队伍。招聘最合适的人才，做到人岗匹配。建立健全教师培训和继续教育机制，以双师双能型教师为目标，鼓励教师参加各种行业会议与培训，并以多种形式到物业企业去挂职锻炼，搜集最新最实用的行业资讯，将实践经验与理论相结合。健全教师激励机制，激发出教师最大的工作热情。只有这样才能培养出优秀人才，能够在工作中不断获得自我效能感，从而能留在行业并且有更好的职业发展，而他们的发展就是专业招生宣传最好的广告。

3.1.3　将更多实践内容融入教学

通过调整培养方案，将与行业进行了解和交流的课程贯穿从大一到毕业的整个阶段，让学生不断加深对自己将来要从事的行业的了解，提前调整自己的想法与心态，在实习和就业时不会出现巨大的心理反差导致适应困难。通过设置翻转教学环节、继续深化1+N课程模式等方式，把学生分批次派到企业参加跟岗学习，把部分课程内容以主题活动形式放到物业企业去进行，可以让学生从不同角度真切了解在物业企业的工作情况，看、学、做三位一体，丰富学生知识，提高学生能力。

3.2　优选企业，给学生提供更好的平台

3.2.1　优选企业和物业业态

建设合作企业考察考核制度，每年对合作企业进行调研和打分，筛选出最

好最合适的企业，淘汰掉学生反馈不好的企业。同时协调和平衡不同的业态类型，减少住宅，增加写字楼、商业综合体和其他业态，更多地契合家长和学生对于学生职业选择的期望。

3.2.2 创新校企合作模式

不断深化与企业的合作形式，尝试新的合作方式，比如订单班、企业品牌奖学金联合培养、参加大企业管培生项目，选派学生参加企业定制培养模式，让优秀学生能够在几年时间内快速成长为企业中层管理者，成为该专业学生的楷模和奋斗目标，也是最好的专业宣传素材。

3.3 提高学生在行业的留任率，提升行业话语权

3.3.1 企业要注重对学生的培养与开发

企业要有明确的定岗、定薪和晋升制度，要做好实习生的职业路径规划，让学生对自身有清晰的认识，看得到专业的优势和前途。让大学生知道在短期内成为职业经理人不是不可能的，相应的职位、薪资也会很高。学生在行业留任率高了，在行业的话语权也就提高了，随着时间的推移，会逐步提高物业管理行业地位和物业管理专业的社会认知度，招生困难的问题也会逐步缓解。

3.3.2 加深学生对行业的认知度

把行业知识搬到校园，通过邀请知名物业企业的高管到校园开设讲座，参与学校授课，让学生更多地了解物业行业的发展现状，物业并不仅仅是大家印象中的住宅小区，还包括大型商业综合体、政府机关、事业单位、高档写字楼、酒店等多种业态。物业企业经营的领域也很广，除了传统基础服务，还涉及资产管理、"互联网+"和物联网、高新技术、智能化等板块，贯穿健康、教育、养老等各个领域。让学生了解物业管理行业的职业发展路径，除了基层岗位，还有各部门经理、项目经理、分公司经理乃至集团总部管理层等，从而提升学生对该专业的兴趣与期望。

3.3.3 加强毕业生就业情况追踪

学校要充分利用现代化、智能化的技术，建立毕业生校友大数据库和就业信息共享平台，分析相关行业的数据资源，对就业信息进行推送、传播和共享。并建立校友就业服务体系，对毕业生实现全程职业发展跟踪，对毕业生在毕业后的半年、一年、三年、五年乃至十年内的就业情况进行跟踪，做好有针对性的就业服务。

3.4 加大招生宣传，吸引更多优质生源

3.4.1 将招生和就业工作纳入教职工考核体系

将建立生源基地、招生宣传、招生工作成效都纳入全体教职工考核，给予相应

的奖励，鼓励全员招生，扩大物业管理专业的宣传力度，吸引更多的优秀生源。

3.4.2 建立生源基地

可以和一些中学建立长期合作关系，从高一开始，不定期邀请物业专业优秀毕业生到生源基地中学进行巡回分享，与相关的活动或事件结合起来，在交流中以自身的实际经历和感受打动和吸引有志学生报考该专业，从而加深高考生对物业管理专业的理解，有助于提高报考率和报到率。

3.4.3 改善招生宣传效果

全方位运用各种媒体进行招生宣传，包括但不限于学校官网、微信公众号、抖音、视频号等媒体，且教职员工、学生、家长都是宣传网络的组成部分。在就业资料中，重点是要选取对家长和学生最有吸引力的信息，比如企业名称、物业业态、职位、薪资待遇等。也可以加入知名物业企业总经理对未来人才的寄语、对行业发展前景的宣讲等。学校和企业还可以通过举办校园开放日和企业开放日，邀请家长和学生走进校园和企业进行参观和专业体验，与专业课教师进行近距离交流，了解专业办学理念、就业前景等。

4 总结

要解决物业管理专业就业容易招生难的问题，必须将招生、培养、就业三大要素有机结合起来，通过提高人才培养质量，拓宽学生的实习业就业平台，助力学生在行业内的发展，提高专业的社会认知度和行业话语权，并采取多种方式扩大专业宣传，吸引更多优质生源报考物业管理专业，让招生不再是困扰专业发展的难题，这样才能实现专业和学校的良性可持续发展和壮大。

参考文献

［1］黄享苟. 高职物业管理专业困境、分析、对策［J］. 职业技术教育，2014，35（26）：9-11.

［2］韩静. 应用型本科高校招生、培养、就业联动长效机制分析研究［J］. 科技风，2019（28）：73.

［3］高明伟. 以职业能力为导向的物业管理专业人才培养模式［J］. 中国市场，2021（35）：180-182.

［4］郭长龙. 高职院校招生、人才培养与就业联动机制分析［J］. 阜阳职业技术学院学报，2019，30（4）：20-22.

［5］赵明. 现代学徒制背景下物业管理专业课程改革与实践［J］. 创新创业理论研究与实践，2021，4（13）：40-42.

应用型本科金融科技人才培养路径探析
——以成都银杏酒店管理学院为例

财务管理系　尹咏

摘要：金融科技是后疫情时期我国经济发展双循环的重要动能之一。在此背景下各经济部门对金融科技人才出现旺盛需求，也对应用型本科院校的人才培养模式提出新要求。基于此，文章以成都银杏酒店管理学院为例，提出立足于应用型本科院校的办学定位，总结出有别于研究型高校的人才培养路径建议：第一，明确行业需求和应用型本科院校办学定位，课程设置为与中前台基础性工作适应的内容；第二，将学科建设和实践联系，弥补基础研究和教学之间的差异，提高学生实践应用能力；第三，组建跨学科专业师资队伍，紧跟行业发展。

关键词：应用型本科；金融科技；人才培养路径

一、引言

金融科技（FinTech）是指技术带来的金融创新，它是基于大数据、云计算、人工智能、区块链等各项技术重塑传统金融产品、服务与机构组织的创新金融产品。2019 年 9 月，中国人民银行印发《金融科技（FinTech）发展规划（2019—2021 年）》，明确指出金融科技人才队伍建设工作是金融科技行业的重点任务之一。《中国金融科技人才培养与发展问卷调查（2021）》开篇报告提出目前很多金融科技机构缺少既懂金融又懂技术的交叉型人才。在我国经济进入双循环发展的时代，金融科技给应用型本科教育培养金融人才提供广阔空间的同时，也提出了更高的办学要求。

为了解决金融科技专业人才供需不平衡的矛盾和严峻挑战，应用型本科院校金融科技人才培养已成为一项重要课题。本文认为应用型本科院校的人才培养路径不应和研究型高校趋同，而应该从应用型本科院校办学定位出发，紧抓人才需求这一落脚点，以培养扎实掌握金融科技专业知识，能结合行业实际解决专业问题的中前台金融科技应用型人才为目标，以理实一体为推手，构建符合应用型本科院校实际的金融科技人才培养模式。

二、当前金融科技人才培养实践

针对金融科技人才供给出现的巨大缺口，国内一流高校在金融科技高端人才培养领域迅速发力。如中央财经大学和西南财经大学分别于 2019 年、2020 年开展"金融科技"专业本科招生工作。中央财经大学金融科技专业人才培养目标是适应当今金融科技发展所需的金融精英人才。西南财经大学金融科技专业的培养目标为培养兼具较高科技素养和前沿金融知识的复合金融人才。相比一流高校定位于培养金融科技高端人才，应用型本科院校在中高端应用型人才培养方面也进行了有益探索。截至 2021 年 9 月底，中国内地已有 27 所高校设立了"金融科技"本科专业，其中应用型本科院校共计 11 所。

中央财经大学金融学院李建军教授在《金融科技学科的形成与专业人才培养》一文中表示一些传统经济金融理论已经难以解释现代金融现象，推动金融理论创新和复合型金融科技人才的培养非常必要。上海立信会计金融学院张云教授等在《Fintech 时代金融人才培养实验实训体系重构》中从内容体系、教学策略、师资队伍、评价与保障机制等方面探讨金融实验实训体系构建路径，提出课程内容的关键是延展性与逻辑性统一以及硬件设施和师资匹配两个方面。上海立信会计金融学院的王江盼等在《长三角高校金融科技人才培养路径探析》一文中指出，采用产学合作、协同育人的办学模式，"通识+专业+实训"相融合的课程设计，搭建金融科技创新实验室，可以有效提高学生的实践水平。陕西师范大学的刘孟飞等在《金融科技时代高等院校金融专业教育教学改革研究》中提出更新教学理念、重构课程体系、创新培养模式、提高师资专业素养等对策解决当前国内外高等院校金融专业教育教学的改革问题。

综上所述，对金融科技专业人才培养路径的探讨，目前主要集中在教学模式改革、教学方法改革、教学手段改革、教学评价改革等方面。部分老师指出还可以加强校企合作，优化课程体系，重视师资培训等。

三、应用型本科互联网金融人才培养途径

（一）明确人才培养目标

与研究型院校培养金融科技产品高端人才的定位不同，应用型本科院校的定位应是培养集专业金融知识和人工智能（AI）、大数据、云计算等现代技术知识技能于一体的复合型人才。《中国金融科技人才培养与发展问卷调查（2020）》显示，虽然有78.71%的受访机构初步完成金融科技人才机制建设，但全体员工中金融科技人才占比超过50%以上的机构数仅有6.34%，87.56%的机构出现金融科技人员占比不足30%的情况。同时，有大量三、四线城市金融机构和民营中小型金融科技企业的需求未被统计。基于此背景，建议应用型本科院校着眼于地方中前端金融科技人才需求，联系行业实际，以金融科技人才需求为导向，培养兼顾金融专业知识和新技术技能的复合型人才。

（二）课程体系设置

纵观已进行招生的11所应用型本科院校，专业核心课程主要包含两部分，一是金融专业核心课程，包含经济学、证券投资学、公司金融、大数据与金融、金融工程、金融风险管理、理财规划实训、数字货币等。二是跨学科核心课程，包含 Python 编程基础及应用、数据结构与算法、软件工程、区块链技术及应用、人工智能原理及应用等。总体设置原则多为以金融专业理论知识为主，并逐步向数字科技等信息化相关内容展开。由于部分应用型院校为非综合性大学，因此在跨学科授课上有一定难度，建议参考西南财经大学和电子科技大学的"1+1+1+1"联合办学模式，联合其他学院或院校共同开设计算机网络等跨学科核心课程。

（三）学科建设和实践联系

学科建设采用理论和实践联系，在理论课程的基础上根据金融科技行业要求设置实践课程，既突出金融行业特色，又能协同网络信息技术为学生赋能。现有金融专业实验室基本能有效覆盖金融行业需求，如模拟银行、电子实操实验室等。因此，深化发展金融相关网络信息技术实践课程就尤为重要。与研究型高校联系大型国有商业银行和一流互联网金融企业不同，建议应用型本科院校加深与地方性商业银行的合作，一方面，增加学生实训岗位，让学生在社会实践中提高操作能力；另一方面，学生和学校可以反哺地方性商业银行，助力其拓宽金融科技应用场景的探索深度和广度。

（四）构建跨学科师资队伍

随着金融科技行业的高速发展以及与学科建设的深度融合，对专职教师的任职资格和授课水平也提出更高要求。第一，建议招聘具有互联网和金融双学科背景教师参与授课。第二，适当调整在岗教师参与挂职的方向，可出台政策有针对性地鼓励在岗教师到金融科技行业进行挂职，培养"双师双能型"人才。第三，引入行业专家进课堂。行业专家包含银行、保险、证券、金融科技企业等，力求为学生提供行业新动态和发展新视野。

四、成都银杏酒店管理学院互联网金融人才培养实践

成都银杏酒店管理学院是一所面向现代服务业培养技能型、应用型人才的本科高等学校。学校目前开设有本科专业 27 个，专科专业 27 个，在校学生 12 300 人（截至 2022 年 1 月底）。在互联网金融人才培养方面，由学校财务管理系牵头建设和实践。财务管理系下设会计学（含 ACCA）、财务管理、审计学、税收学四个本科专业，专科专业为大数据与会计，共计 2 800 名学生。针对学校学情和校情，金融人才培养实践主要在以下四个方面展开：

（一）人才培养目标

在当前大数据、人工智能、区块链等新兴技术深刻影响财经行业的时代，财务管理系深刻研究社会需求，动态调整人才培养方案，践行 OBE 应用型人才培养模式。财务管理系联系地方经济实际，以金融科技人才需求为导向，坚持"有特色、高水平、国际化"的专业定位，致力于培养具有社会责任感、创新精神、国际视野和服务意识的"四维"高素质金融科技应用型人才。

（二）理论课程

根据专业人才目标，财务管理系对五个专业的核心课程进行动态调整。调整主要包含两部分：一是新增金融专业核心课程，包含经济学、证券投资学、公司金融、大数据金融、理财规划等；二是引入东软学院优秀专业教师开设跨学科核心课程，包含 Python 编程基础、Crypto 技术及应用等。总体设置既兼顾应用型本科财务管理专业学生学情，又涵盖金融专业和信息化理论知识。

（三）实践课程

财务管理系实施学历教育与职业证书教育、专业理论教学与行业专家授课、课堂集中实验与课外自主实训及校内模拟实习与校外顶岗实践的"四个相结合"专业建设体系。校内，根据金融科技行业要求，建有五个专业实验室，实验室配备完善，实验课开课率 100%；校外，实习基地已建设有 20 余家，覆盖会计师事务所、税务师事务所和本地龙头互联网企业等。财务管理系的课程设置以实操为导向，着重培养学生的协作、决策、自我管理与问题求解能力。因此，深化发展金融相关网络信息技术实践课程就尤为重要。

（四）师资队伍

财务管理系现有在职教师 29 人，包含 5 名具有互联网和金融双学科背景教师，9 名"双师双能型"教师，引入银行、证券行业专家 3 名。系上秉持混合式教学模式，教师采用翻转教学法，建设线上资源，结合线下授课，确保低年级学生专注于理论基础课程学习，高年级学生聆听行业专家授课。

五、结论

金融科技跨学科、跨区域的高要求决定本专业人才培养路径的特殊性，应用型本科院校开展金融科技人才培养探索不仅可以响应市场对中前端金融科技人才的需求，提升人才培养的质量，还能在一定程度上填补研究型高校的"盲区"。综上，有以下建议：一是应用型本科院校的金融科技人才培养紧密结合地方人才需求，体现出异质性和地区特性；二是重视学科交叉，打造有别于传统金融人才的跨学科复合型人才。

参考文献

[1] 李建军. 金融科技学科的形成与专业人才培养 [J]. 中国大学教学，2020（1）：17-23.

[2] 张云，杨凌霄，李秀珍. Fintech 时代金融人才培养实验实训体系重构 [J]. 中国大学教学，2020（1）：24-30.

[3] 王江盼，丁雪，杨超. 长三角高校金融科技人才培养路径探析 [J]. 中国市场，2021（19）：32-33.

[4] 刘孟飞，刘曾连. 金融科技时代高等院校金融专业教育教学改革研究 [J]. 成都大学学报（社会科学版），2021（4）：111-119.

[5] 首部《中国金融科技人才培养与发展研究报告》在厦门正式发布 [J]. 中国金融电脑，2020（10）：95.

数字餐饮人才培养探析[①]

酒店管理系　刘彦兵

摘要： 新一代数字经济时代大潮下，智能化信息技术发展也正在深刻广泛地影响着现代消费大众群体的生活消费生活模式与收入结构。本文针对数字化时代酒店管理行业人才发展需求，以学院人才培养顶层设计"产教融合与国际化"路径为指导，探析未来酒店管理数字化营销人才的培养。

关键词： 数字经济；餐饮智慧服务；酒店管理人才培养

1　引言

后疫情时代，数字化转型将是酒店业必然的趋势，为深入贯彻实施《我国职务教育工作改革发展方案》等有关文件精神，推动酒店职业教育专业升级和数字化改造，发展"酒店管理与数字化运营"新型专业，提升酒店管理专业就业质量是急需解决的突出问题，其中，毕业生就业对口率虽高，但离职率更高成为难点之一。

作为数字经济时代背景下的餐饮业，其专业人才培养就数字化角度而言，还尚未实现比较完整的发展建设体系，理解数字化餐饮的含义，理解智慧化餐饮服务形式，掌握信息化餐饮经营模式的专业人才仍然大量缺乏，与现代化餐饮业发展速度极为不匹配。一方面，由于企业本身对行业信息化知识理解尚不够，缺少现代互联网在营销决策和企业大数据云服务模式方面的有效应用；另一方面，缺乏懂得智慧餐饮运营与管理的应用型人才。

2　国内外研究背景

近年来，国内针对"数字餐饮人才培养"的研究比较有限，多集中在智能化系统与平台建设、互联网+技术营销手段的数字人才建设方面，其次是互联网思维在餐饮企业经营中的应用与互联网智慧餐饮合作发展与策略模式研究方面。

---

①　依托项目：2021—2023 年高等教育人才培养质量与教学改革项目"数字化转型下酒店管理专业人才培养评价体系构建"（项目编号：YXJG-21034）

依据行业新需求的人才培养方面，主要是集中聚集于基于某一理论框架的研究，此外，也有部分立足于我国产教养融合改革背景条件下的对教师课程的改革、人才培养体系的优化研究，还有极少量的立足于在智慧餐饮时代进行的教师课程整合改革实践研究。

相关研究主要集中于以下方面：①高职院校毕业生就业质量与职业发展研究，涵盖就业质量内涵界定、传统就业质量评价指标体系、学生就业质量影响因素（从受雇者和聘用者角度或从社会、酒店、学校及毕业生个人等角度）等；②高职院校酒店管理专业学生就业情况的案例分析、实习基地建设。

在研究目的上，以产业需求为主的研究较少；在研究内容上，尚缺乏着眼于酒店业数字化转型新趋势的就业质量分析，该视角下，多为智慧酒店视角下酒店管理专业人才培养机制的研究；在研究方法上，仍需聚焦量化分析及就业质量多元化评价。

依据我院人才培养顶层设计"产教融合与国际化"路径，有针对性地培养未来酒店管理数字化营销人才，有待开展广泛而深入的研究。

3 数字餐饮背景下的人才困境

其面临的主要问题则主要表现在由谁真正来实现用该"数字"所创造出的营销价值。目前进入餐饮行业的大部分人才仍然属于传统型运营人才，其所具备的营销技能主要集中于营销方式；而营销策略上，尚无有能力与之相匹配的数字化人才，如具备挖掘大数据价值、理解客户数据信息价值的专业化数字餐饮人才，同时，还相对缺乏具有企业特色的新媒体营销意识和专业综合能力的人才。

3.1 缺乏综合发挥大数据作用的人才

目前，餐饮业若要进行数字餐厅业务主要可利用企业开展的数字化物流配送服务与数字化智能餐厅厨房建设服务等三种方法同时开展，而企业进行的数字智能餐厅配送业务方式则主要将依托技术应用于媒体，如腾讯微信 APP、新浪博客微博等移动或社会化新传媒平台。同时，由于部分的客户数据来自在线智能点餐平台，其较大程度上有赖于通过第三方网络平台，如美团、大众点评来进行数字订单管理和消费，这就造成企业不容易实现数据闭环，而且，没有对应的专业人才来有效地利用餐饮大数据。

3.2 现有人才缺乏多样化在线服务营销策略的能力

目前，国内餐饮从业者在开展移动数字化网络餐厅产品与服务品牌的推广管理时，大多会通过社交推文、宣传等活动推销电子会员卡，很难有实现精准营销的综合能力。也有较少饭店的专业服务介绍人员可以提供相应的专业服务，从而可以将饭店特色菜肴、品牌故事等与原本菜系文化内容有机联系起来，从企业产品、品牌、历史文化底蕴方面等来实现更深入地宣传。

4 云时代下智慧餐饮服务策略建议及相应人才培养探析

云经济的时代大浪潮下，餐饮行业也将开始以发掘消费者的潜在需求能力为先，积极运用现代新型移动传媒技术，聚焦餐饮业大数据价值的深层挖掘、充分发挥餐饮业现代新型移动传媒社会属性、培育餐饮业数字化服务营销传播人才，着力推动餐饮业的在线化智能管理业务策略，培养拥有理解大数据素养，有能力实现智慧餐饮数据价值挖掘的专业综合人才。

4.1 培养复合型数字化餐饮营销应用型人才

不管是单单就餐饮行业在目前国内的网络社会化媒体平台上建设的推广应用状况，还是单纯就在疫情倒逼下匆匆上线的外卖预订等餐饮行业在线化业务产品而言，中国目前餐饮行业的数据化管理思维培养缺失，数字化的经营能力培养也明显欠缺。多数餐饮企业的在线营销研发人才更多仍是一线传统渠道的营销人士，均严重欠缺综合分析海量数据、运用大数据分析手段的实践能力；同时，也往往缺乏对移动新媒体特征规律的深入理解，这往往就必然造成他们无法充分有效分析客户数据，在具体做营销市场研究预测规划时又缺少一整套科学实用的有效数据模型体系和有效分析评估方法，无法通过有效整合发挥互联网社交媒体强大的信息互动服务属性，形成更加有效实用的企业在线互动服务的营销策略。

这同时也会要求，一方面，餐饮行业院校必须进一步强化专业对复合型数字化餐饮经营等应用型人员素质的综合训练研究与系统训练，进一步提升专业对商务云、数字营销、新兴传媒应用技术等前沿技能的应用；另一方面，对应于餐饮行业的专业酒店餐厅管理部门以及应用型餐饮企业管理人才学院，也必须开始逐渐尝试改变传统的营销专业课程结构及教学管理模式，与时俱进，系统地培养创新型数字餐饮营销专业人才。

4.2 培养传统和数字素养兼备的行业人才

首先，基于我院特色及人才培养顶层设计，可从实践与理论相结合、定制与实习融通两条路径，从教学酒店纬度、行业纬度，构建"产教融合型数字化"的人才培养体系：利用南溪产学研师训一体化实验研究基地教学酒店"实景教学"工程培养学生实践理解能力；融合酒店智能实验中心模式培养学生信息化、数字化能力；从学生实践技能和综合素养来培养数字化经济时代学生所需要的专业基础综合能力和职业续航能力。

其次，以教学酒店南溪标准酒店为载体，为学生提供完整、全面的一线岗位轮岗实践模块，基于 David Kolb 学习圈理论，让学生以体验式学习为基础，理解和掌握酒店餐饮的基本技能与管理知识，并融入信息技术应用与创新能力培养，让学生从主动准备、认识理论、反思观察三个环节形成能力闭环。

最后，从国际品牌定制系列课程入手，不断调整人才需求，既充分立足于学生初入行业的实际情况，又注重联系和培养数字经济时代行业发展趋势，不断对人才培养进行定位调整，从行业实际出发，培养既能适应现阶段传统岗位模式，又具备数字信息化职业续航能力的全素质人才。从"智慧服务""智慧营销""智慧经营""数字经济时代中消费者行为"四方面，培养能既熟练掌握我国传统饭店餐饮经营服务理论与相关管理等知识要点和基本技能，又兼备餐饮信息技术实际应用知识和业务创新操作能力方面的高级新型应用型人才。

4.3 利用互联网+发展学生数字化能力

依据智慧餐饮的人才需求特征，强调多学科融合，如邀请数字媒体、计算机网络等专业的教师，在人才培养中融入信息化技术教学手段。有效利用互联网，通过信息化教学及丰富的网络资源，用好翻转课堂，改善教学效果，让学生实地进入酒店、餐饮企业进行学习，对理解理论知识有更具象化的认知。

通过分析产业数字化转型新需求下的酒店管理专业就业质量影响因素，构建基于校企协作，以数字化转型为主的就业评价体系；培养具备数字思维、契合产业数字化转型需求的高质量人才，构建校企协同共建人才培养体系与评价指标，助力酒店管理毕业生高质量就业，突破毕业生就业质量不良的人才困境。

参考文献

[1] 林炜铃，朱艳萍."互联网+"时代旅游餐饮供应链智慧模式的应用创新 [J]. 开封教育学院学报，2019，39（11）：282-284.

[2] 钱学艳，张立涛，罗海杰. 大数据驱动下的智慧餐饮创新模式研究 [J]. 美食研究，2019，36（3）：26-30.

[3] 张晓东. 互联网智慧餐饮发展策略研究 [J]. 科技创业月刊，2019，32（7）：19-21.

[4] 陈键葳."互联网+"时代下智慧餐饮服务模式构建 [J]. 现代经济信息，2019（4）：395.

[5] 冯超颖. 创新发展背景下智慧餐饮管理模式构建 [J]. 现代企业，

2017 (4)：14-15.

[6] 肖敏，胡冰云，陈丽容. 智慧旅游视阈下钦州市餐饮业发展研究 [J]. 管理观察，2016 (18)：9-12.

[7] 马荣. 智慧旅游背景下餐饮企业发展探究 [J]. 太原城市职业技术学院学报，2015 (9)：143-145.

[8] 管晶. 互联网思维中的餐饮企业经营分析 [J]. 传播与版权，2015 (5)：154-155.

[9] 张毅. 舌尖上的O2O [J]. 互联网经济，2015 (4)：74-79.

[10] 梁湘. 移动互联：餐饮经济复苏的加速剂 [J]. 财富时代，2020 (3)：6-8.

[11] 樊宇，曹大珂，季平平，等. 互联网思维下网红餐饮品牌的维护与升级 [J]. 现代商业，2019 (36)：17-18.

[12] 周延凤，张婷，陈少娜. 网红社交媒体传播及消费者情感倾向分析：以网红品牌"喜茶"为例 [J]. 商业经济与管理，2018 (4)：70-80.

[13] 张洁. 社交新时代：吃饭即传播，餐厅亦媒介 [J]. 国际公关，2018 (1)：72-73.

[14] 潘小玲. 智慧餐饮时代高职《餐饮服务与管理》课程改革探索 [J]. 广东蚕业，2019，53 (10)：135-137.

[15] MARIE A B, YRVANE K P, ANGELA A M, et al. Fast food, beverage, and snack brands on social media in the United States：An examination of marketing techniques utilized in 2000 brand posts [J]. Pediatric Obesity, 2020, 15 (5).

[16] FLEMING M F, HARRIS J L. Adolescents' engagement with unhealthy food and beverage brands on social media. [J]. Appetite, 2020, 146.

[17] COATES A, HARDMAN C A, HALFORD C G, et al. Food and beverage cues featured in youtube videos of social media influencers popular with children：an exploratory study [J]. Frontiers in psychology, 2019, 10.

[18] POTVIN K M, PAUZE E, ROY E, et al. Children and adolescents' exposure to food and beverage marketing in social media apps. [J]. Pediatric obesity, 2019, 14 (6).

[19] TAN L A, NG S H, OMAR A, et al. What's on YouTube? A case study on food and beverage advertising in videos targeted at children on social media. [J]. Childhood obesity (print), 2018, 14 (5).

[20] James Guthrie, Suresh Cuganesan, Leanne Ward. Disclosure media for social and environmental matters within the Australian food and beverage industry [J]. Social and environmental accountability journal, 2008, 28 (1).

OBE 理念下关于地方应用型本科院校专业建设的思考

教务处 冯竹

摘要：专业建设是高等学校基础建设之一，包含师资队伍、人才培养模式改革、课程和实践教学体系建设、质量监控和保障体系建设等要素，是人才培养质量的具体体现，对学校发展具有重要的风向标作用。地方应用型本科院校定位于服务地方，是地方经济建设和区域发展的重要组成部分，在专业建设中应充分考虑和体现地方性及应用性，通过加强专业建设，形成合理的专业结构和布局，有利于提高人才培养质量，更好地为地方经济发展服务。

关键词：成果导向；地方；应用型本科；专业建设

1 OBE 理念的背景与概念

成果导向教育（outcomes-based education，OBE）于 1981 年由 Spady W. D 率先提出，又在 1994 年发表的文章 "Outcome-Based Education：Critical Issues And Answers" 中对 OBE 理念做出了详细的阐述，被认为是追求卓越教育的正确方向。

OBE 教育理念是以结果为导向，以学生为本，反向设计、正向实施并持续改进的建设理念，是一种先进的教育理念。在专业建设过程中，运用 OBE 教育理念，通过以成果导向的教学设计（反向设计），以成果导向的教学实施（以学生为中心），以成果导向的教学评价（持续改进），从而推进专业的持续建设。

2 应用型本科教育

应用型本科院校，是相对于普通本科（学术型本科）而言的，普通本科主要培养重理论、重分析、重设计的理论研究型人才，而应用型本科则侧重于学生应用技术能力的培养。2015 年，教育部等三部委联合发文《关于引导部分地方普通本科高校向应用型转变的指导意见》，从国家层面推动转型，引导部分高校转变办学思路，调整培养目标，把培养学生的技术技能放在首位，提升高校服务地方经济的能力。

近年来，通过校企合作、产教融合的探索和发展，应用型本科教育在一定程度上弥补了普通本科教育中实践能力弱的短板，更好地提高理论知识转化为生产力的效率，是满足经济发展对高层次应用型人才需求的重要途径。

3 当前地方应用型本科院校专业建设存在的问题

3.1 师资队伍实践能力有所欠缺

一方面，应用型本科院校对专业教师要求较高，除了需要具备专业所需的知识和素质，有较强的理论积淀，还要求专业任课教师具备较强的实践教学能力，甚至有行业、企业的工作经历，要有行业、企业工作经验的积累，要能解决行业、企业中的具体问题。但目前地方应用型本科院校这样的双师双能型教师太少，教师普遍缺少行业、企业的实践经验，缺乏对行业发展情况的实时把握和对行业发展趋势的深入分析，这就出现了校内教师无法胜任实践教学的情况。

另一方面，部分应用型高校以校企合作为基础，通过"一课双师"或"一课多师"完成实践教学，即邀请行业、企业一线管理服务人员进入课堂，由专业教师完成理论部分授课，行业人士完成实践教学内容。这对行业人士要求较高，需要其具备一定的教学能力，同时，对老师与行业人士之间的配合、教学内容的合理安排也是一种挑战，不但要在教学上有序衔接，还要对学生的学习情况及时了解和反馈，避免出现学生接受的理论知识和实践能力脱节的情况。

对于应用型人才的培养，专业教师既要提升自身的知识积累和教学能力，也要结合行业、企业的最新发展，及时更新自己的知识体系，创新教学方法，主动和行业对接，到企业中进行长期挂职锻炼，了解专业发展的最新业态，并将这些转化为教学内容，以满足实际应用的需要。显然，目前大多数应用型本科院校的师资是无法满足的。

3.2 专业课程体系过于重视理论知识

根据应用型人才的培养定位，许多地方应用型本科院校都能意识到学生实践能力的重要性，因而加强了实践教学，完善了实践教学体系，但同时，对于学生理论学习的要求并未降低，实践过程仍脱离实际或与实际差距较大，"重理论"的问题仍未得到根本解决，且课程结构仍然偏向多学科基础知识，对于学生所需要的培养应用能力和实践能力的课程、团队合作和终身学习能力等的课程开设得不够。

3.3　专业定位不准确

一方面，地方应用型本科院校的性质已经决定了其办学要适应地方经济发展的需要，但很多学校的人才培养定位不够准确，人才培养目标还不够清晰，直接导致其专业建设发展规划不明确，专业建设发展思路不够清晰。在这种情况下，地方应用型本科院校的人才培养与属地经济发展产生了一些差距，培养的学生不能匹配地方实际人才需求。

另一方面，不少地方应用型本科院校专业定位存在偏差，没有明确与普通高校（研究型大学）的区别，脱离了应用型的实际，盲目追求高层次人才的培养。然而，应用型院校缺乏普通高校（研究型大学）的学生基础、师资优势、教学条件等，导致学生毕业后缺乏竞争力，大量存在"眼高手低"的现象。

3.4　专业评价不够"专业"

目前，多数应用型本科院校通过学校领导、教学督导、学生信息员评价、教师评学、学生评教等手段进行全方位的检查和评价，通过专业教学情况、学生学习情况来反映专业建设情况，缺乏完整的、科学的专业评价体系对专业建设内涵做有效评价。

同时，受机构设置限制、专业人员配备困难等客观条件的制约，不少应用型本科院校缺乏专门机构做校内专业评价，缺乏完善的质量保障体系，对专业内部评价重视不够，这也导致没有良好的专业评价建议反哺专业建设，在一定程度上难以实现专业内涵建设和发展。

4　地方应用型本科院校需建立完善专业动态调整机制

专业动态调整，是高校以毕业生数据为基础，通过对毕业生就业情况进行统计和分析，了解毕业生就业面与专业培养目标的对口程度，指导学校对专业布局及时调整，必要时逐步将专业退出。

随着高等教育规模的不断扩大，大学毕业生越来越多，个别专业在发展中有一定滞后性，其社会需求与实际就业之间存在着一定差距，具体体现在毕业生就业方向方面，这就需要在两者之间建立一个长期的发展监督和保障机制——专业动态调整机制。专业动态调整机制是高校和市场供需关系的风向标，而学生就业与专业的匹配度，是专业人才培养目标达成度的体现，通过学生就业情况，能很好地反向思考专业培养目标。

地方应用型本科院校的专业设置中，大部分为单一学科专业，缺乏跨学科专业，而"应用型"本身就决定了应用型本科院校要将不同的学科结合起来，建立跨学科的课程体系。所以，在专业建立机制中，需要有效地考虑复合型专业的形成，对于就业率低的专业，可以合理利用师资条件和教育资源，按照跨学科专业建设思路，积极设计跨学科专业，或者在课程设置中，提供双学科、多学科课程选择，培养具有符合行业、企业需求的知识结构的应用型人才。

5　应用型本科院校的专业建设要点

5.1　地方应用型本科院校的专业建设重在服务地方经济发展

首先，地方应用型本科院校应积极探索多元化办学模式，积极引入地方企业，采取"订单班""冠名班"等模式，与相关行业、企业合作，将学校师资和行业人士对接，将学校办学条件和企业资源对接，共同服务于专业建设。

其次，积极探索校企（地）合作、产教融合的发展思路，构建产教协同、合作育人模式。可以通过当地政府、企业引入实习实训资源，逐步搭建学生实习、实训、就业平台，在人才培养方面，坚持做到校企共订培养目标、共商培养标准、共制培养方案、共促课程建设、共建实践基地、共导毕业设计的"六共同"原则，让企业真正参与到专业建设和人才培养的全过程中来，将地方经济建设需求真正带到人才培养的实际中来，有效缩短人才培养质量与地方经济发展需求的差距。

5.2　地方应用型本科院校需进一步创新人才培养模式

应用型本科院校培养的学生以应用型为基本，这就需要学生能分阶段、全过程参与企业岗位实习实训，即在不同的学习阶段以不同的方式参与到企业实习中去。如：学生大一刚进校，需到企业进行岗位认知，以最直接的方式了解所学专业对应的行业和岗位；大二有了一定的基础知识，可以有短期的跟岗实习，并将在企业中的认知再次带回学校，结合学校所学知识解决岗位中的问题；大三具备较强的专业知识后，可以有较长时间的顶岗实习，同样将专业所学知识与岗位结合，为大四的实习做准备，同时也有机会将理论联系实践，为毕业论文"真题真做"做准备。

目前，多数专业仍旧为"3+1"的培养模式，即学生在校学习三年，大四参加实习，这样的培养模式在一定程度上制约了学生对行业、企业、岗位的全方位认知，学生在学习过程中无法理论联系实际，缺乏通过对岗位所需能力的了解，来进一步了解自我、加强专业学习的机会。而培养模式的改革和创新，不仅是实习时间的调整，而且要通过对课程体系和实践教学的合理设置，匹配学生各阶段所需能力，再结合岗位要求，通过最合适的方式，组织学生完成岗位认知、跟岗学习、顶岗实习等。

5.3 地方应用型本科院校专的专业建设应通过深化课程改革，突出应用型人才的培养

首先，在课程建设过程中，要彻底改变传统的从"公共基础课"到"学科基础课"再到"专业课"的三段式教学体系，坚持以能力培养为导向，反向设计教学体系，重构课程体系，将过去的"学以致用"改为倒推式"用以促学"，按行业企业岗位（群）的能力要求来设置"知识结构—专业核心课程—专业基础课—通识课"，理论知识适应实践能力培养需求，结合学生个性特长的培养，广泛践行"以学生为中心"的OBE教育理念。

其次，按照人才培养规格定位，通过深化课程改革、优化课堂组织形式、丰富综合课程内容等，合理分配理论教学和实践教学比重，适当减少理论课程课时，优化理论课程内容，以满足学生实践教学能力本位需要的要求，通过反向设计理论教学内容，真正做到理论课程服务于实践能力培养，通过包含基础知识、专业知识、国际视野、职业道德、团队协作、创新创业等综合能力课程的设计，培养学生解决实际问题的综合能力。

再次，在课程体系建设过程中，还要根据行业、企业的需要确定部分课程内容，课程要吸收行业前沿知识，根据实际案例组织教学内容，面向行（企）业岗位（群），运用客观规律，直接解决实际问题，让培养出来的学生既达到本科层次的学业标准，又符合应用型教育的特殊要求。

最后，通过设置创新创业类课程，设置满足学生个性化需求的课程，充分调动和发挥学生的主观能动性，培养学生终身学习能力，这就要求教师需具备较强的创新创业教育背景，能指导和带领学生参加创新创业项目，激发学生兴趣，帮助学生有效地认识自我，提升学生创新实践能力和自身综合能力，成就学生自我成长。

5.4 地方应用型本科院校应着力发展特色专业

地方应用型本科院校应做好特色专业建设规划，充分了解国家和行业政策，立足地方区域经济，背靠行业特点，结合学校优势资源，做好特色专业建设和发展的顶层设计。2019年，教育部启动"双万计划"，建立了一批国家级、省级一流专业建设点，地方应用型本科院校应发挥一流专业建设点的带动作用和辐射作用，推动相应的教学条件、实验设备、师资队伍、机制保障等建设，做好专业特色凝练，完善和优化专业六要素，进而建设成为特色鲜明的一流专业。

应用型本科专业的特色重点体现在师资队伍结构、专业人才培养模式、课程体系、评价机制保障等核心要素方面，这就要求特色专业建设要走复合型发展之路，调整专业结构，实现各专业间的互相借力，共享优质资源，以跨专业、专业融合等形式建设师资队伍、构建课程体系，充分借助和调动学校优势资源，着力打造优势明显、人才质量高、服务地方经济能力强的特色专业。

6 结语

应用型本科院校的专业建设和发展要立足地方，密切联系实际，对接产业发展，遵循专业规范，培育特色，提升质量，实现专业的特色化建设和高水平发展。根据"厚实基础、广度、高质量、创新"的应用型人才目标，坚持以专业内涵建设为重点，以社会需求为导向，以学生为中心，培养学生自主学习和创新能力，加强实践教学环节，努力提高教学水平和人才培养质量。

参考文献

[1] 王显清.基于 OBE 的地方工科院校人才培养模式研究 [D]. 哈尔滨：哈尔滨理工大学，2019.

[2] 中华人民共和国教育部.教育部 国家发展改革委 财政部关于引导部分地方普通本科高校向应用型转变的指导意见 [EB/OL]. （2015－10－23）[2020－04－27]. http：//www. moe. gov. cn/srcsite/A03/moe_ 1892/moe_ 630/201511/t20151113_ 218942. html.

[3] 任姝名.地方高校"双师型"教师培养模式研究 [J]. 现代经济信息，2018 (3)：1.

[4] 胡卫，陈金凤，袁春平，等.应用型本科人才培养模式推进策略与实践探索：以四川旅游学院为例 [J]. 四川旅游学院学报，2021 (3)：4.

民办院校 ACCA 成建制班建设探析
——以成都银杏酒店管理学院为例

财务管理系　刘凤佳

摘要：近年来，越来越多的高校将英国特许公认会计师（ACCA）融入大学本科学历教育，力求通过这一举措拓宽学生的视野，提高学生的综合竞争力。众所周知，对于财会专业的学生而言，考取职业类证书是从事财会工作的"敲门砖"，而取得国际化的财会证书更是能为学生的就业或继续深造"添砖加瓦"。本文以民办高校作为分析对象，探讨了民办高校 ACCA 成建制方向班的现状，重点关注其在方向班建设中所面临的问题，并提出了改进建议。

关键词：民办高校；ACCA；学历教育

引言

英国特许公认会计师公会（ACCA）成立于 1904 年，至今已拥有近 120 年的历史。ACCA 是世界上较具规模的国际性专业会计师组织之一，ACCA 会员资格受许多国家公司法承认，被认为是国际财会界的通行证之一。在我国，随着国际化高端会计人才需求的不断增长，ACCA 受到越来越多的内资企业和跨国公司国内分部的青睐。ACCA 目前在全世界有着近 40 万名会员及 70 多万名学员，国内也有多达百余所高校开设了 ACCA 本科成建制班。作为我国高等教育体系的一支重要力量，民办高校近些年来在国际化办学方面呈现日新月异的态势。通过深度调研和交流，笔者分析总结了民办高校 ACCA 方向班建设现状，针对其发展中出现的问题，提出了一些见解。

1　我院 ACCA 方向班建设现状

为践行学院国际化发展战略及国际化办学理念，我院财务管理系自 2019 年起开设会计学（ACCA 方向班），经过学生自愿申请和学院面试选拔后组建成班。2019 级 ACCA 方向班共招收学生 14 人；此后，受到疫情和招生情况影响，2020 年和 2021 年未能成功组建 ACCA 方向班。

基于对现有 2019 级会计学 ACCA 方向班的运行情况分析，并结合对方向班授课教师和学生的调研反馈，以及笔者多年从事 ACCA 教学及方向班运行管理的经验，笔者发现我院 ACCA 方向班在建设和运行中，存在诸多不足。

1.1　缺乏国际化方向班建设、管理经验

由于我院开办 ACCA 方向班起步较晚，且持有 ACCA 资质或通过 ACCA 考试的教师较少，导致在方向班的建设和管理上存在一些缺陷。尤其是在与培训机构的合作和沟通上，普遍存在沟通不及时的问题，方向班的日常教学主要依赖培训机构，尽管院系层面安排了学院专职教师担任班导师，但专职教师仍须以其本职教学和科研工作为主，无法像培训机构的学服人员一样，对方向班的学生实施"保姆式"的管理，仅通过定期的沟通交流，导致了院系不能及时了解方向班学生的学习情况，加之培训机构的学服老师和讲师也倾向于自行处理学生的问题，更加剧了信息不对称的情况。

1.2　生源质量相对较差

生源质量的问题一直是困扰民办高校开办 ACCA 方向班的主要问题之一，不同于重点本科高校，民办院校的学生普遍存在英语基础较为薄弱，学习自主性相对较差的情况，针对这一现实情况，通常是采取加强方向班的学生管理，监督学生的学习，并采取各种奖励机制，进一步提高学生的考试积极性。但是，"批量化"的管理模式会导致方向班的学生出现明显的两极分化。

1.3　师资力量较弱

与大部分民办院校相同，我院 ACCA 方向班也是采用"学院+国内知名培训机构+ACCA 官方"这一传统模式，与 ACCA 官方认证的白金级培训机构——广州中博教育股份有限公司合作开办 ACCA 方向班，这一模式对高校而言有利有弊，尤其从师资培养和教学教研角度来看，更是弊大于利。

对于民办高校而言，通过与国内知名的培训机构的合作，引入具有海外留学经历或各大企业工作经验的讲师进入高校课堂，能够帮助高校快速地组织并完成 ACCA 方向班的日常教学工作；除线下课程外，还能通过线上平台为学生提供 ACCA 教学名师的网课，以及线上题库和模拟考试等相关资源；此外，培训机构也会派遣专门的学服老师进驻 ACCA 方向班，通过"保姆式"的跟课等监督管理方式，对方向班的学生进行定制化的管理，力求让学生能够快速地通过考试。

不可否认的是，引入培训机构能为高校开办 ACCA 方向班提供有力的支持，但是，对于高校师资培养而言，高校教师完全独立于 ACCA 教学工作之外，就意味着高校教师无法在日常教学工作中接触或学习 ACCA 相关知识，更

不利于高校建立自己的 ACCA 教学团队，长此以往，对方向班的运营和管理也会带来不利影响。

1.4 培养目标、教学及课程体系设置存在不足

1.4.1 培养目标设置偏高

回归教育本身，对学生而言，过高的目标不仅不会创造奇迹，反而会带来更多的消极情绪。众所周知，ACCA 的考试科目有 13 门之多，且均为英文考试，这就意味着，相较于常规会计学专业的学生，ACCA 方向班对学生的语言能力和学习自主性都有着更高的要求。近年来，大部分民办高校在设置 ACCA 方向班的培养目标时，都有意将 Professional 阶段的 4 门难度较高的课程剔除，只保留 Fundamental 阶段（以下简称"F 阶段"）的 9 门课程，并要求学生在毕业前通过 F 阶段的全部考试。这一举措虽然切实降低了各高校针对 ACCA 方向班的培养目标，但是，结合前文提到的生源质量较差这一问题，笔者认为，在不影响本科学历教育的基础上，将方向班的培养目标设置为毕业前通过 F 阶段的 9 门课程而非全部 13 门课程，仍未能有效解决培养目标设置偏高这一问题。

再者，绝大部分学生和家长选择 ACCA 的理由是使之成为学生将来发展的助力，而并非"挑战不可能"。相较于国内的初级会计师这一类证书，ACCA 考试科目本身的难度和考试压力，对大部分民办院校的学生而言，都是一项艰巨且任重道远的选择，所以，在长达四年的学习过程中，方向班的学生很容易出现中断考试甚至放弃的情况。

1.4.2 课程体系设置融合度不高

由于 ACCA 各科的教学工作均由机构派遣的讲师承担，高校教师仍然只承担大学本科学历教育的基本教学工作，培训机构对方向班的"包办式"管理模式会导致高校教师与机构讲师"各自为政"。通常，ACCA 方向班的课程体系设置都会采用课程替换的方式，在有限的学分和学时范围内将 ACCA 的考试科目"融入"本科教学中，而简单地以 ACCA 课程替换掉看似相同的中文课程无疑是不可行的。尽管国内各大高校近年来一直在探讨如何将 ACCA 考试合理地并且真正地融入会计本科教学中，但这仍然是开办 ACCA 方向班的一大难题，尤其对于应用型本科高校而言，即使不采取直接替换中文课程的模式，引入 ACCA 课程也会压缩一部分中文专业基础课和实践课的课时量，同时，ACCA 课程本身又受到了应试压力的影响，无法在其教学中涵盖实验或实训内容，进一步导致了 ACCA 方向班的课程体系无法实现与本科学历教育的有机融合。

1.4.3　教学模式单一，应试成分浓厚

在"学院+国内知名培训机构+ACCA 官方"这一传统模式下，ACCA 方向班的日常教学工作依赖于培训机构，而培训机构的讲师通常只关注如何通过考试，应试色彩过于浓厚，在教学过程中模式相对单一，难以兼顾课程本身的实用性。

再者，正如前文所提到的学院对 ACCA 师资培养投入不足，导致学院自身的师资无法满足方向班的教学需求，并且，出于各种客观和主观原因，民办高校教师大多不愿意花费过多的精力和时间去学习并教授 ACCA 相关课程，这就导致了学院无法通过自身的师资改善 ACCA 课程教学中应试色彩过于浓厚这一问题。

2　民办院校 ACCA 成建制班建设及管理改善建议

2.1　方向班建设和运营层面

2.1.1　提升团队国际化方向班建设和管理经验

ACCA 本科成建制班在我国已发展多年，目前引入该机制的民办院校也有几十所之多。面对国际化方向班管理经验欠缺的现状，我们既不能自怨自艾，也不可闭门造车，而应该加强对方向班管理经验的学习，重视与国内可比院校的交流。通过分析比较我院与方向班管理成效优异的院校的师资配套、学生层次等方面的异同，汲取实用性强的国际化方向班建设和管理经验，从而有效提升我院 ACCA 班各维度管理水平。

2.1.2　建设适合民办高校的 ACCA 成建制班运营模式

与多数公立本科院校相比，民办院校建设 ACCA 方向班的一大弱势是学生的专业基础、学习能力和主观能动性较弱。因此，提升民办院校 ACCA 方向班的运营成效，需要从招生选拔、学生管理和课程设置等维度入手，建设有针对性的方向班运营模式。

招生方面，由于 ACCA 考试战线长、难度大、以英文为媒介，因此选拔 ACCA 方向班学生时，不仅要关注学生过去的学科成绩，更要重视选拔英语基础较好、抗压力和自驱力强的学生；该选拔策略可以通过合理设置笔试和面试问题得以实现。学生管理方面，班主任和辅导员不仅要为方向班学生提供密切的关注和指导，而且要加强对"目标管理""正面管教"等相关管理知识的学习，切实提高管理和服务水平，帮助学生持续、高效地学习。课程设置方面，不可直接照搬公立院校的培养方案，应根据自身实际情况进行教学及课程设置，后文将提供具体建议。

2.1.3　建设国际化、稳定化的 ACCA 师资队伍

通过对学院国际化方向班当前运行情况的分析，笔者认为与外部培训机构合作的办学模式虽然能给学生提供较为专业和成熟的教学服务，但无法保证其教学方式、节奏和内容完全匹配本校学生的需求，更不能建成学院自己的、稳定性较强的 ACCA 教学团队。因此，加强现有师资国际化教学水平的培养、引入 ACCA 优秀师资，搭建学院自有的 ACCA 教学团队势在必行。对于诸多民办院校来说，除了尝试招录外校或业界已有 ACCA 资质和教学经验的老师，一个操作性较强的发展路径是鼓励学校的专职教师参加 ACCA 考试，并在选择的考试科目上做到合理搭配。学校可以采取支持学习资料和课程、报销考试费用、纳入绩效考核等措施，体现学校建设自有教学团队的决心，提升专职教师参加 ACCA 考试的积极性。

2.2　方向班教学及课程设置层面

2.2.1　制定科学合理的课程体系，采取"ACCA+中国会计"模式

一方面，民办院校应该进一步考量将毕业前通过 F 阶段的 9 门课程作为方向班培养目标的可行性，必要时可以适当减少必考科目，以难度适中、本土就业环境亟须的学科来替代；另一方面，张横峰（2012）所提出的"ACCA+中国会计"课程设置模式对于民办院校也有较大的启发性。除了 ACCA 课程，学校可以根据毕业生在就业市场的潜在职位所需的能力素质与知识体系，设置几门中文核心课程，如财务管理、税法、审计学、经济学、中级财务会计、高级财务会计、管理成本会计等。在补充中文课程时，不可认为与 F1 至 F9 名称相似的中文课程就无须设置，而要综合考虑学生中英文知识体系的完整性，重点补充理论架构必备、与 ACCA 课程呈支撑与互补关系的学科。在补充课程教学方案设置上，更应侧重 ACCA 课程未涉及、与国际化教材有区分以及与实践联系紧密的内容，以真正实现"具有扎实的基础、国际化视野、有较强的专业技能的复合型应用人才"的培养目标。

2.2.2　融入 Python、ERP 等实践类课程，提升学生数智化时代职业技能

尽管 ACCA 各科考试对学生分析和解决问题的能力有一定要求，但不可否认的是，考试与会计实操间仍存在较大的差异。一名优秀的 ACCA 方向班毕业生，不仅应该以优秀的考试成绩来体现其学习能力，还应该具备会计和财务管理岗位所需的实操技能与综合素质。因此，在 ACCA 方向班的实践课设置上，民办院校应跳出应试思维，以前瞻性的眼光深入分析大数据与财务数智化时代应用型会计人才应具备的各项职业技能。具体来说，民办院校不仅应开设 ERP 沙盘模拟实验、业财一体化等当前财会岗位必备的实践类课程，还应根据条件

开设 Python 基础与大数据应用、数据分析与处理以及财务数字化应用等前沿课程，为学生匹配正在转型的财会岗位提供基础、赋予能量。

2.2.3 实施多维度的教学方法和手段，提升学习效率

当前，各大高校在多媒体教学方面已经十分普及，这种教学方式大大提升了授课效率，但仍未改变"老师讲、学生听"的被动学习模式。在互联网技术和人工智能水平日新月异的今天，民办高校也应重视传统教学与互联网资源的深入融合，力求在教学模式上创造"互联网+ACCA"的新模式（熊欢欢等，2019）。在该模式下，教师可以在网络教学平台上展示视频和文字学习资料、实施课堂提问抢答、创建针对学生薄弱环节的课后习题，并在平台上第一时间为学生答疑。众所周知，基于问题的学习、有及时反馈的学习成效最为突出。只有将网络教学平台高效应用于学生预习、学习、复习、练题等各个环节，才能帮助学生"脚踏实地"地改善学习效果，保障学习热情，进而形成良性的循环。

参考文献

［1］张横峰. ACCA 成建制本科教学课程设置探析［J］. 财会通讯，2012，(28)：126-128.

［2］董成杰. 独立学院 ACCA 成建制班办学模式研究［J］. 财会通讯，2013（25）：34-36.

［3］熊欢欢，张泽伟. "互联网+"时代下 ACCA 教育新模式的构建：基于对江西六所高校的调研［J］. 教育现代化，2019，6（59）：102-106.

［4］董成杰. 国际化背景下 ACCA 人才培养模式研究：以独立学院为例［J］. 高教学刊，2020（24）：14-17.

［5］李继志，杨亦民. ACCA 人才培养模式中国实践的特色及启示：基于10 所高校的考察［J］. 湖南农业大学学报（社会科学版），2017，18（4）：95-100.

课程建设与教学改革研究

新文科背景下民办高校
实践教学体系构建路径探索

教务处　苏薇

摘要： 2020 年 11 月 3 日，教育部发布《新文科建设宣言》，全面部署了新文科建设。在新文科建设背景下，民办高校构建实践教学体系，是将实践教学作为教学环节中的一个重要环节，是考核教师的教学设计创新能力、实践指导能力，也是学生就业竞争能力提升和自我评估的重要途径，还是实践教学反馈机制建立和监督机制建立的重要依据。

关键词： 新文科；实践教学体系；路径探索

1　民办高校实践教学体系研究现状

2015 年 10 月，实践教学体系建设正式纳入民办高等院校课程体系建设中。2020 年 11 月 3 日，教育部发布《新文科建设宣言》，提出"新时代新使命要求文科教育必须加快创新发展"，打破学科专业壁垒，推动文科专业之间深度融通、文科与理工农医交叉融合，融入现代信息技术，赋能文科教育。

《教育大辞典》定义的实践教学是相对于理论教学活动的总称，包括课程实验、实习实训、企业见习、毕业论文（设计）、社会调查、工程训练等。金好认为，民办应用型高校在实践教学资源、条件以及管理上具有一定的劣势，应强化应用型教学实践，更新教学理念，搭建校企合作的实践教学平台，完善实践教学管理考核与监督机制。王周火认为应该从目标体系、内容体系、平台体系构建管理学科专业实践教学体系，建立起"三四三五"实践教学体系结构，推动实践教学体系的立体化、错层次构建。

综上，新文科背景下的高校实践教学体系的构建，应该不拘泥于传统的实践教学手段，依托民办高校现有的实践教学资源、条件和技术，尽可能更新、创新民办高校实践教学体系的构建，这对于实践教学探索是有一定意义的。

2　新文科背景下民办高校实践教学体系构建的意义

实践教学作为传统课堂理论课程阵地的重要补充，既能够提升学生动手能力，又能够激发学生创新能力，是培养符合地方经济发展人才的重要途径。在新文科背景下，构建民办高校实践教学体系具有以下两层意义：

一是构建实践教学体系应以社会、经济需求设置目标，实现实践教学的服务价值和引导价值。目前，民办高校实践教学体系多为单纯地将实践场所搬移到学校外或者是户外，并未真正实现理论知识的场景化应用。搭建以服务地方经济为目的的社会需求目标来设置和执行实践教学计划任务，逐步落实各实践教学环节，最终进行评价反馈的实践教学体系框架，这不仅能够让学生紧跟实践教学计划和安排，确保学生在实践教学过程中的投入和效果，而且在完成教学计划后，能够为教学管理部门和教师进行有效的教学评价和反馈。

实践教学体系的构建过程也应是推进高校和企业深度融合发展的过程，企业对学生实践教学提出更多的管理要求，既加大了企业参与和指导的力度，也让学生对自身学习和动手能力进行客观评估，使得学生适应力增强，一定程度上避免眼高手低情况的发生。

二是构建实践教学体系，明确管理和教学之间的职责，对于专业教学改革、教学评价体系的建立具有一定意义。民办高校实践教学管理与执行环节往往都是由不同的教师、部门在推动的，实践教学中的管理体系、运行体系、保障体系和评价体系很难达到统一，因此对实践教学效果的评定和监督也存在一定的难度。对实践教学内容、质量考核制定出具体的要求，划分学校管理部门和教师之间的职责，避免功能重复、职责不明晰，以便教师对学生的实践教学开展专业的干预和指导，从而达到既定的实践教学预期效果，也便于学校管理部门对教师教学进行监督和考核。

综上，实践教学体系的构建不仅是将实践作为教学活动的某个环节，从某种意义上来说，更是在搭建一个学生、教师、企业之间的教学平台，学生在专业实践教学中不断发现问题，解决问题，不断提升个人职业竞争能力。教师在指导过程中加深对实践教学课程理念的更新、教学内容的理解，不断完善实践教学的设计理念和内容，达到培养应用型人才、创新型人才的要求。企业与学校形成联合教学机制，提供科学的、创新的实践教学指导方法，为开展专业的实践教学提供方向和路径。

3　新文科背景下民办高校实践教学体系构建的目标导向

新文科的"新"，是指更新、创新，应是民办高校构建实践教学体系的目标导向。

传统的教学模式和教学管理逐渐向以挖掘学生兴趣为基础，提升动手能力，增强适应能力的特色实践教学为导向的实践教学体系过渡。增加实践场所，将校内实验室、校外实践场所、企业有机融合起来，提供丰富的实践操作环境，增加学生实践兴趣。增加实践操作学时，让学生不再是走马观花式地参观，而是可以真正将理论学习运用到实际工作场景，并且将在实践操作环境中遇到的问题带回学校，请指导教师予以解答。

强调新技术、新手段的融入，完善实践教学课程体系，以应用型和动手操作能力为导向。提升教师教学创新能力及实践教学课程的设计能力，比如引入互联网技术后，如何实现线上、线下互动，让晦涩难懂的理论知识点更加直接、直观地呈现在学生面前，既是对教师课程设计能力的提高，也是对教学能力的促进。

设计文科教学领域内跨学科的综合性实践是构建实践教学体系的目标。将各专业之间的实践联系和互动起来，将实践效果反馈到教学改革中，不仅对教学研究有意义，对学生的专业实践指导和教师的实践教学设计能力也都有很大的帮助。

4 新文科背景下民办高校实践教学体系构建的路径探索

4.1 更新教学理念，创新教学内容

更新实践教学理念是根据专业的人才需求特点，引导学生关注企业所需人才应具备的能力和综合素养而制订的具有特色的实践教学计划。在落实实践教学计划的过程中，不拘泥于教学的时间、地点，将互联网技术更好地服务于实践教学中，将实践教学内容"来源于企业"又"高于企业"，能够熟练运用专业理论知识，解决企业场景中遇到的问题。

4.2 强调实践教学效果的考核与监督

尊重不同学科专业的实践教学规律，构建实践教学管理体系，强调实践教学效果的考核与监督，能够为学生专业实践提供更加精准化的指导。按照教育主管部门的要求，民办高校将信息化技术运用到实践教学管理中来，通过制订实践教学计划，发布计划，收集数据，分析数据，反馈实践教学效果等闭环式设计教学内容，教师能够有效调整实践教学计划，以不同的要求针对不同学科的专业实践，为学生的实践提供可行性的目标落实方案。

对实践教学效果的考核与监督也为实践教学管理部门对学生的综合评定提供了有力的依据，从而保障实践教学各个环节不再是割裂的、分散的，更不是一时兴起制定的，让实践教学按部就班地落实到位，管理更加科学化。

4.3 建立实践教学师资队伍

实践教学对教师提出了更高的要求，不仅要求教师具有教学、科研能力，

还要求教师具备动手能力和分析能力。教师要从自身专业出发，关注社会、企业，根据当下实际情况对专业人才提出的不断变化的要求，分析并制定出符合当前要求的实践教学内容，并从不同角度、不同方位指导学生专业实践，引导学生不断发现自己专业学习的不足，从而为学生的专业实践提供科学化、应用化的指导。在实践教学管理体系中，教师对实践教学内容的更新和创新、对学生实践的指导能力两方面应该作为教师目标考核的重要依据。

4.4 深化校企合作，构建实践教学管理体系，搭建平台

突出学生在实践教学中的主体地位，在教师、学校和企业之间搭建平台，构建体系，是民办高校的优势。通过实践教学各环节的推动，强化实践教学之间的联系，学生在学习过程中，可以提前了解到自身与能力需求之间的差距，通过理论学习，不断缩小差距，再到企业中实践，减少从学生到职场人士转变过程中的不适应，对企业用人的稳定性具备一定意义。

搭建平台，使企业更早、更多参与到学校教学过程中，增加企业、学校、学生相互了解过程的时长。企业的加入弥补学校实践场景单一的不足，加大了企业指导学生的参与力度。学生实践教学的反馈，能够为学校优势学科、专业建设的建立，甚至学校办校特色提供动态的可参考依据。

5 结语

新文科背景下，民办高校构建实践教学体系应在传统教学管理的基础上，更新理念，创新内容，推进实践教学师资队伍建设，设置符合地方经济发展的实践教学计划，使学生按照教学计划完成每一个实践教学环节，并得到有效的专业实践评估数据，提供给学校作为优势学科建设的依据。

参考文献

［1］教育部. 新文科建设工作会在山东大学召开［EB/OL］.（2021-01-05）［2021-11-03］. http：//www. moe. gov. cn/jyb_ xwfb/gzdt_ gzdt/s5987/202011/t20201103_ 498067. html

［2］顾明远. 教育大辞典［M］. 上海：上海教育出版社，1999

［3］金妤. 民办应用型本科高校实践教学管理体系构建与创新［J］. 中国成人教育，2021（3）：15-20.

［4］王周火，罗伟珍. 基于"产教融合"的地方本科院校管理科学专业实践教学体系构建研究与实践［J］. 科技风，2020（17）：55-56.

应用型高校思政课与
"三全育人"的耦合关系研究

教务处　李志文　李卉

摘要：应用型本科学校思政课常被冷遇，教师教学"热情不高"，学生学习"兴趣不大"，育人主阵地效果有待加强。"三全育人"要求全员、全程、全方位育人，可以和课堂上的思政课形成合力，共同打造"大思政"育人环境。本文旨在探讨两者的相互关系。

关键词：应用型本科学校；思政课；"三全育人"；耦合关系

党的十九大报告提出"建设教育强国是中华民族伟大复兴的基础工程"。建设教育强国，本科教育先行，其水平高低至关重要。"培养什么人、怎样培养人、为谁培养人"是我们办好本科教育首先要明确的前提。习近平总书记对此已有一系列重要论述，而思政课则是对这些论述的具体阐述——培养德、智、体、美、劳全面发展的社会主义建设者和接班人。这里所说的思政课是广义的，既包括传统的思想政治理论课——思政课程，也包括近几年提出的专业课程的课程思政。而占比较大的课程思政恰恰又是思政教育的"主渠道"。应用型本科学校因其专业特点，思政课易被"边缘化"。"三全育人"格局可与思政课形成优势互补，相辅相成，开展两者的相互关系研究有助于进一步认清其逻辑构成，对促进"大思政"环境具有重要的现实意义。

1　应用型本科学校思政课"边缘化"的原因

我国的应用型本科学校不在少数，为社会经济发展输送了大量应用型高素质人才。但正是由于其应用型的专业特点，往往忽略了思想政治教育，造成"偏科"。究其原因，无外乎以下几个方面。

1.1　应用型专业的实践性

应用型专业以理工类、管理服务类为主。这些专业对技术创新、行业发展动向等更为关注。随着现代科技的进步，越来越多的新技术运用到行业、产业中去，使学生们的关注点聚焦于此。此外，应用型专业讲求学以致用，实操性强。近年来，随着学生就业升学压力的提升，绝大多数学生更加"务实"，将更多精力放在专业能力提升和技能证书考取等增加就业的砝码上，而忽视了对价值观的构建。多数教师和学生认为思政课似乎对指导专业实践方面没有明显作用，课程思政也因其起步较晚，所含思政元素有限，导致被忽视。

1.2 思政内容与专业结合难度较大

基于应用型专业的特点，学生对传统思政课的兴趣不大。应用型专业课程因其多是对自然规律的总结阐释，是对新技术的实践，其客观性与课程思政的融合存在一定困难。同时，挖掘专业课程中的思政元素也给专业课教师提出了更高的要求。一方面要求专业课教师在对专业课程知识点进行详细把握的同时，还要了解知识点背景及背后的"故事"；另一方面还要求专业课教师掌握思政育人方法论，这样才能最大限度地挖掘出专业课程中的思政元素。这需要花费大量的时间和精力，实际效果却可能未必达预期，这在很大程度上也造成了思政课的冷遇。

2 "三全育人"格局新思路

"三全育人"即全员育人、全程育人、全方位育人。全员既包括教师，也包括教育管理者、行政人员、后勤保卫人员，即学生所接触的所有环节的所有人员。全程指课上、课下等学习生活全过程。全方位指教学、管理、服务等全面覆盖。"三全育人"就是把思政教育贯穿到学生学习生活的各个方面，融入各个环节，做到润物细无声。

2.1 "三全育人"从源头出发，着重解决培养什么人

坚持社会主义办学方向是教育的前提，毋庸置疑，这也是唯一方向。弘扬社会主义核心价值观是主旋律。立德树人把德放在首位，德就像树木的根系，根系不正，基础不牢，生命力不可能旺盛。可见高尚的品德、正确的价值观是首要的。其次才是知识丰富、健康向上、全面发展。"三全育人"向学生多维度展示中国特色社会主义理论及其伟大成就，弘扬爱国主义情怀，不断增强学生的"四个自信"。

2.2 "三全育人"重点突出"全"，着重解决怎样培养人

"全员育人"，要求教师、教学管理者、后勤服务者都要成为"育人者"。他们在不同工作岗位上的言行举止都要达到育人的效果，育人人人有责，没有旁观者。"全程育人"，要求将育人贯穿学生学习生活、成长成才的全过程，过程不间断。"全方位育人"，要求将育人贯穿课上课下、线上线下、校园内外，不留死角。

"三全育人"打破了以往只是思政教师讲思政的单一局面，将专业课教师、辅导员、教学管理者和后勤服务人员统统纳入立德树人践行者中来。此外，这些践行者在各自的岗位上以一言一行来教育学生、感染学生，形成一股合力，使学生在学习生活点滴中厚植爱国主义情怀，弘扬正能量。

3　思政课与"三全育人"格局的耦合关系

　　习近平总书记在学校思想政治理论课教师座谈会上提出要理直气壮开好思政课，并以"八个统一"鼓励思政课教师创新思政教学。这是对传统思政课提出的新的考验，同时也是对课程思政的启发。改变传统思政课的教学模式，积极探索互动式教学、翻转教学、线上线下同步教学的新模式。

　　耦合关系是指某两个事物之间存在的一种相互作用、相互影响的关系。应用型本科学校学科专业性强，紧跟科技创新步伐。2018年高校师生思想政治状况滚动调查结果显示，对大学生思想言行和成长影响最大的第一因素是专业课教师。那些崇尚科学、淡泊名利、潜心教学、积极服务社会的专业课教师无疑会对学生正确价值观的形成产生积极影响。"三全育人"格局要求全员育人，这极大丰富了思政课的范畴。这就要求我们在创新传统思政课教学，提升其吸引力的基础上，将其他专业课纳入思政育人队伍，形成合力，做到1+1>2。应用型本科专业实习实训环节在培养过程中占据重要地位。特别是校外实习实训基地，面对企业行业一线，将思政内容引入实操环节，让企业行业专家现身说法，谈行业自律，谈职业操守，讲家国情怀，讲工匠精神，引领学生关注社会，汲取养分。校园内，持续推进课程思政建设，将育人元素植入每门课程中，使知识传授、技能培养和价值引领共同发力，形成协同效应。专业思政与课程思政在课堂上发挥价值导向功能，筑牢学生理想信念，倡导科学精神。思政课是基础，要占领主阵地。"三全育人"格局延伸育人维度，教师、教学管理者、后勤服务者全员参与育人，在学生学习生活中、成长成才的全过程中育人，在课上课下、线上线下、校园内外全方位育人，可以说是对思政课的有益补充，是新形势下我们开展思政工作的新思路。思政课基础打好了，可以促使"三全育人"更好落地生根。"三全育人"格局形成，反哺思政课。两者相互联系，良性循环，形成耦合关系，相辅相成，缺一不可。

4　小结

　　应用型本科思政课受传统重专业轻思政教育的思想束缚，长期被冷遇。积极开展课程思政是新形势下做好本科思政教育的新要求。"三全育人"格局的提出，创新了思政教育的方式，用学生喜闻乐见的方式学思政，让学生在日常学习生活的点滴中、成长成才的过程中感受立德树人。十年树木百年树人，思政课与"三全育人"的协同育人绝非一朝一夕，共育"大思政"格局需脚踏实地，久久为功。

参考文献

［1］中国共产党第十九次全国代表大会报告［R］．2017-10-18．

［2］中共中央 国务院．关于加强和改进新形势下高校思想政治工作的意见［Z］．2017-02-27．

［3］把思政课办的越来越好：论学习贯彻习近平总书记在学校思政课教师座谈会上的重要讲话［N］．人民日报，2019-03-19．

"新文科"背景下"财务管理"课程教学改革探析

财务管理系　张际萍

摘要："新文科"教育理念背景下，要求相关知识和能力的大融合，切时培养提升学生的综合能力。针对"财务管理"课程，本文从调整课程内容、增加沉浸式教学比重、采用多种教学方法、利用信息化教学手段、融入思政教育、课赛融合、应用多种考核办法等多个方面提出了教学创新改革的一些想法，突出理论知识与课程实训相结合，以实践性作为课程的设计目标，进一步达到"知识重构、文理融合、新技术融入"的课程创新改革目标。

关键词：新文科；财务管理课程；改革

1　引言

2018 年 10 月，教育部印发《关于加快建设高水平本科教育 全面提高人才培养能力的意见》，提出要全面推进"新文科"建设。"新文科"这一概念逐渐被大家熟知。与传统文科相比，所谓"新文科"是基于全球新科技革命、新经济发展、中国特色社会主义进入新时代这一背景，突破传统文科的思维模式，以继承与创新、交叉与融合、协同与共享为主要途径，促进多学科交叉与深度融合，促进传统文科从学科导向到需求导向、从专业细分到交叉融合的更新与提升，从适应服务转向支撑引领。

与"新文科"概念相对应的教育理念包括对传统文科内容的学科知识重构和不同程度的文理融合，将"大智移云"等新科技成果融入管理、文学、哲学等传统课程，重构知识体系，进一步优化知识内容，为学生提供综合性跨学科学习的实践。因此，"知识重构、文理融合、新技术融合"成为课程教学改革的主要核心。同时，传统的财务管理方法已经落后于当前经济发展的要求。信息技术和人工智能方法被广泛应用于财务管理等领域，大会计领域发生了革命性的变化。随着社会经济的发展，对于新型财务管理人才的培养也发生了深刻的变化，企业对新型财务管理人才的要求是：既是了解交叉学科知识的

"博才"，又是具备熟练应用综合知识的"工匠"。传统的重专业、轻价值、重实践的教学模式已不能适应新文科时代对人才需求的变化。

人才培养模式的创新源于新课程体系的构建，构成课程体系的每一门课程都是改革的基石。只有结合企业实际，整合多学科内容，增加实训比例，调整改革课程内容和模式，学生才能学到有用的知识。财务管理课程是所有经济管理专业的核心课程，可帮助学生树立正确的财务管理价值观，储备足够的财务管理知识。它是未来企业管理人才必备的专业素质和能力。

2 产学合作项目助力课程改革

2021年9月，学校财务管理系协同金蝶精一信息科技服务有限公司共同申报的教育部产学合作协同育人项目——基于OBE模式下"银杏—金蝶"财务管理大数据实践基地建设已经获批立项。本项目依托"金蝶财务大数据实验室建设体系"，搭载企业级大数据处理与挖掘平台和企业级大数据可视化分析平台，以及配套业财融合的财务大数据实验案例等独具特色的建设方式，帮助学生掌握财务大数据的相关知识和应用能力，让学生具备财务大数据人员相应的素质。

通过该产学合作育人项目，可以推进"财务管理"课程的教学环境网络化、教学内容知识化、教学形式多样化、教学管理信息化。培养学生具备企业经营管理所需的大数据处理和分析能力，学生可以运用所学的财务管理理论知识，并结合课堂实训中积累的实践经验，对企业各个经济活动环节的业务进行分析、预测、决策和规划，初步具备分析企业经营数据、制定企业经营管理决策的基础能力。培养更高级的应用综合型财务管理人才，是当前财务管理人才培养创新改革的大趋势。

2.1 以OBE模式为导向，推行新型实验教学理念

通过该产学合作项目建设，以企业用人实际需求为教学培养目标和教学内容设计导向，以财务管理人才成长路径为教学贯穿主线，将金蝶金融大数据实验室作为课程教学管理平台，建立企业级财务大数据平台为基础，并配以典型新型服务企业业财融合的实验案例，从掌握财务大数据各个内容为起点，直至通过财务报表分析判断企业状况截止。在任务过程的驱动下，为学生提供具有高度仿真效果的企业工作环境、业务流程和业务数据，让学生完成任务驱动和角色扮演等方面的训练，提高学生的岗位胜任能力，为毕业后更快融入社会打下坚实的基础。

2.2 改进教学方式方法，深化数据思维培养

以思维顺序为逻辑，配套典型新型服务企业业财融合的财务大数据实验案

例。案例内容不仅包括大数据的采集、处理和挖掘，还包括企业采购、存货、销售、应收应付、固定资产等各类主题的财务大数据分析内容，以及通过企业财务报表能够对企业的偿债能力等四大财务能力内容和企业历年经济活动发展情况进行正确的分析比较。"学中做，做中学"——全面深入体现具有时代性的学科发展前沿，同时帮助学生深入领悟和掌握数据分析的全过程。教学方法采用混合式课堂授课方法，将技术性较强、占用课堂操作时间比重比较大的操作技巧录制成视频，上传相关网站供学生提前参考学习。线上线下结合的混合式课堂形式充分体现学习方式与授课过程的精准化、个性化和有效性。改变以往教师在实训课中以演示为主的教学方法，将教师教学、翻转课堂、学生讨论、进行辩论赛等多种教学方式相结合，使学生在轻松的互动氛围中理解财务管理课程中较为抽象的理论问题，加深对理论知识的认知。

2.3 突出成果展示，激发学生学习动能

结合实验教学课程特色，运用技术升级的力量，对案例企业的原始业务数据进行了结构化设计。通过模型建立和数据收集，生成对企业经营状况具有积极预警意义的可视化财务报表。用数据思维定义问题，结合视觉图形设计，推动数据分析报告的形成。引导学生了解如何通过准确、高效、及时的业务和财务数据为企业降低成本、提高效率提供支持，并结合制作可视化、多维化、透明化的管理报告，实现企业的精细化管理。以小组为单位完成的财务报表可视化和财务分析指标可视化作为课程教学成果，辅助以可视化分析报告的撰写和讲解，全面激发学生的学习投入度和参与度，同时增强学生课程学习的成就感。

3 财务管理课程改革内容

3.1 按照企业实际需求安排课程内容

对"财务管理"课程内容进行设置时，首先需要充分考虑企业对新型财务管理人才的要求，以企业实际工作流程为设计主线，学习内容能够与现实性的财务管理问题相匹配。课程内容按照"筹资→投资→营运→收入成本→利润分配→财务预算→财务分析"八个模块的顺序进行教学，既切合了企业经营活动的一般流程，又引导学生一步一步了解企业经营活动过程，同时教授学生在企业经营的各个阶段应该掌握的理论知识并运用其解决相应实际问题。此外，我国经济快速发展，世界经济行为波诡云谲，新的事物、新的趋势、新的问题不断涌现，这就要求财务管理课程的内容能够不断完善更新、与时俱进。一方面，课程内容还是要注重对传统重要知识理论的掌握，以及对相关知识的

迁移性学习；另一方面，将财务管理课程内容与时事和国家政策相结合，如生态文明建设、减税降费、税收优惠等政策均可与课程内容相结合；再如北京成功举办 2022 年冬奥会对促进我国经济发展的意义等，注重学生学习内容与时事相联系以及注重学生学习能力的培养。

3.2 分专业针对性培养方式

依据学校的办学定位"建设特色鲜明的一流应用型酒店管理本科学校"，故对"财务管理"课程进行大胆创新改革。一方面，学校财务管理专业学生需要夯实并深度加强本课程的学习，在学习知识内容上体现"更多、更广、更深"，学习课时设置按照一个学年设定。将酒店业为代表的现代服务业的财务管理知识融入教学案例中。另一方面，充分结合学校办学优势和特色，针对非财务管理专业学生（如酒店管理专业、审计专业、会计专业等）将"财务管理"课程替换为"酒店财务管理"课程。"酒店财务管理"课程仍然要学习财务管理的基础理论，以适应学生毕业后的多方向择业要求，在课程学习过程中重点将财务管理的方法和技能更多地应用于酒店财务部的实战中。

3.3 结合学校优势，加大沉浸式教学比重

充分依托学院自有教学酒店的优势，充分利用校内外现有资源，建立二维的课堂实训和实践教学体系，包括成都校区基础型实训和南溪校区综合提高型实践两个维度。分阶段安排学生进入教学酒店参观、学习、实践，通过沉浸式的学习方式，使学生对财务管理知识的学习达到"学习—运用—再学习—再运用"的效果。

3.4 实现"课赛融合"模式教学

一方面，将创新创业教育适当融入财务管理课程中，将课程内容与最新的创新创业相关政策、行业发展情况及行业选择、财税优惠政策等信息相联系，如大学生自主创业可以申请政府补助，那么学生应该如何合理规划前期的融资金额和融资比例问题；大学生自主创立的小微企业有税收优惠，其对企业利润分配管理产生的影响问题等。通过在课程中嵌入相关内容，既帮助学生对企业创建和经营过程需要注意的问题进行深入了解，又可以使学生充分意识到学习知识内容的有用性，促进学生自觉地掌握财务管理学习内容和方法，积极引导学生对未来职业规划进行初步思考，为学生今后自主创业奠定厚实的专业知识和财务管理综合决策基本功。另一方面，鼓励学生积极参加"三创赛""网中网杯"财务管理决策技能大赛等比赛，把课堂教学与技能竞赛结合起来，做到"以赛促教、以赛促学、以赛促改"，从而调动学生的学习兴趣和学习动机。

3.5 采取多种教学方法

财务管理课程既有理论深度，又有实践操作性，这就要求灵活运用各种方法来提高课程质量。常见的教学方法包括启发式教学法、案例教学法、讲练结合法等，这些方法在鼓励学生自主思考，提高学生综合运用知识解决问题的能力，激发学生的学习兴趣等方面均有较好的效果。此外，在课程教学中还可以采用以下方法：

（1）情境创设法。将班级同学分成几个小组，在不同的课程内容模块扮演不同的角色。如学习筹资管理模块时，各小组可分别扮演银行、保险公司（或者财务公司）、企业股东、企业财务中负责筹资的部门等，启发引导筹资小组通过对资本成本的计算，选择出最佳资金融取方案；再如学习收入与成本管理模块时，各小组又可以分别扮演企业中的不同成本利润中心，每个小组需要充分利用财管知识使得自己所处中心的收入更高或者成本更低。在情境扮演中，每位学生都是主角，身临其境更能激发学生的责任感。通过这种集体性的体验式学习，每位学生均处于中心位，既可以培养学生的团队合作精神，也有助于培养学生的综合素质。

（2）线上线下混合式教学法。为了使学生更好地学以致用，辅以金蝶财务大数据实验室建设体系，教师通过在线平台或者群聊的方法，在课前及时发布财务案例、最新的经济政策、前沿课题等。除了讲授课本中的专业知识外，教师在教学过程中可以补充和穿插一些财务管理领域的最新实时动态，积极向学生推荐资讯网站、微信公众号，以及学生喜爱的短视频，有意识地布置需要学生收集、整理、摘录的信息，最后形成总结报告共同分享。这样的教学法，不仅可以提高学生主动学习的能力，引导他们关注财经时事，而且能拓宽学生的知识面，提升他们的政治自信。

3.6 充分运用信息化教学手段

在当今高度发达的信息社会，如果我们在课程实施中充分利用现代教学方法，那么将达到事半功倍的效果。一方面，充分利用学校提供的"超星平台"，在课前使用"讨论""作业"等功能布置预习任务；课中使用"抢答""主题讨论""随堂练习"等功能对课程内容进行多样化学习；课后使用"作业""考试""讨论"等功能对学习内容加强巩固。另外，还可以将一些有意义的视频、参考文献、知识词条、最新的经济政策等资料信息上传至超星平台分享给学生，引导他们关注财经时事，帮助学生对课程内容进行有效拓展。另一方面，可以通过图片、视频等方式为学生展示财务管理课程中比较抽象的概念、理论内容，如通过视频展示资金流动过程，通过流程图展示财务预算的各个环节等，帮助学生更好地理解和记忆；财务管理课程中的知识点还可以通过线上直播等方式再现企业现场工作场景，比如可以与南溪校区财务老师沟通，采用线上直播的方式适时对财务管理活动进行展示和讲解，让学生直观地感受现场工作的氛围，了解实际工作情况，激发他们的学习兴趣。

3.7 融合国情，提升社会责任感，形成政治自信

"财务管理"是一门实践性很强的课程，专业课教师在教授专业知识时，要结合当前时事热点，引导学生关注国家经济动态。例如，财务管理的环境涉及范围极广，一方面涉及企业外部环境，如国家政治、经济形势、法律法规、金融市场、社会文化等；另一方面涉及企业内部环境，如企业组织架构、企业生产条件、企业员工等。在讲授该知识点时，如果对比国内外经济形势、介绍优秀企业的实际案例，对比国内外社会制度、价值观念等，能很好地将思政教育融入课堂教学中，凸显中国营商环境优势，增强学生的政治自信，培育其正确的核心价值观。

3.8 应用多种评价考核办法

"财务管理"课程的考核主要集中于评价学生的知识应用能力、实践能力和迁移能力，使学生通过应用掌握知识，提高校内外财务管理实践能力，进而能够举一反三，对所学知识具备迁移能力，这才说明学生已经较好地掌握了所学习的要点内容。对"财务管理"课程学习情况的综合评价结果包括三个方面：一是学生平时的课堂表现；二是学生运用知识处理财务问题的能力，比如完成角色扮演情况、完成财务报表编制情况、完成企业财务分析情况和综合案例评价情况等；三是期末卷面测试，其中期末卷面测试成绩占综合考评成绩的40%左右。汇总了三方面考评信息形成的综合成绩更注重学生的能力表现，能够形成评价重点突出、评价内容全面、评价方法灵活多样的评价体系。

"新文科"背景下，在教学过程中进行实践与探索，目的在于使教学创新改革更加深入与彻底。要使得财务管理教学的质量和水平不断提高，需要财务管理课程教学与时俱进。课程以现代教育教学理念为指导，强调不同专业课程学习的针对性内容，突出课程中的实训实践环节，加强学生实践创新能力的培养，借助网络教学平台实施线上线下混合式教学，除了向学生传授财务管理理论知识，更重要的是帮助学生掌握财务管理方法，培养正确的价值观，使他们具备终身学习能力和职业发展的潜力。

2022年是成都银杏酒店管理学院建校20周年。作为银杏人，希望通过自己在教学工作中的不懈努力为学校的发展添砖加瓦，祝愿学校明朝更璀璨！

参考文献

［1］张肖飞．"新文科"背景下财务管理类课程教学改革分析［J］．商业会计，2020（14）：117-118.

［2］熊雅君．"专创融合"背景下应用型本科院校财务管理课程教学改革分析：以南宁学院为例［J］．创新创业理论研究与实践，2021（22）：58-59.

［3］李舒沁，向鲜花．思政教育融入《财务管理》课程教学改革的探讨［J］．创新创业理论研究与实践，2021（21）：44-46.

［4］杜丽．基于"课程思政"财务管理课程改革探讨［J］．当代会计，2020（21）：52-53.

基于"课—证—岗"融通的 "导游实务"课程改革探索①

摘要：导游实务作为旅游管理专业核心课程之一，具有极强的操作性、实践性。但在实际教学中存在理论知识未成体系、实践项目不够系统、教师行业经验不足、教学方法单一等问题，影响了教学效果和人才质量。因此，基于"课—证—岗"融通，通过优化课程知识体系、强化实践教学、加强校企合作、创新教学方式等方面的创新，以期培养出优秀的旅游从业人员。

关键词：导游实务；"课证岗"融通；改革

1 问题提出

导游实务是旅游管理专业的核心课程之一，具有极强的实践性和综合性的特点。目前，学界对于导游实务课程改革的探讨较多，主要集中在这几个方面：第一，导游实务实践教学改革。其中董雪梅（2021）、姜玲玲（2021）均从"1+X"证书制度视角探索导游实务实践教学模块进行探索课证融合。魏祯（2021）提出从教学目标、岗位能力、教学方法、课证融合来提升学生的工作能力。第二，导游实务教学方法创新。其中，樊娇阳（2020）提出运用体验式教学方法提高导游人员素质。王琦琴（2020）则运用项目教学法实现教师、学生、企业、实践基地的多方参与，改善教学效果。此外，陈家欣（2021）、李佩佳（2021）、文丽云（2021）、许燕燕（2020）、兰芬（2020）、朱琦（2020）、马铮瑶（2020）、胡娜（2020）、樊伟春（2012）分别提出逆向教学设计法、角色扮演、问题导向教学法、TBL 教学法、翻转课堂、合作探究、案

---

① 基金项目：2020 年度四川省高等学校人文社会科学重点研究基地新建院校改革与发展研究中心课题"1＋X 证书制度下研学旅行管理与服务人才培养模式研究"（项目编号：XJYX2020C04）、2020 年度四川民办教育协会科研课题："基于 OBE 理念的研学旅行服务与管理人才培养模式研究"（项目编号：MBXH20YB292）、2021 年度成都银杏酒店管理学院院级教改课题"OBE 理念下导游业务'课证岗'融合改革模式探索"的阶段性成果。

例教学法、情境认知法等改善实践教学效果。第三，导游实务教学内容更新。其中，刘溪辰（2021）、曾瑭（2021）、徐眩（2019）等从课程思政角度，探究思政教育在专业教学内容的价值引领作用，提高未来导游从业人员的思想政治素养。第四，导游实务教学设施设备更新。易丹艳（2021）、丁子涵（2021）、秦臻楠（2020）、程晓婵（2020）、张美丽（2020）、杨小兵（2019）、周书文（2018）、徐眩（2017）、蒋莎（2017）、薛妍（2016）等认为信息化设施、AR 技术等在导游实务课程中的应用，能达到改善教学效果和提升学生职业能力的双重目标。

总结前人的研究，我们发现关于导游实务的教学改革、教学方法、教学设施设备、教学内容等已有不少学者进行了深入的研究，但是从导游实务课程、岗位、证书三位一体的探讨则相对较少。本文基于多年导游实务的课程教学实践和导游工作实践经验，探讨基于课证岗融通的导游实务课程综合改革与创新。

2 导游岗位应具备能力和考取的证书

"导游实务"是一门面向导游岗位的专业课程，因此，在导游实务教学中将职业能力培养作为主线贯穿始终。而从事导游职业除需要具备必需的能力之外，也有较高的准入门槛，即有导游证才可从业。因此具备必要的岗位能力和从业证书，是成为一名导游人员必不可少的。

2.1 导游岗位应具备的能力

导游工作具有复杂性、高智能、高技能的特点，并贯穿于旅游活动的全过程，具有与旅游服务行业中其他服务不同的特点，独立性强、脑体高度结合、复杂多变和诱惑性大。因此，这就需要从业人员具备良好的能力，具体体现在以下几个方面（见图1）。

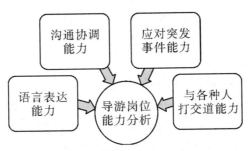

图 1 导游岗位能力分析

2.1.1 语言表达能力

导游通过语言表达，向旅游者提供各种信息，使游客陶冶情操、增长见识。因此，掌握所必需的语种、拥有良好的语言表达能力和运用语言表达技巧，做到语言准确、生动、形象，是导游工作成功的一个至关重要的因素。

2.1.2 沟通协调能力

导游面对的游客形形色色，旅游活动计划不尽相同。这就要求有良好的沟通协调能力，既能够合理安排旅游活动，又能够游刃有余地处理各种状况。

2.1.3 应对突发事件能力

旅游活动中，各种突发事件在所难免，能否及时应对并妥善处理事故，是导游人员面临的严峻考验之一。因此，应对突发事件能够临危不惧、随机应变、果断处理是导游人员必备的能力和品质。

2.1.4 与各种人打交道的能力

游客复杂多样，善于与各种人打交道是导游人员重要的能力之一。能够与不同性格、不同职业、不同层次的游客打交道，需要导游具有良好的人际关系处理能力。

2.2 导游岗位应考取的证书

在我国，导游人员被誉为"民间大使""城市名片"；在日本，导游被称为"无名大使"；在新加坡，导游是"非官方大使"；在美国，导游叫作"祖国的镜子"。导游的重要性可见一斑。因此，从事导游工作具有较高的准入门槛。在我国，导游工作是有严格的准入门槛的，必须持有导游证。此外，外出旅行难免会有各种突发事件发生，因此，对于导游人员来说掌握必备的急救知识和技能就显得尤为必要。

2.2.1 导游证

导游证是从事导游工作必须具备的法定执业证件，由国家文旅部门组织统一考试，省、自治区、直辖市文旅部门颁发。取得导游证需要经过严格的理论考试和专业口试环节，完成注册才能获得。

2.2.2 急救员证

导游人员在带领游客开展旅游活动的过程中，难免会遇到游客需要紧急救助的突发事件，因此，掌握必备的急救知识是导游人员甚至每一位普通公民都应该掌握的生活技能。急救员证由各省（市、县）各级红十字会培训，经过严格理论和实操考试，顺利通过方能获得。而取得急救员证可以更好地在游客面对突发紧急救助时，提供及时而有效的救助，从而保障游客生命安全，降低旅游风险。

3 导游实务传统教学中存在的问题

3.1 理论知识各自独立，未统筹综合

导游实务是一门综合性、实践性和操作性极强的课程。目前，在导游实务传统教学中，理论知识体系基本上是按照导游应该具备的基础知识、技能知识、岗位工作程序、生活服务知识等方面，各自独立设置，缺乏知识统筹和综合运用。而在实际带团工作中，导游人员则需要综合运用各方面的理论知识，才能确保旅游过程顺利。

3.2 学习过程重理论知识，轻实践练习

导游实务学时多为48学时或64学时，其中一半为理论学时，一半为实践学时。但在实际教学中，理论学时则往往占据超过一半的学时，从而导致实践教学时间被压缩，影响学生的实践能力。

3.3 实训内容重讲解训练，轻系统实践

讲解能力是导游工作的核心能力之一，同时为更好满足导游资格证考试的需要，在实际教学中，往往更加侧重于讲解训练。但在导游实际工作中，无论是景区讲解员，还是地接导游、全陪导游和领队，除了做好讲解工作，处理好游客旅游中的各种问题，旅游过程中涉及的各个环节的沟通协调也是非常关键的。因此，不仅仅需要讲解训练，而且需要结合导游工作实际开展全面的、系统化的实践训练。

3.4 授课教师理论强，但行业经验相对缺失

导游实务是一门实践性极强的课程，需要教师不仅有良好的授课能力，更要有丰富的实践经验。二者兼而有之方能将经验转化为理论，将理论付之于实践，更好做到理论与实践相结合。但在实际教学中，大多数教师为"高校派"，由大学到大学，行业经验缺乏。而真正实战经验丰富的导游实战人员则因学历原因，而无法进入高校。这就导致理论与实践相背离。

3.5 教学方法手段落后，考核方式单一

为更好按进度完成教学任务，教师往往会采用以讲授为主的教学方法。但导游实务的强实践性，要求我们必须结合更多行之有效的教学方法，比如案例教学法、问题导向法、角色扮演等方法，才能更好达到学以致用的教学目的。此外，传统的导游实务教学中，往往采用试卷的方式来考核学生。但试卷考核的方式可以更多考核学生的理论掌握情况，但对于学生的实践能力考核却不能体现出来。

4　基于"课—证—岗"融通的导游实务改革探索

4.1　优化知识理论体系，"课—证—岗"知识一体化，实现课证岗融通

理论来源于实践，并指导实践。导游实务作为实践性极强的一门课程，既要有扎实的理论知识，同时也需要有良好的实践能力。且从事导游工作，有严格的准入门槛。通过专业学习顺利考取所必需的从业证书和获得必要的能力证书，就显得尤为必要。因此，实现"课程—证书—岗位"知识一体化，做到"课程知识—考证知识—岗位知识"一体化（见图2），实现知识、能力、证书三赢。

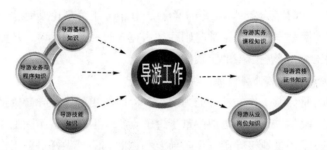

图2　"课程—证书—岗位"知识一体化

4.1.1　基础知识模块化，岗位能力知识综合化

导游实务的知识体系基本可以分为导游基础知识、导游业务与程序、导游技能知识三大版块。根据导游工作内容的不同，导游可以分为景区导游员、地接导游员、全陪导游员、领队。此外，随着旅游形式的变化，也涌现出了类似导游岗位的旅行管家、当地向导等职位，这也对导游工作提出了更高的要求和更大的挑战。因此，在实际教学中，教师需要结合行业发展和岗位能力要求，既要构建系统化、模块化的导游岗位知识体系，也要将各模块化的知识针对不同的岗位开展综合性的实践教学，从而达到"课—岗"融通的目的。

4.1.2　课程知识与证书知识一体化

导游实务的课程知识是按照规范化的人才培养体系设计的。而导游资格证书的考试内容，虽然知识与导游实务是基本相同的，但在教学方法和侧重点方面存在一定的差异。因此，需有机地将课程知识与证书知识进行融合，达到"课—证"融通的目的。

此外，掌握必要的急救知识和急救技能，既是生活中必备的知识，更是从事导游工作处理一些突发急救事件必不可少的。但在实际教学中，授课教师对于急救知识的掌握往往停留在表面，而不能深入生动地向学生讲授。因此，一

方面，可以由授课教师承担理论部分教学；另一方面，可以邀请所在地红十字会开展针对性的急救知识培训。此外，同学们也可以通过急救培训和相关考核，获得急救员证，这必将更加有利于导游择业和从业。

4.2 强化实践教学，实训全程化、场景化，实现"课—岗"快速转化

应用型本科院校旅游管理专业主要是为文旅行业培养应用型的人才。导游实务是一门极具针对性的课程，直接面向未来的导游岗位。因此，在教学中，理应强化实践教学。但以往教学中，更多强调单项能力的实践教学，比如讲解实践、突发事件处理等单项的教学活动，未能结合导游实际工作中的各个环节开展综合性的实践训练。因此，在实践教学环节中，除了单项的实践项目外，而更应该根据导游岗位特点和全过程的工作内容，开展全程化、场景化的实践教学，从而实现"课—岗"快速转化，为同学们未来走向导游工作岗位奠定扎实的理论和实践基础（见图3）。

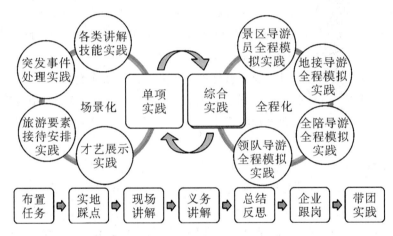

图3 导游实务"课程—岗位"实践一体化

4.3 加强校企合作，搭建"课—岗"融通平台，实现课—岗无缝衔接

培养专业人才是为了更好满足行业发展需要和助推行业快速发展。因此，以行业岗位能力为导向，通过校企合作，搭建"课—岗"融通的实践平台，使同学们"走出去"，走进行业、走进企业、走进岗位，实现"课—岗"无缝衔接；构建新型师资队伍，使行业师资"引进来"，走进高校、走进教室、走上讲台，实现"理论与实践"的无缝衔接（见图4）。

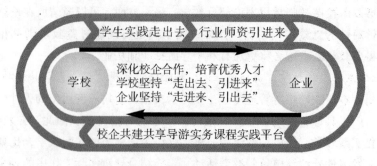

图4 "课程—岗位"校企合作融通平台

4.3.1 引入行业教师，实行双导师制培养

为培养行业所需的人才，鉴于高校教师的导游行业经验相对缺乏，因此，在人才培养过程中，高校可采取"为我所用"而非"为我所有"的策略。通过校企合作的方式，针对一些实践性强的课程，大胆引入行业师资，实行"双导师"制对学生开展理论和实践教学，从而提升学生的理论与实践能力。

4.3.2 搭建校企平台，推进跟岗学习实践

人才最终是要走向岗位服务行业的。因此，借助校企合作平台，在"双导师"制基础上，可在旅游旺季时将部分实践学时安排在真实的工作场景中。这样一方面可以解决行业的用人需求，另一方面也可以实现"课—岗"的无缝衔接。

4.3.3 推进"共享员工"，实现"课—岗"无缝对接

旅游行业属于人才密集型行业，且有明显的淡季和旺季。因此，对于企业来说，旺季大量的用人需求和淡季蓄养员工，无疑是巨大的人力成本支出。学校通过推行校企合作，同时结合专业课程，推进"共享员工"，既能够解决行业旺季的用人难题，也可以解决在校学生理论与实践相脱节的问题。

4.4 创新教学方法，建立多元化考核体系

传统的讲授式课堂，虽能够按照教师计划完成教学任务，但由于单一的教学方式，教学效果往往不尽如人意。鉴于导游实务这类实践性极强的课程，在实际教学中，可在原有的教学方式基础上，大胆引入诸如案例教学法、角色扮演、问题导向教学法、TBL教学法、翻转课堂、合作探究、情境认知法等教学方法。

传统的考核方式以试卷为主，更加侧重于考查学生的理论知识，而对于实践能力的考核则未能充分体现。因此，建立多元化的考核体系则显得尤为必要。一方面，理论知识是基础，可以借助现在诸多的导游实务学习软件平台，

在理论知识学习完成后，由学生在平台进行自主测试。最终在期末由教师根据平时自测的情况进行平时成绩的记录。另一方面，实践能力是关键，可根据导游岗位，以任务为导向，开展全过程的实践教学，由学生和教师共同进行任务评定。此外，期末考核可采用导游资格证考试的内容进行综合考量，从而达到督促学生认真备考从业证书的目的。

5 结语

导游实务作为旅游管理专业核心课程之一，具有极强的操作性、实践性。但在实际教学中存在理论知识未成体系、实践项目不够系统、教师行业经验不足、教学方法单一等问题，影响了教学效果和人才质量。因此，基于"课—证—岗"融通，通过优化课程知识体系、强化实践教学、加强校企合作、创新教学方式等方面的创新，以期培养出优秀的旅游从业人员。当然，企业的用人标准和人才评价标准与刚刚走出高校的学子，必然存在差异，而人才质量的好坏不仅是高校发展和存在的基础，也是行业能够健康、有序发展的基石。而从一名学生成长为一名优秀的旅游从业人员，既需要人才培养的输出单位——高校的努力，也离不开行业与企业的大力支持和共同努力。

参考文献

［1］董雪梅．"1+X"证书制度下中职《导游实务》校内实践教学模块研究［D］．济南：山东师范大学，2021．

［2］姜玲玲．"1+X"证书制度下高职旅游管理专业课证融合教学改革实践研究：以导游实务课程为例［J］．辽宁师专学报（社会科学版），2021（3）：64-65．

［3］魏祯．中职旅游专业《景区导游实务》课程实践教学优化研究［D］．桂林：广西师范大学，2021．

［4］裴娇阳．基于体验式教学模式的中职《导游实务》课程教学设计研究［D］．长沙：湖南师范大学，2020．

［5］王琦琴．项目教学法在中职旅游管理专业教学中的应用研究［D］．桂林：广西师范大学，2020．

［6］陈家欣．逆向教学设计法在中职《导游实务》课程中的应用研究［D］．南昌：江西科技师范大学，2021．

［7］李佩佳．角色扮演法在中职《导游实务》课程教学中的应用研究［D］．南昌：江西科技师范大学，2021．

［8］文丽云. 问题导向教学法在中职《景区导游实务》教学中的优化及实践研究［D］. 桂林：广西师范大学，2021.

［9］许燕燕. TBL在中职《全陪导游实务》课程教学中的应用研究［D］. 桂林：广西师范大学，2021.

［10］兰芬. 中职旅游专业翻转课堂教学模式的应用研究［D］. 桂林：广西师范大学，2020.

［11］朱琦. 合作探究学习法在中职《景区导游实务》课堂教学中的实践研究［D］. 桂林：广西师范大学，2020.

［12］马铮瑶. 案例教学法在中职《导游实务》课程中的应用研究［D］. 长春：长春师范大学，2020.

［13］胡娜. 项目教学法视角下的旅游韩语教学实践探析：以平遥古城景区韩语导游服务为例［J］. 山西能源学院学报，2020，33（6）：44-46.

［14］樊伟春，苟勇，何琳，等. 基于工作过程的教学改革：以《导游实务》课程为例［J］. 山西财经大学学报，2012，34（S4）：187.

［15］刘溪辰. 课程思政融入导游实务课程教学探索［J］. 辽宁师专学报（社会科学版），2021（6）：58-59，66.

［16］曾瑭. 课程思政视域下高职导游实务课程教学改革与探讨［J］. 旅游纵览，2021（22）：48-50.

［17］徐眩. 课程思政视角下高职"导游实务"教学实践与思考：以"地陪服务规程——迎接服务"教学单元为例［J］. 岳阳职业技术学院学报，2019，34（6）：59-62.

［18］易丹艳. 高职导游实务课程云班课平台教学设计探究［J］. 河南农业，2020（21）：31-32.

［19］丁子涵. VR技术在中职旅游课堂教学中的应用研究［D］. 曲阜：曲阜师范大学，2021.

［20］秦臻楠. 智能语音技术在导游VR智慧教学系统中的应用研究［J］. 现代职业教育，2020（52）：228-229.

［21］程晓婵. 信息技术环境下中职《导游业务》课程教学模式设计与应用研究［D］. 济南：山东师范大学，2020.

［22］张美丽. 运用信息技术提升学生导游讲解技能［J］. 教育现代化，2020，7（18）：121-123.

［23］杨小兵. 信息技术在导游业务教学中的应用［J］. 现代职业教育，2019（12）：40-41.

[24] 周书文. 基于信息化教学的“导游词写作”课程教学设计与反思[J]. 镇江高专学报, 2018, 31 (2): 86-88.

[25] 徐昡. 基于工作过程的高职旅游管理专业课程体系构建探析 [J]. 岳阳职业技术学院学报, 2017, 32 (5): 31-34.

[26] 蒋莎.《导游实务》课程信息化教学设计: 以景区导游讲解教学单元为例 [J]. 现代职业教育, 2017 (10): 20.

[27] 薛妍. 分析三维模拟景点软件在《导游实务》教学中的作用 [J]. 旅游纵览 (下半月), 2016 (22): 265.

酒店管理专业"1+N"行业沉浸式课程教学模式探索与实践

酒店管理系 腾丹

摘要： 遵循酒店管理专业人才培养的要求，从应用型人才培养角度出发，结合自身专业特点，酒店管理专业一直致力于校企合作机制的建立及推进。尤其是在专业课程教学模式的创新与改革方面，结合专业课程实际教学需要，酒店管理专业着力进行"1+N"行业沉浸式课程教学模式的积极打造与推行。"1+N"行业沉浸式课程教学模式充分借助学院丰富的酒店企业实践基地资源平台优势，推进课程教学模式改革与创新，提升专业课程教学质量。在新文科建设背景下，酒店管理专业将持续探索并不断深化"1+N"行业沉浸式课程教学模式的应用与实践。

关键词： 酒店管理专业；行业沉浸式；教学模式；探索与实践

1 酒店管理专业"1+N"行业沉浸式课程教学模式应用分析

基于新时期国家全面推进新文科建设这一时代背景，新文科建设亟待突破传统文科的思维模式，其核心就是文科建设的创新。而酒店管理专业正是随着我国酒店业的快速发展而产生的，其专业特征显著，酒店行业对专业应用型人才需求量大。结合酒店管理专业的应用型特点，本项目专注于产教深度融合下应用型人才的培养，专注于专业课程教学模式的应用型改造与创新。酒店管理专业人才培养能力的提高，有赖于贴合行业、企业需要的高品质课程建设，尤其是紧密贴合行业、企业的课程教学模式的创新与改革。传统酒店管理专业课程教学缺乏主动对标行业、企业标准，缺乏对于行业动态的及时把握，课程教学方式较单一，缺乏与行业的整合，客观上削弱了培养能力。酒店管理专业应用型人才培养需要专业课程教学设计与行业高度融合，在认真解读行业动态、行业标准、行业对专业人才需求的基础上，专业课程设计必须突出以学生为中心，进一步深度探索专业课程教学与行业需求、职业需要的落地性对接，带动酒店管理专业应用型人才培养的内核创新，从而培养具备完整的知识体系，充满文化自信的酒店管理专业应用型人才。

1.1 行业导师亲自参与授课，专业课程教学紧密贴合行业标准

酒店管理专业课程"1+N"行业沉浸式课程教学模式，主要突出由1位专业教师+多位酒店企业专家组成课程授课团队的模式，打破传统课堂教学方式对于酒店管理专业教学的束缚，从行业需求着眼，专注行业实际在课程教学活动中的核心价值，专注行业标准在实际教学过程的积极应用。"1+N"行业沉浸式课程教学模式充分践行校企深度合作，借助学院丰富的酒店企业实践基地这一资源平台，推进课程教学模式改革与创新，有助于提升专业课程教学质量。这方面最突出的是可以充分借助酒店企业专家资源，成都丽思卡尔顿酒店、成都香格里拉大酒店、成都茂业JW万豪酒店、成都博舍酒店、成都希尔顿酒店、成都群光君悦酒店、成都尼依格罗酒店等顶级国际品牌酒店作为学院实践基地，一直参与酒店管理专业课程"1+N"教学，参与课程行业板块教学的行业导师均为国际品牌酒店运营管理团队成员，专业度极强，如成都博舍酒店品牌运营总监庄晏溱女士、成都尼依格罗酒店餐饮总监李启熙先生、成都香格里拉酒店财务总监张青先生、成都丽思卡尔顿酒店质量总监杨骏女士、成都香格里拉大酒店行政管家经理李春燕女士、成都茂业JW万豪酒店行政管家经理刘建国先生等，均为品牌酒店运营管理团队成员，具有丰富的行业从业经历。酒店行业专家们共同组成酒店管理专业"1+N"教学行业导师团队，与专业课程教师共同完成"1+N"课程教学行业板块教学内容。

采用"1+N"行业沉浸式课程教学模式，在完成原有的教学目标的基础上，以行业人士融入教学的方式，形成对于课程教学的有力补充。同时，有助于学生及时了解行业动态，引导学生对行业保持持续的关注，真正达到"行业参与教学"的效果。专业课程主讲教师及时与行业导师团队充分合作，就行业参与教学板块进行积极的交流与沟通，课程教学紧贴行业、企业标准，突出课程教学重点、难点，共同完成教学大纲、教学内容设置、教学方式及教学流程的设计，以确保教学质量。这个过程，对于专业教师密切与行业企业的接触，及时了解行业动态，提升专业教师的实践教学能力也具有非常大的促进作用。

行业导师团队在教学过程中，以他们的职业精神、专业态度影响学生，通过专业地讲解，积极认真地分享实例，引领同学们主动投入学习过程，推动同学们不断探究与思考，有效促进学生专业核心能力的培养。酒店管理专业是一个应用性非常强的专业，因此酒店管理专业教学具有极强的特殊性要求，引入"行业导师"参与教学，能够将理论和实践互相融合起来一同教学，促进课程

教学贴合行业标准。同时，教学模块中行业模块的配合设计，也有利于借助酒店设施设备条件，在教学过程中以直观的面貌呈现在学生面前，使课堂教学效果获得有效提升。

1.2 专业课程教学的专业性、目的性及针对性获得有效提升

"1+N"行业沉浸式课程教学的行业导师团队均为国际品牌酒店运营管理团队成员，具有丰富的酒店行业、企业实践运营经验。基于此，行业专家的授课充分立足酒店企业实际工作环节，突出了酒店管理专业教学的目的性及针对性，对于培养学生专业核心能力具有积极推进作用。如成都尼依格罗酒店餐饮总监李启熙有超过15年的运营实践经验，突出餐饮运营实务；成都香格里拉酒店财务总监张青具有丰富的酒店财务管理从业经验值，引导学生关注餐饮运营的成本管理实践；成都丽思卡尔顿酒店质量总监杨骏女士有15年的品牌质量管理从业经验，在授课过程中，引领学生从认真查好一间客房出发，传递品牌质量管理的标准与经验；成都香格里拉大酒店行政管家经理李春燕女士，拥有22年行业经验，通过专业术语讲解和具体工作流程分析，引导学生认知品牌质量标准。行业板块课程学习，促进了学生对专业工作环节的理解与认识，促进专业教学更具目的性及针对性。

1.3 酒店实地学习提升学生学习兴趣，改善专业课程学习效果

专业课程引入"1+N"行业沉浸式课程教学，切实结合了教学实际需要。由行业导师直接介入课程教学的形式，从实际效果来看，对学生学习的投入程度有较大促进作用，学生对于这种方式总体接纳度较高，学生与行业导师的面对面接触，使得学生沉浸在行业、企业氛围中，实实在在融入职业过程开展学习。同学们普遍欢迎这种教学模式改革的方式，很珍惜进入酒店学习的机会，能够近距离接触行业专家，对于同学们的专业学习的确是非常难得的一次经历。

综上所述，从酒店管理专业应用型人才培养的角度出发，结合自身专业特点，酒店管理专业还应持续加强与品牌酒店的深度合作，针对"1+N"课程行业板块的特点，与酒店行业专家共同研究与开发设计，不断加大"1+N"教学模式改革与创新的力度，进一步挖掘并推进"1+N"课程行业板块教学深度、厚度，真正推动产教融合在课程建设方面的真实落地，为专业学生提供更多的时间、空间能够直接进入更多的品牌酒店，通过沉浸式过程，在酒店行业、企业氛围中，在酒店行业专家面对面指导下实地学习，提升专业课程教学的行业融合度，提升学生专业学习的兴趣与投入度，从而更好地提升专业课程的教学质量。

2 酒店管理专业"1+N"行业沉浸式课程教学模式创新探索

"1+N"行业沉浸式课程教学模式创新探索总体思路示意图如图1所示。

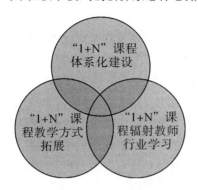

图1 "1+N"行业沉浸式课程教学模式创新探索总体思路

2.1 进一步拓展"1+N"课程建设思路,推动"1+N"课程体系化建设

新文科建设背景下,进一步拓展"1+N"课程建设思路,推动"1+N"课程体系化建设,以三大专业运营板块课程(客房、餐饮、前厅)为核心,带动酒店管理专业核心课程融入行业教学模式,在此基础上,进一步促进酒店管理专业课程多样化、全方位融入行业教学,提升专业课程教学与行业、企业应用型人才需求的切合度,提升专业课程设计能力,提升专业课程质量。三个阶段说明如下(如图2所示)。

2.1.1 第一阶段:核心提炼

突出以酒店管理专业三大运营板块课程(客房、餐饮、前厅)为核心,提炼"1+N"课程模式优势。整合"1+N"课程开设以来的经验,尤其是总结提炼来自学生的过程体验以及学习的收获、课程行业导师的意见、想法与思考、课程教师的体会与思考,逐步梳理、提炼"1+N"课程在教学方式行业承载力、师资资源融合、教学设计应用性等方面的典型优势,并将这些优势更为有效地运用于"1+N"模式的进一步拓展,形成酒店管理专业"1+N"品牌课程。

2.1.2 第二阶段:带动协同

在以酒店管理专业三大运营板块课程(客房、餐饮、前厅)为核心,提炼"1+N"课程模式优势的基础上,逐步带动酒店管理专业核心课程融入"1+N"行业教学模式,使得"1+N"课程教学方式发挥在行业承载力、师资资源融合、教学设计应用性等方面的典型优势,真正能够促进酒店管理专业核心课程建设。在促进"1+N"课程体系化建设的同时，从行业融合、师资融合、理论与实践融合设计等方向，持续推动酒店管理专业课程建设质量的有效提升。

2.1.3　第三阶段：全面融入

在新文科建设背景下以及酒店管理专业应用型人才培养的主旨推动下，着眼于推动酒店管理专业课程建设质量的不断提升，全面促进酒店管理专业课程多样化、全方位融入"1+N"行业教学模式具有必要性。前期专业三大运营板块"1+N"课程（客房、餐饮、前厅）提炼的典型优势，中期专业核心课程的"1+N"模式融入，都为第三阶段酒店管理专业课程全面融入"1+N"模式创造了条件和基础，融入的方式应依据课程本身的特征、学生的学情及学习的诉求特征等，有步骤、有计划地进行有益而积极的探索。

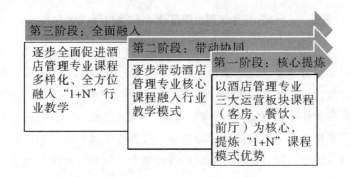

图2　"1+N"课程体系化建设三个阶段

2.2　逐步拓展"1+N"课程教学方式

"1+N"课程建设高度服从于酒店管理专业应用型人才培养目标。"1+N"课程建设应充分考虑课程教学本身的特点、课程教学的目标与需求、所授学生的学情、所授学生在课程学习过程中的需求等，与行业、企业、行业导师探索、创新"1+N"教学模式的多样化拓展。这方面的总体想法是在行业导师授课+酒店实地学习这一"1+N"主体课程教学方式的基础上，辅助进行多样化教学方式的创新拓展，稳步夯实课堂教学质量过程，最终实现"1+N"课程教学方式的多样化。如图3所示，拓展不限于教学方法的多样化，更应着力于教学方式的多样化探索与尝试，如通过行业专家线上教学，有利于突破行业专家授课板块的局限性；推动学生在课程学习过程中参与校企合作项目研究活动，以项目教学形式进一步拓展"1+N"课程教学的深度等。

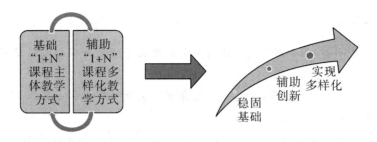

图3   "1+N"课程教学方式多样化拓展的基本思路

2.3   以"1+N"课程建设进一步辐射教师行业学习

"1+N"课程的主旨与核心在于突出行业、企业融入专业课程课堂教学，关注专业课程理论与行业实践相结合，注重专业与职业领域的互通与互联。教师是课堂教学的组织者、引导者，尤其是专职教师在"1+N"课程开展过程中的作用是非常核心的。而"1+N"行业沉浸式教学模式的推行，对于专职教师融入行业氛围、及时了解行业动态，尤其是在具体的课程教学板块，积极与行业专家进行沟通与交流方面具有非常有价值的作用。因此，在推进"1+N"课程行业沉浸式教学过程中，应从课程教学内容设计、课程教学大纲设计、课程教学方式设计、相关行业标准对照等多个角度，针对性强化"1+N"课程主讲教师（专职教师）与相关酒店企业行业专家团队协作，促进"1+N"课程主讲教师（专职教师）主动参与行业学习，积极充实自身课程设计，有效提升课程的行业实践性、应用性，改善课程教学效果。

3   结论

综上所述，在新文科建设背景下以及在酒店管理专业应用型人才培养的主旨推动下，着眼于推动酒店管理专业课程建设质量的不断提升，全面促进酒店管理专业课程多样化、全方位融入"1+N"行业沉浸式课程教学模式的应用与实践具有必要性。酒店管理专业开展"1+N"课程的主旨与核心在于突出行业、企业融入专业课程课堂教学，关注专业课程理论与行业实践相结合，注重专业与职业领域的互通与互联。因此，"1+N"课程建设高度服从于酒店管理专业应用型人才培养目标，酒店管理专业课程多样化、全方位融入"1+N"行业沉浸式教学模式，将有力推动酒店管理专业课程体系化建设，有效提升专业课程建设质量，有利于酒店管理专业应用型人才培养目标的实现。

参考文献

[1] 袁年英. 面向教育现代化的高职课堂教学模式改革与创新研究 [J]. 职业, 2021 (3)：44-46.

[2] 赵晓顺, 袁江明, 于华丽. 大学课堂教学模式改革的思考 [J]. 河北农机, 2021 (5)：77-78.

[3] 苏海红, 林僖. 高校"翻转课堂"教学模式改革的探索和应用研究 [J]. 上海管理科学, 2020, 42 (5)：122-125.

以服务特定产业为导向的
人机工程学课程思政教学改革

设计艺术学院　孙传宝

摘要：基于旅游酒店的办学特色，成都银杏酒店管理学院环境设计专业立足于为旅游酒店产业发展服务，确定了专业及课程服务特定产业的建设方向。本文从环境设计的专业基础课——人机工程学课程思政教学改革的宗旨出发，认真分析服务特定产业导向下课程思政教学的改革措施，找准课程思政示范课程建设的目标，挖掘思政教育课程元素，归纳课程教学重点，提出教学方法的设计改革路径，总结课程效果和示范带动作用，进而带动学科专业融合及旅游酒店产业的发展。

关键词：特定产业；人机工程学；课程思政

引言

高校在专业建设和课程教学过程中，要紧紧围绕"立德树人"这一教育根本任务开展。不同学科、不同专业都有各自的发展优势和行业特色，以旅游酒店为办学特色的高校，其专业和课程建设要围绕服务行业发展进行课程思政改革，深入挖掘思政教育元素，创新教学方法。从为产业发展服务出发，紧扣时代脉搏，开放专业教育的高效教学模式，为推进学校特色建设和地方社会经济建设添砖加瓦，为课程思政找寻落脚点。课程建设要立足行业岗位，围绕专业建设方向，与思想政治教育同向同行，形成全员、全程、全方位育人的"三全育人"新格局。因此，课程教育要积极开展"课程思政"示范课程建设，研究思政教育的方法体系，为实现"三全育人"的培养目标，赋予课程思政教学改革深远价值。

1 课程思政教学宗旨和改革目标

1.1 人机工程学课程简介

基于以旅游酒店为特色的专业建设背景，人机工程学课程主要研究酒店空间的人（工作者、体验者）—机（设备、家具、装置）—环境（空间场景）三要素自身特性及其之间的系统关系，本课程主要以酒店空间设计为载体开展理论和实践教学，科学地利用人与设施设备及所处的酒店空间环境三要素之间的相互作用和依存来寻求空间环境设计、场景设计、酒店软装及家具设计的优化。

1.2 课程思政教学宗旨和目标

课程思政改革的宗旨是实现"三全育人"。课程结合新时代社会主义核心价值观、新时代的国民经济发展、中国优秀传统文化、地方特色旅游文化资源以及酒店发展行业特点等重要内容，重点培养学生的认知能力。课程教学注重对学生的价值引领，引导学生充分了解历史、学习传统优秀设计案例，增强民族自豪感和自信心，提升审美和人文素养。通过课程实践践行勇于创新、团结协作的精神，培养学生理论知识拓展和在行业中的创新应用能力。课程教学紧扣国家政策和行业发展情况，培养学生的强国意识和报效祖国的决心，为实现"三全育人"拓展渠道。

在思政课程教学实践中，充分考虑本校服务于旅游酒店这一特定行业的办学特色，依据专业课程群上下衔接关系，通过多维交互、反转课堂、岗位体验教学法，将思想政治教育贯穿课程学习的全过程。

通过课程思政改革，开展人机工程学酒店空间设计教学实践，引发学生对以旅游酒店为主的现代服务产业的关注，提升学生的全局观，培养社会责任心。在教学实施中，让学生了解酒店空间设计中人与设施（家具）、环境空间之间的协调关系和影响三者之间关系的各种因素，从而掌握最佳的人的感觉系统与空间布局、家具设施的协调关系，为环境设计专业学生学习酒店空间设计提供依据；充分利用学校宜宾校区"国际标准酒店综合实验教学中心"的教学资源优势，将酒店行业特定岗位的实践内容带入课程教学，实现跨学科项目教学，促进学生学科融合思维的发展，培养基础扎实、通识博学的高素质复合应用型人才。课程将遵循教学规律，关注学生的价值传导，坚持以立德树人为根本任务，培养学生学科融合、产教融合的学习能力和行业岗位从业优良素质和职业道德，实现"三全育人"的总体目标。

2 课程中的思政教育内容和措施

2.1 弘扬中华文化，增强学生的民族自信和文化认同

在课程教学的全过程中弘扬中华传统文化。人机工程学学科的起源，可以追溯到中国人类早期的石器时代，人们用石器制作劳动工具和生活用品，通过研究劳动工具的实用性和安全性，提高工作效率。采用课堂讲授法讲解人机工程学的起源，并引入大量具体案例进行知识内容的理解。在人机工程学发展史的章节讲授时，重点介绍历史上中国在人机工程学领域的辉煌成就，以及中国近年来在产品人机设计相关领域取得的重大成果，使中华民族灿烂文明教育得以全面推进，有利于促进学生的爱国情怀。

课程中引入国内优秀设计案例，挖掘优秀传统文化、社会责任、行业规范等元素，提高学生的文化认同和人文素养。欣赏中华传统优秀设计，对什么是好的中国设计展开讨论，增强学生的民族自豪感和文化自信心。在教授人体数据与家具设计的关系时，采用案例分析法，通过黄帝内经中有关人体测量的案例，列举黄帝内经中人体构造内容，引入人机工程学与测量学相关知识，展示中华文化的源远流长；通过补充中国传统文化美的发展史和相关知识，推广中国文化，将美育作为三全育人的重要手段，提高学生的审美和人文素养。

2.2 对接产业发展的需要，激发学生的爱国热情和爱岗敬业精神

课程思政建设要紧扣学校特色，对接产业发展需要，关注我国人机工程学在国际领域中的领先水平，培养学生科技报国和科技强国意识，激发学生的爱国热情。分析行业、产业岗位的用人需求，将课程内容同科学发展趋势和地方经济建设、行业产业的需求联系起来，对学生进行岗位适应性培养，培养学生的创业和爱岗敬业精神。用案例分析法，引入现代人机工程学领域中酒店空间智能系统的设计理念，探讨科技与衣食住行的碰撞，未来智能化酒店的设计让学生大开眼界，激发学生学习兴趣。通过科学+设计+酒店行业的融合教学，将设计学与管理学进行学科融合，融合酒店空间设计，培养学生新文科学科交叉融合思维，关注教育学科建设和国家科学发展。

2.3 嵌入劳动教育，培养学生的劳动精神

"劳动教育"是开展课程思政德育教育主要内容之一。通过"体验式"教学，让学生深入岗位一线，将课程理论学习与劳动教育相结合，在研究最优作业空间设计和家具设施尺寸、材料及造型以及空间场景设计方案的同时，体验酒店服务岗位具体工作内容，使学生对新时代的劳动观点有正确的态度和认识，培养学生正确的劳动价值观。通过体验具体岗位工作的内容，研究"人

（工作人员）—环境（空间）—机（家具、设施）"等之间的关系，亲身感受科学的人机工程学空间设计能为场景参与者提供怎样的工作便利和舒适的体验。通过"劳动项目制"，在实际岗位劳动中进行空间尺寸测量和数据收集，为将来酒店空间设计等课程提供翔实的尺寸标准，解决人机工程学在酒店空间设计中的应用，从而获得对课程理论的更深层次理解，培养学生创新意识和综合思维，为后续的专业课程开展打下坚实基础。

3 课程思政教学设计思路

以课程思政教学改革目标为导向，教学设计的思路主要有三个方面。

3.1 根据课程思政的教学目标，设计教学大纲

教学大纲是开展课程教育的依据，按照"课程思政"的示范性要求，紧紧围绕思想政治教育的教学目标设计教学大纲和课程教案，科学设置教学计划。本课程在 OBE 理念的引导下，构建了"传统课堂+互联网学习平台+岗位实践"的线上线下混合式教学模式，根据培养目标，反向设计课程的教学内容。对课程内容和教学对象进行充分分析，提出使学生全面了解课程理论知识的同时，能够从人的因素出发对专业所服务的酒店空间设计提出科学的建议，培养学生创新意识和综合思维，为后续酒店专题设计的开展打下坚实基础。

3.2 结合课程内容和教学目标，挖掘思政元素

建设思政元素资源库，是思政课程教学实施的关键。人机工程学以设计类专业为实践对象，在具备设计学学科特色的基础上，使课程内容既包含马克思主义基本原理，又具有新时代鲜明特色，思政教育落地生根、开花结果，多角度、全方位研究建设内涵丰富的思政元素资源库。在教学实施过程中，通过我国考古发现的历史上著名生活用品设计更深层次的意义，讨论什么是好的中国设计，揭示中国传统设计的文化内涵，培养文化自信和民族自豪感。教学中，将三全育人与自我教育相结合，鼓励学生通过岗位体验培养学生行业情怀和求真务实、精益求精、实践创新的新时代工匠精神，培养学生具有踏实严谨、吃苦耐劳、专心专注的优良品质。

3.3 采用多维度混合教学模式，创新教学方法

采用"翻转课堂""体验式""项目教学法"等多维度交互教学模式进行课程思政教育浸入。借助网络教学平台进行线上线下混合式教学创新，推进思政元素及资源融入课堂；采用"翻转课堂"的教学模式，使学生能够更专注于主动学习，更有效地宽泛地了解中国近年来在人机设计相关领域取得的重大成果和中华璀璨文明；通过讲授和思辨，晓之以理；通过体验式教学和情绪的

感染，动之以情；通过情景化教学和行为的塑造，导之以行。课程中融入思政，课程内容更加丰富，上课形式更加生动，促进了学生对专业知识的理解，通过课程的思政教学引导学生对世界和社会的正确认识。

4 结语

课程思政建设重在学科教学。人机工程学课程思政教学模式改革，丰富教学了内容，促进课堂教学质量的全面提高。课程建设中，教师打破了传统的教学授课模式，拓展并利用一切教学资源，引导学生走出教室，走向工作一线，在岗位体验中完成设计草案、图纸修改、形成开放式的教学模式。以团队合作形式，在教学中收集整理了酒店空间设计尺寸数据，为其他相关课程和学校"国际标准酒店综合实验教学中心"建设提供翔实的尺寸标准数据和理论支持，最终实现了优质课程资源的共建共享，以及多课程教学联动和跨学科、跨专业融合，促进教学更好地服务社会经济发展。

参考文献

［1］黄淑燕. 高职园艺技术专业课程体系改革的探索与实践［J］. 黑龙江生态工程职业学院学报，2020（11）：142-145，149.

［2］戴博，郑璐璐.《封装技术》课程中的思政教学［J］. 教育教学论坛，2020（12）：49-50.

［3］陈光. 以就业为导向的"艺术设计 + 文化旅游"人才培养模式研究［J］. 就业与保障，2021（3）：89-90.

英语专业实践类课程"听力III"
教学模式改革探索

外语系　尹莉

摘要：英语专业课程的设置有着语言学习的基本特点，其中课程听力III属于英语专业学生实践类课程，此课程以训练英语专业学生听力技能及技巧为主要教学内容。由于听力课程的特殊性，需要学生在平时学习时投入更多的时间，要求学生注重自主学习，改善学习习惯，坚持听力训练。因此，在课程教学之外，大量时间的付出更为重要，同时，课程考核采用了形成性评价体系。通过对课程的改革，提升学生对课程学习的自主训练，采用评价性考核体系关注学生过程性学习，对于听力课程教学有积极效果。

关键词：听力；实践课程；自主学习；形成性评价

英语专业相关课程中，"听力III"设置于英语专业（本科）学习的第二年，属于英语语言学习中技能训练课程中最基础的一门，起着专业技能训练中承上启下的作用，因此此课程属于专业实践类。此课程所训练的技能属于语言技能中最基础的环节。根据二语习得理论以及认知语言学对于语言习得及形成规律的研究，听、说、读、写、译五大基本语言技能为语言合理习得并形成的科学正确顺序，因此可见，听力在英语专业学习中的重要性。作为英语专业实践性课程，"听力III"开设的目的在于训练语言类学生的基本语言使用技能，所以这一门课属于语言输入类的实践技能训练课程。课程训练的目的在于使学生掌握一定的听力技巧和方法，长线培养学生英语听力水平的能力，通过课堂训练集中引导英语专业学生辨听易混淆音素、单词和英语句子结构，训练听音过程中选择关键词句，归纳所听内容大意，并且可以推测内容，听完结束后能够释意复述，同时训练学生的短时记忆及听写技能。为了激发学生有信心坚持听音训练提升专业学生的听力水平，促使英语专业学生更好地掌握英语听力技能技巧，为其他相关技能做好基础铺垫，进而提升专业学生的专业综合基础能力以及综合素养，打好专业长线基础，在现有教学内容以及方式的基础上，对"听力III"拟进行课程教学模式的改革。

1　改革理论依据——自主学习

自主学习是以学生作为学习的主体，通过学生独立地分析、探索、实践、质疑、创造等方法来实现学习目标。培养自主学习能力是社会发展的需要，面对新世纪的挑战，适应科学技术飞速发展的形势，适应职业转换和知识更新频率加快的要求，一个人仅仅靠在课堂学的知识已远远不够，每个人都必须终身学习。终身学习能力成为一个人必须具备的基本素质。在未来发展中，我们的学生是否具有竞争力，是否具有巨大潜力，是否具有在信息时代轻车熟路地驾驭知识的本领，从根本上讲，都取决于学生是否具有终身学习的能力，使学生在基础教育阶段学会学习已经成为当今世界诸多国家都十分重视的一个问题。因此培养学生的自主学习能力是大学教育的本质之一。学生的正确的学习方法主要来自课堂教学。课堂教学是学生获取知识的主要途径。教师授课过程中的教学目标、程序、方法和效应，必须围绕学生自主学习而设计。凡是能够引起学生的学习兴趣和思考，在智力开发上发挥主导作用的方法，就是最好的教学方法。在课堂上，方法的运用是直接的教学认知过程，教师要根据学生心理和学习特点，予以精神指导。在课堂下，通过布置任务的方式指导学生自行进行学习。从而实现课堂内外的自主学习，提升学习能力，刺激学生的好奇心、上进心，帮助学生更好学习知识。

2　课程改革依托方式——形成性评价体系

形成性评价也被称为过程性评价，主要指在教学过程中通过多种形式对学生的学习过程中的表现以及学习效果进行追踪式了解，鼓励学生积极投入学习时间以及学习精力。此模式的采用主要目的在于长线培养学生的学习兴趣，发掘学生的学习潜质，强化学生的语言输入，并且能够对教师的教学效果进行相关的反馈。在教学过程中使用此类考核是为了引导教学过程正确及完善地进行，并且收获学生对学习结果和教师教学效果全面客观的评价。应用语言学二语习得理论的相关研究成果表明，固定频率向教师及学生提供教学过程中的相关全面信息能够及时给与老师和学生教授及学习的反馈。此类反馈信息能够极大程度地帮助教师调整教学从而提升教学效果，也能够很好地帮助学生积极调整学习方法和手段。这样逐步让教学为师生同时拥有和所用，成为师生共同的"自我纠正学习系统"。学者魏玉燕指出形成性评价是"对学生的学习过程进行的评价，旨在确认学生的潜力，改进和发展学生的学习"。形成性评价的任务是"对学生日常学习过程中的表现、所取得的成绩以及所反映出的情感、态度、策略等方面的发展做出评价。其目的是激励学生学习，帮助学生有效调控自己的学习过程，使学生获得成就感，增强自信心，培养合作精神"。课堂评价时将形成性评价和终结性评价的结合应用不仅是从教学执行者的需要出发，而且更关注被评价者的需求。此考核方式在最大程度上重视和关注语言学习者在学习过程中的体验和感受，极大程度上强调教师和学生之间的相关作用，强调评价过程中多种因素之间的交叉作用，关注师生交流以及情感建设。可见，在形成性评价体系中，教师的职责除了课堂上引导学生进行听力训练，完成课上教学，同时学习过程中对学生的学习任务进行确认，多渠道收集学生所需要的学习资料，在合理恰当的时间节点为学生发放不同阶段所需的学习资料，了解学生的学习愿望，定期参与学生在自主学习中的学习讨论。通过讨论，在自主学习中渗透进老师的引导，通过心理引导，积极陪伴学生的技能训练与学生共同评价。

"听力Ⅲ"作为英语专业的基础技能训练课程，过程性的付出比任何一门课程都重要。在学习过程中大规模的训练和练习至关重要，因此采用形成性评价体系有利于考查学生在学习过程中的付出程度以及认真程度。因此在此门课程教学模式改革的过程中，将形成性评价体系纳入考核方式中，定期进行学习测试，监控整个学习过程，采纳成绩最好的几次作为平时考核的分数。这样可极大地激发学生的积极性，最大限度地促进和帮助学生独立自主学习，从而督促学生养成良好的学习习惯，在最大程度上激发学生的学习积极性，培养他们良好的学习习惯，加大专业学习的内驱力。

3 课程改革方案

英语专业实践类课程"听力Ⅲ"从根本上而言属于基础英语专业技能课程，培养英语专业本科学生基础运用英语的能力是此课程的终极目标，因为听力技能属于英语语言技能的第一位。根据改革方案的设定，这一实践类课程考核评定主要考核英语专业学生是否达到课程教学大纲所规定的听力能力，同时为专业水平测试进行全面铺垫。通过执行这一改革方案，旨在为学生进一步的专业英语的学习打下基础。根据语言专业学习的特点，英语语言学习及技能训练需要长期不间断地输入和训练，培养良好的语言学习习惯，只是课堂教学训练时间有限，因此需要学生课后进行尽可能多地进行语言自主学习。综合相关情况，英语专业实践课"听力Ⅲ"课程教学模式改革主要涉及自主学习考核机制的建立和考核方式的改革。

3.1 自主学习考核机制的建立

为了督促学生更好地进行自主学习，在课后，教师规定学生进行听音练习。在固定的时间和地点提供听音条件，布置必听内容，此部分作为必听板块。并且在听音练习结束后完成相应的听力报告。相对应地，学生还有选听板块，基本要求为每周收听 VOA/BBC，每周至少三次，每次半个小时，将听的新闻内容进行网络共享。同时，为了最大限度地激发学生的学习动力，每个月随堂进行专四听力练习测试，并且记录测试成绩，以作为期末考试的参考。

这两大板块的设置都是为了促使学生自发进行听力练习，从而提升听力水平，实现专业素养的提高。

3.2 考核方式的改革

根据形成性评估的要求，"听力Ⅲ"课程总评考核由终结性的期末考试成绩和过程性考核的平时成绩共同构成。这两部分考核分别占总评考核的50%。根据考核方案，平时成绩的主要构成情况如下：自主听音（听音考勤10%+听力报告10%）+随堂测试50%+平时课堂出勤10%+平时作业（新闻报告10%+网络新闻分享10%），以下内容为详细考核方案。

（1）每周自主听音的考核，听音内容由教师规定，听音时间每次为45分钟，一周两次，主要考核参与考勤及相关听力报告的完成。此部分占平时成绩的20%，其中考勤占10%，听力报告占10%；听力报告有专门的手册，用于在听音过程中做笔记以及答案的填写。

（2）每月随堂测试两次，全学期共计8次，取5次最高成绩作为平时成绩计分。每次听力题共计30题，做对一题得0.4分，此部分占平时成绩的50%。

（3）平时课堂表现及出勤占平时成绩的10%。

（4）平时作业占平时成绩的20%，作业分为了两个部分，其中新闻报告汇报并在全班分享占10%，网络资源平台共享本周新闻占10%。

形成性考核的要求在于大部分考核来自平常学习过程中的投入以及阶段性考核，并且于期末进行本课程结束时的综合性考核，为了更合理地了解专业学生通过课程改革后听力水平提高的真实情况，听力Ⅲ的期末考核采用了终结性评价的常用考核类型，即闭卷考试，考核内容以此课程的教学大纲所列考核听力技能重点为主。结合考核内容，通过客观题以及主观题相结合的方式进行考核，从而了解学生通过英语听力的方式对多种形式的语言内容的理解程度。根据形成性评价体系的考核要求，专业学生此门课程的最终考核结果会综合平时表现，形成性过程中的考核结果，加上最后期末终结性考核的结果，三个方面全面反映学生在课程学习及训练中所形成的实际听力水平和能力。

4 教学模式改革反馈

学生对于每周两次的听音时间随着一次次地坚持，由最初的不适应到慢慢习惯，并且在这一听音训练过程中巩固了自己的听力水平。大部分同学听力能力有所提高，但是部分学生仍旧有一些滞后，主要原因在于，学生对于自主学习时间的投入认真程度不同。并且除了听音训练以外的时间的自主学习投入较少。外语系近三年的英语专业学生逐步通过固定的听音训练，提升了听力技能，并且也对之后的专四考试听力方法有所改变和提升，改革成果成效显著。

参考文献

［1］魏玉燕. 促进学习者自主性：外语教学新概念［J］. 外语界，2002
（3）：8-14.

［2］徐锦芬，占小海. 国内外"学习者自主"研究述评［J］. 外语界，2004（4）：2-9.

［3］束定芳. 外语教学改革：问题与对策［M］. 上海：上海外语教育出版社，2004.

［4］周俐军，王冬梅，江楠. 网络环境下基于信息能力的大学生自主学习能力培养［J］. 泰安教育学报岱宗学刊，2011（2）：84-85.

［5］BENSON P. Teaching and Researching Autonomy in LanguageLearning［M］. Beijing：Foreign Language Teaching and Research Press，2005.

［6］DICKINSON. Self－instruction in Language Learning［M］. Cambridge：Cambridge University，1987.

［7］HOLEE H. Autononry and Foreign Language Learning［M］. Oxford：Peonron Press，1981.

大数据背景下基于 OBE 理念的
"财务管理" 课程教学设计①

财务管理系　杨洋

摘要： OBE 教育理念是一种以成果为导向，以学生学习的实际产出为核心的教育理念，其教学设计和教学实施关注的是学生通过教育过程最后所取得的学习成果。本文以"财务管理"课程为例，研究在大数据背景下，通过线上线下混合教学模式，将 OBE 理念贯穿于教学目标的制定、教学方案的设计、教学环节的实施、教学方法的运用和教学效果的评价等整个教学设计中，以充分调动学生学习的主动性，激发学习兴趣，实现教学目标，并为相关课程的教学改革提供良好的借鉴和参考。

关键词： 大数据；OBE 理念；多元化教学设计；超星学习通

大数据、智能化、移动互联网和云计算等现代信息技术的发展，加速了社会产业结构的调整和升级，同时也带来了社会经济发展态势的重大变革，这种变革给财经类专业的课程教学理念和教学模式也带来了深远影响。我国教育部于 2018 年颁布的《教育信息化 2.0 行动计划》为教育信息化指明了方向。相关国家标准中明确指出，现代化教育要坚持信息技术与教育教学的深度融合，加快信息技术与课程的关系从融合应用向创新发展转变，加快教育资源从专用向共享转变。2018 年教育部颁发了《普通高等学校本科专业类教学质量国家标准》，并推行了相关专业认证，使得以学生为中心、以成果为导向的 OBE 教育理念得到了广泛应用。在这种背景下，如何利用信息技术改革现有的课程教学模式，培养适应时代发展的新型技能型人才是需要教育工作者深入研究的课题。

1　成果导向（OBE）教育理念

最早由美国学者斯派迪（William G. Spady）于 1981 年提出的成果导向

---

①　注：本文系成都银杏酒店管理学院 2021—2023 年高等教育人才培养质量和教学改革项目"大数据背景下基于 OBE 理念的高等院校财务管理课程改革研究""大数据背景下混合式课程的建设与实践研究——以财务管理课程为例"阶段性研究成果。

（outcome based education，OBE）的教育理念强调"以学习成果"为核心。1989年，美、英等发达国家签署了针对本科工程教育互认学位的《华盛顿协议》，预示着在工程教育专业认证方面全面接受 OBE 教育理念。2016 年我国正式成为《华盛顿协议》成员，OBE 教育理念成为我国工程教育专业的核心理念。目前 OBE 理念不断推广，已经被广泛应用于计算机、医学、法律、管理学等多个学科领域。我国高等院校对 OBE 教育理念的研究主要集中于应用型人才培养模式和课程教学设计等方面，以"教学目标的设置→预期目标的实现→学习效果的评价"的教学主线展开。

2 "财务管理"课程教学现状

2.1 "财务管理"课程的特点

财务管理课程是财经类专业的专业核心课程，主要是通过对企业各项财务活动的定性和定量分析，帮助企业在筹资、投资、营运资金、利润分配等方面做出正确决策，以加强企业内部经营管理，提高企业经济效益。本课程理论比较抽象，决策应用的数理模型较多，计算量较大，综合应用性强，对大部分学生来说学习难度较大，这也给教育教学改革和创新带来了很大挑战。

2.2 传统"财务管理"教学中存在的主要问题

2.2.1 教学方法和教学手段单一，教学效果不理想

在传统的以教师为主、学生为辅的学习模式下，教师在课堂讲授大量的概念、公式、定理等知识内容，直接给出解决问题的方法，从而忽视了学生的个体差异和个体感受，忽视了学生在学习中的参与性，导致学生学习缺乏积极性和主动性，不利于培养学生的探索精神和创新意识。

2.2.2 教学设计与教学目标脱节，不利于对学生实践能力的培养

"财务管理"课程作为财经专业的专业核心课程，其教学目标是使学生在能够掌握财务管理的基本理论和基本方法的基础上，能够综合运用这些理论和方法进行财务分析和财务决策。但是在实际教学中，课程教学设计往往缺乏统一规划，教师过多重视理论教学，以教材为主进行"满堂灌式"的讲授，对学生在实践问题上分析和解决问题的培养力度不够，导致教学目标与教学设计脱节，缺乏对学生实践能力的培养。

2.2.3 教学改革浮在表面，没有收到预期效果

随着教学改革的不断深入，我们可喜地看到越来越多的教师也开始对课堂进行有益的改革尝试，并取得了很好的教学效果。但是我们也要清楚地认识到，教育信息化改革不能浮于表面，流于形式，不能通过降低知识讲解难度及

降低考核要求来提高学生的参与度。这种轻松活跃的学习氛围隐藏着学习知识被简化、学习难度被降低的问题，最终将导致教学目标无法实现，严重阻碍了教学成效的提升。

2.2.4 课程考核效果反馈滞后，考核形式单一

目前传统的考核方式还是以期末考试为主，期末成绩占到了最终成绩的 $60\%\sim70\%$ ，其余的 $30\%\sim40\%$ 的成绩主要由日常的过程性考核，比如课程参与情况、作业完成情况等部分构成。由于受考试时长和考核方式所限，期末试题可能不能完全覆盖知识范围，试卷对案例分析和综合运用所学知识解决问题等实践性的考核内容较少，考核评价反馈滞后，考核形式单一，缺乏激励机制等问题，造成了期末考核不能完全、准确反映学生的学习效果。

3 基于 OBE 理念的"财务管理"课程教学设计

反向设计是 OBE 理念的核心思想，即教学实施要以学习的预期目标为导向，反向设计教学内容和教学环节，最终完成教学实施和评价。因此，OBE 教学理念具有教学目标导向性、教学内容系统性、教学实施规范性、考核方式多样性、教学修正持续性等特点。

3.1 教学目标导向性

"财务管理"课程依据本科院校应用型人才培养定位，结合毕业要求，进行教学目标的设置。在 OBE 理念下，本课程培养目标应该以实践需求对专业人才的能力要求为导向，大致分为四个层次，如表 1 所示。

（1）知识目标：实现教学知识目标可以通过任务驱动和问题驱动，使学生掌握财务管理的基本理论和基本方法，掌握进行项目决策的基本程序和计量模型。

（2）能力目标：学生能够运用所学知识对相关决策案例进行综合分析，并结合财务会计、管理学等专业课程中的知识对企业的投融资决策进行分析，以培养学生的综合分析能力、决策能力和创新能力。

（3）素养目标：通过在教学实践中融入课程思政内容，对模拟和现实案例进行讨论分析，培养学生的社会责任感，提高学生的自主学习兴趣，以及终身学习的能力。

（4）创新目标：通过课后延伸学习拓展课程深度，培养学生的创造性思维和业财融合的视角，增强学生对学科前沿的理解能力。

表 1　基于 OBE 理念的《财务管理》课程教学目标

目标类型	具体标准
知识目标	√熟悉财务管理的基本概念、基本理论 √掌握筹资管理（筹资方式、资本成本、资本结构等）、投资管理（投资基本原理、投资静态和动态评价指标、投资风险衡量等）、营运资金管理（现金、应收账款、存货等的日常管理等）、利润分配管理（股利理论、股利政策等）等的基本理论，以及进行项目评价的基本程序 √掌握财务报表编制、财务预算、财务战略的制定方法和流程
能力目标	具备对企业的筹资、投资、营运资金和利润分配等财务管理活动进行综合分析，并正确做出决策和评价的能力
素养目标	培养社会责任感和终身学习的能力
创新目标	能够将学科前沿问题与现代信息技术结合，拓展学习的广度和深度

3.2　教学内容系统性

结合 OBE 理念下"财务管理"课程的教学目标，对课程内容进行优化整合，形成"二四二"的教学内容主线，即以基本概念、基本理论为两大理论基石，以筹资管理、投资管理、营运资金管理和利润分配管理为四大讲授主体，以财务分析、财务预算为两大能力提升，每部分教学内容和教学模式设计如图 1 所示。

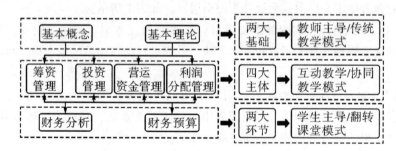

图 1　"财务管理"课程教学内容与教学模式设计

其中，对于财务管理的基本概念和基本理论部分，主要以教师讲授为主，采用启发式、任务驱动、案例讨论等多种方式激发思维，帮助学生了解财务管理的基本内容，明确财务管理的基本目标，树立正确的决策思维。对于筹资管理、投资管理、营运资金管理和利润分配管理这四大部分主要采取线上线下混合式教学模式。通过小组案例分析等协同学习方式，让学生在课程实践中提升发现问题、分析问题和解决问题的能力，也为学生团队意识和创新思维能力的培养奠定基础。并充分利用超星学习通、腾讯课堂、QQ群、微信群、雨课堂等现代化教学手段，通过发布任务点、问卷调查、社区讨论、章节测验等多种形式实现师生互动和生生互动。以学生能够进行财务分析和财务预算为两大能力提升，此部分采取以学生为主导的翻转课堂教学模式。通过行业和企业调研，做出企业财务分析，模拟财务预算，进而制定企业财务战略，能够进行企业的综合财务评价，以增强理论联系实际的能力，提高学生的逻辑思维能力和团队协作意识。

3.3　教学实施规范性

基于 OBE 教育理念，并结合超星学习通等现代化教学平台，本课程的教学实施流程可以根据不同的教学方式进行线上线下混合式教学流程设计。

3.3.1　线上线下混合式教学设计

为适应现代信息技术对教学的要求，有效地将被动学习转化为主动探究，本课程可采取互联网、大数据等辅助教学方式灵活进行教学设计，采取"线上线下"混合式教学模式，使课堂教学与网络学习有机结合。借助超星学习通、雨课堂、钉钉和腾讯课堂等互联网教学平台完成课程考勤，进行课程讨论互动、MOOC、自我测验等学习任务点，充分建立"以学生为中心，教学目标为导向，教学改进持续化"的课程教学实施流程，提高学生学习的主动性和参与性，培养学生的逻辑思维能力、终身学习能力等。

"混合式"教学可以充分实现在线教学和传统教学的优势互补，在这种教学模式下，可将整个教学流程分为课前线上学习、课中线下学习和课后总结复习三个阶段。最后通过"线上线下"教学成果的评价，结合线下期末考试对课程进行总体评价，再将评价结果反馈到最初的课程教学目标和教学内容设置上去，完成课程教学的循环。教师可以根据课程总体评价情况，对教学各阶段进行调整和改进来反哺教学，从而实现可持续的教学质量提升，混合式教学流程如图 2 所示。

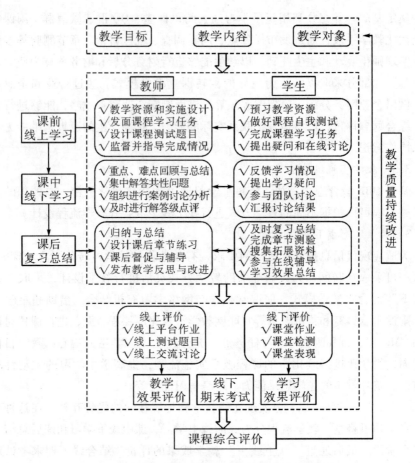

图2 OBE理念下"财务管理"课程混合式教学流程

3.3.2 案例式教学设计

"财务管理"课程在教学中要充分利用与知识内容高度关联的典型案例进行决策分析，将案例作为课程主要教学资料之一，通过课前预习关联知识点，课中讨论分析，以及课后的总结实现师生和生生互动，培养学生分析问题和解决问题的能力。

案例式教学以教学目标、教学内容和教学对象的分析为出发点，首先，通过课前的案例导入，激发学生的学习兴趣，让学生明确课堂能力目标；其次，根据课前预习和自测结果，结合课中案例，展开讨论分析，并重点讲解重难点问题，以加强学生对重难点的理解，解决实例分析中出现的问题和疑惑；最后，根据案例分析总体情况，通过超星平台发布课后拓展内容和随堂测试题目，引导学生对企业财务管理的实际问题进行深入研究。案例式教学流程如图3所示。

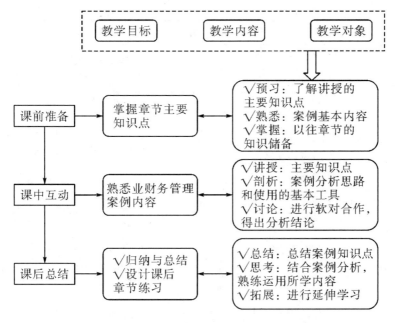

图 3 OBE 理念下"财务管理"课程案例式教学流程

3.3.3 模块化教学设计

在教学实施过程中模块化、项目化教学能够充分展示财务管理各章节主题下的课程内容与企业实际管理活动的联系，利用案例企业的财务数据再现真实财务管理场景，从而贯穿整个资金链条的财务管理行为。在筹资管理项目下结合案例企业产销量与资金需求情况对企业筹资量进行预测，进而进行筹资成本和资本结构的分析；在投资管理项目中设计固定资产购置和更新改造等项目的实际情景让学生做出投资决策；在营运资金管理项目中设计企业现金、存货管理最佳持有量的分析模型；在预算管理项目下可以结合沙盘 ERP 系统设计编制现金预算，筹备现金的筹措或运用等。基于 OBE 教育理念将"财务管理"课程分为 7 大模块，17 个子模块，每个模块所对应的教学目标和应具备的核心能力如表 2 所示。

表 2 "财务管理"课程教学模块对应的教学目标及核心能力

模块名称	子模块	教学目标	核心能力
财务管理基础	财务管理概念	知识目标	熟悉企业财务管理的目标及环境
	财务观念		
	财务活动		

表2(续)

模块名称	子模块	教学目标	核心能力
筹资管理	筹资方式与渠道 筹资规模 筹资成本	知识目标 能力目标	能够利用模型预测筹资数量,测算资本成本;根据筹资情况选择筹资方式和筹资渠道,合理安排资本结构
投资管理	项目投资管理 有价证券投资管理	知识目标 能力目标 素养目标	根据投资分析模型计算投资指标,做出正确的投资决策
营运资金管理	现金管理 应收账款管理 存货管理	知识目标 能力目标 素养目标	根据分析模型进行最佳现金持有量的衡量、赊销政策的制定及最佳经济订货批量的确定
利润分配管理	利润形成管理 利润政策及分配管理	能力目标 素养目标	能够将利润分配理论应用于案例分析中,进而进行正确的利润分配决策
财务分析	建立财务分析指标体系 财务趋势和财务综合分析	素养目标 创新目标	能够利用财务分析指标进行企业财务分析,发现企业财务趋势,并做出正确的财务决策
财务预算	财务预算管理 财务战略制定	素养目标 创新目标	能够正确进行预算管理,并结合企业发展战略正确制定财务战略

3.4 考核方式多样性

虽然"财务管理"课程是一门理论性较强的课程,但是在以学习成果为导向的 OBE 教育理念下,要建立考核方式多样性、考核主体多维度、考核形式多元化的评价体系。考核形式包括过程性考核和总结性考核两部分。其中,过程性考核重点关注学生在整个教学流程中的参与情况,包括课程预习情况、单元测验成绩、主题讨论参与情况、抢答问题情况、课后作业和拓展作业完成情况等,这些都可以借助超星学习通等网络教学平台及时了解学生的参与度、学习进度和学习时长,有助于教师及时发现学生学习中的问题,以便给予及时解答。而总结性考核主要指期末考核,需要检验学生对课程知识的掌握情况和综合运用能力。另外,还需要打破教师一人进行评价的传统思维方式,增加学生个人、团队、组长等多维度的评价主体,使评价结果更加客观、公正。OBE 理念下的"财务管理"课程考核评价指标体系如表 3 所示。

表 3 OBE 理念下的"财务管理"课程考核评价指标体系

考核类型	考核内容	考核依据	考核要点	考核比重	考核主体/考核手段
过程性考核	课堂表现	课前预习	是否能够按要求预习	20%	教师、学生个人、团队成员、组长/超星平台、案例分析报告
		章节测试	是否理解和掌握知识点		
		案例分析	是否积极参与团队讨论		
		抢答讨论	是否积极进行抢答和主题讨论		
	课后复习	课后作业	是否及时完成	20%	教师、学生个人/超星平台
		拓展学习	是否按要求开展		
总结性考核	期末考试	笔试作答	对课程学习重点和难点的掌握情况	60%	教师/试卷

3.5 教学修正持续性

在日常教学活动中，要建立有效的课程优化机制，通过对课程考核评价结果的科学、客观分析，对基于 OBE 教育理念设计的教学目标、教学内容、教学方法等内容进行不断调整和完善，确保专业人才培养目标的顺利实现。课程评价反馈资料包括课程评价成绩、学生教学满意度测评、学校督导组评价意见等方面，深入详细的课程评价反馈资料也必将对今后的教学质量改进和持续提升产生积极影响。

在本课程的教学实践中，针对 2020 级财务管理专业全年级三个教学班参与课程满意度调查的 147 名学生中，认为"线上和线下混合式的教学方式，对学习有帮助"和"线上课程资源对课后的学习有帮助"的为 142 人，占被调查人数的 96.59%。由此可见，利用现代化网络教学平台进行混合式教学极大地提高了学生满意度，也为教学资源的利用和统计提供了大数据的支持。

4　总结与展望

OBE 教学模式将教学目标回归到社会、回归到企业的需求，将教学的主体回归给学生，这种反向设计教学目标的理念既给大数据时代的教育教学带来了新的活力和挑战，也给"财务管理"的课程教学指明了新目标和新内容，在不断的教学实践探索中，结合案例教学、分层分类教学、慕课（MOOC）等混合式教学手段，充分利用超星学习通等各种现代化的教学平台，利用大数据分析技术，激发学生的学习热情，提升学生自主学习能力，践行成果导向的人才培养目标，培养适应时代发展和企业需求的高素质应用型人才。

参考文献

［1］教育部.关于印发《教育信息化 2.0 行动计划》的通知［EB/OL］.
(2018 - 04 - 18)［2022 - 10 - 20］.http://www.moe.gov.cn/srcsite/A16/s3342/
201804/t20180425_334188.html.

［2］姚晓林,等.财务信息化管理人才培养体系构建:基于 OBE-CDIO
一体化［J］.财会通讯,2018,39(13):32-37.

［3］单德鑫,等.基于"成果导向+混合式教学"的试验设计与统计分析
［J］.教育现代化,2020,4(29):92-107.

四川省高校美术课程教学
引入地域性美术资源研究
——以川剧艺术为例①

摘要： 在全球化背景下，人们对艺术作品的个性语言与文化内涵均提出了更高的要求。将地域性美术资源引入美术教学，对地域文化的传承和高校美术教学的创新都具有积极意义，既能为教学活动提供新素材，弥补教学中美术资源的不足，也能促进高校美术教学的创新，同时还能加深学生对地域文化的理解，促进地域文化在现代创作与设计中的传承、创新与推广。本文以川剧艺术引入美术教学为例，详细探讨了川剧艺术作为美术教学资源的价值及其教学方法，以期为四川地域性美术资源在高校美术教学中的运用提供思路。

关键词： 地域性美术资源；川剧艺术；高校美术教学

一、四川省高校美术教学引入地域性美术资源的必要性

教育部《普通高等学校本科教学质量保证标准》指出，教学资源是指学校为人才培养所提供的所有软件、硬件条件，如教室、图书馆、实验室等硬件设施，以及教师、报纸杂志、视音频资料、互联网资料信息等软件设施。是否合理利用教学资源会对教学效果产生直接影响。从近年来四川省美术类专业学生毕业设计展览和大赛作品来看，其艺术风格表现出两种趋势：一是对当下流行文化元素的运用增多，如欧美游戏和电影元素、日韩卡通元素、网络用语、街头艺术等；二是对中国经典文化元素的运用增多，如中国佛教文化、篆刻艺术、园林艺术等。流行文化通俗易懂，具有娱乐功能，但过多使用可能会导致作品缺乏文化内涵和文化归属感。对中国优秀传统文化元素的运用可增加学生

---

① 注：本文为四川省哲学社会科学"十三五"规划 2017 年度项目"四川省高校美术课程教学引入地域性美术资源研究"（项目编号：SC17C042）的研究成果。文章已发表于《四川戏剧》（中文核心）。

对民族文化的认同感与自信心，但也可能使作品因简单地挪用而出现重复。此外，由于一些创作者对中国优秀传统文化的认知仍停留在比较简单和粗浅的层面，因此常常使作品缺乏深度。当然，这些问题的原因是多方面的，从教学资源的角度看，在教学过程中对网络信息资源过度依赖是最突出的原因。学生在学习过程中对资源的选择过于片面，创作思路不够开阔，甚至直接"拿来主义"，最终导致创作内容的单一和雷同，教学效果自然不理想。因此，四川省高校美术教学只有立足本土，积极开发和利用地域性美术资源，才能在教学活动中取得事半功倍的效果。

在全球一体化的背景下，高校对地域性美术资源的挖掘和利用显得尤为重要。地域性美术资源是指富于地域特色的，具有一定文化内涵、审美价值和社会影响的客观载体，包括地域自然资源、博物馆资源、历史文化名人资源、地域性民族特色等。地域性美术资源的特点主要体现在地域性和多样性上。四川是多民族聚集地，地貌风光独特，文化多样，具有极为丰富的地域性美术资源。具体来看，既有风景秀丽的自然生态景观，从平原到丘陵，从草甸到雪山，如米亚罗红叶风景区、九寨沟、新都桥；又有富于文化内涵的人文景观，如体现道家文化的青城山，体现佛教文化的峨眉山，体现客家文化的洛带古镇，体现藏族文化的甘堡藏寨等；还有丰富且独具特色的民族艺术，如川剧、绵竹年画、皮影、蜀绣、杂技、木偶戏、青神竹编等。可以说，四川丰富的地域性美术资源是高校美术教学的题材宝库。

在四川省高校美术教学活动中，如能合理利用地域性美术资源，不仅可以传播优秀文化，增强青年学子对中华文化的认识和理解，而且能提升学生的文化自信，拓展其创作思维。将地域性美术资源融入教学，可让地域特色成为促进四川省高校美术教育发展的有利因素。地域性美术资源的个性特征会使美术创作从灵感源泉到最终呈现，都具有生动性和独特性。由此，最终形成特色鲜明的地方高校人才培养模式，更好地服务于地方经济文化的发展。

二、川剧作为地域性美术资源融入高校美术教学的意义

川剧是四川最具代表性的地域文化，具有独特的艺术魅力，表现形式兼收并蓄，于唱、念、做、打中巧妙融合了多种技艺。经过多年的发展，川剧不仅形成了独具魅力的艺术表现手段，而且还成为四川历史、民俗、风土人情的重要载体，正如学者所说：不看川剧，不能真正了解四川和四川人。巴蜀大地上的政治、文化、宗教、历史、民俗、艺术，川剧都以其独特的形式给予了艺术的阐释。这一切都为巴蜀文化的研究提供了丰富的资料和特殊的切入点。川剧

深厚的地域文化内涵和多样的艺术表现形式具有丰富的美术价值，值得深入挖掘和广泛借鉴。当然，面对丰富的川剧艺术，不能盲目使用，而应认真梳理其对美术教学最有价值的部分。

其一，视觉素材的价值。川剧脸谱千变万化，富于戏剧性的夸张，同时又极富美感，吸引眼球。川剧脸谱的造型方式与现实生活中的人脸差别极大：它常以象征的手法运用自然界的动物、植物形象和风、雨、雷、电图案，以及文字作为脸谱装饰，动物图案大到龙、虎、狮、豹，小到蝙蝠、蝶翅、虾、蟹、螺；植物图案有莲花等纹样符号；自然界中的日月星辰、火焰、八卦以及文字等也被广泛应用在川剧脸谱中。从现代构成的角度审视川剧脸谱，能看到其中变化无穷而又充满秩序的美感，这是学生能认知并利用的创作元素。此外，川剧服装的装饰图案也独具特点，仙鹤、孔雀、雁、蝙蝠、梅、兰、竹、菊等具有美好寓意的形象被生动呈现在服装上。由此，川剧艺术的这种想象力和创造力值得美术专业学生学习与借鉴。川剧的色彩主要体现在脸谱色彩和服装色彩上，不同于西方戏剧的写实性，其更加夸张、强烈，用色鲜明，富于感染力。著名川剧表演艺术家张德成曾总结：红色用来表现性情激烈、忠耿正大的人物（如关羽）；黄色用以表现体格不健壮、实则勇武过人的角色（如甘宁）；蓝色（绿色）多用于凶猛、恐怖的人物（如卢杞、传说中天上的煞神、地府的恶鬼）；白色表现奸诈、阴险（如曹操、董卓）；黑色表现正直、坦率、鲁莽（如李逵、张飞）。川剧脸谱的用色非常讲究，不但从"五行"中借鉴青、赤、白、黄、黑，同时也通过演绎赋予了色彩以更多的内涵。川剧服装常常利用色彩来表现人物，衬托氛围，如黄色（皇权）、红色（喜庆）、黑色（贫苦）和白色（悲伤）等。这种主观的色彩观念可以补充学生的色彩知识，拓展学生单纯的自然主义色彩表现，更好地服务于美术专业创作。

其二，艺术和文化的价值。川剧艺术中的写意性与传统中国绘画、书法不同，它通过视觉、听觉等方式调动观者的所有感官，从而为观者呈现出立体的、生动的写意之美。川剧脸谱和服装不求写实的意象造型及富于寓意的色彩表现方式体现了"得意忘形""象外之意"的中国艺术精神。川剧的写意性不仅体现在演员的脸谱和服装上，还体现在演员的台词、表演以及舞台美术上。川剧的表现形式独特，常使用象征性、写意性、虚拟性手法进行表演，演员移步可跨千里，顾盼可穿时空。作为中国戏曲中的重要一支，川剧体现着中国戏曲的虚拟与写意等特点。当下高校美术类专业学生的基础训练主要是针对造型的准确性展开，这使其造型思维固化，所以学生对写意性的理解往往不够全面和深入。将川剧艺术引入高校美术教学，可为学生对传统艺术精神的理解发挥重要作用。此外，川剧艺术对高校美术专业学生提升人文修养，塑造完整人格也具有积极意义。在弘扬中华民族优秀传统文化的背景下，戏剧教育有着重要意义。学生在接受优秀传统文化熏陶的同时，还可积累丰富的民俗、文化、历史等知识，从而提升自己的人文修养和艺术修养。学生欣赏川剧，也体会着剧中的人情百态，领悟其中的道德寓意与美好理想，这给他们的心灵以启迪。

三、在高校美术教学中引入川剧艺术的具体策略

地域性美术资源在高校美术教学中的开发和应用要达到了解、理解、掌握、模仿、运用、创造的教学目标，这就离不开对地域性美术资源理论知识的梳理与技能技艺的学习，在艺术元素的应用转化中寻找创作主题和设计主旨。下面以川剧艺术引入四川省高校美术教学活动为例，提出三点具体策略。

其一，开设地域性美术资源鉴赏公共选修课程，举办相关主题的校园文化活动。首先，要在高校公共选修课程中开设川剧艺术鉴赏课，并开展校内主题活动。公共选修课面向全院学生开放，授课教师应收集大量图文资料、视频资料，制作成精美的多媒体课件，系统而全面地向学生介绍川剧艺术，使学生深刻感受川剧艺术的魅力，逐渐理解其内涵和艺术精神。其次，还可邀请川剧艺人和专家进校园开讲座，让学生近距离感受川剧，从不同侧面认知川剧。此外，还可在学校开展"我画川剧"绘画竞赛"我爱川剧"美文征稿等主题活动，在这样的氛围中，有利于增强学生对川剧的兴趣，进一步提高其艺术修养。

其二，地域性美术资源要与美术专业实践课程结合起来。地域性美术资源既要在公共选修课程中运用，也要与专业课程相结合，服务于美术教学。地域性美术资源可以融入许多课程，例如，将川剧艺术与服装专业的图案设计和面料再造等课程相结合，指导学生运用不同材料和技法来表现川剧脸谱与人物造型。又如在广告设计、动画造型、创意产品设计、包装设计、标志设计等课程中，极具张力的川剧艺术造型和美学语言是创作素材的最好来源，能启发学生获得新的创作思路，进而创作出各具特色而又富于文化内涵的艺术作品。不过，高校美术专业的人才培养方案及课程的修订、创新和改革不能盲目引入相关地域性美术资源，而应在充分调研的基础上进行，并制定引入机制。同时，在融入的过程中还要注意循序渐进，不能急于求成。例如，在对川剧艺术的运用过程中，指导教师要引导学生先进行提炼和选择，然后再利用现代设计和创作手法对其进行重组和变化，从而创作出地域特色鲜明且个性突出的作品。

其三，成立地域性美术资源工作室，指导学生的艺术实践。可由美术专业

教师和川剧从业者组建川剧美术实践工作室，在课余时间指导学生利用川剧这一地域性美术资源进行创作和实践。工作室的成立能更好地帮助学生挖掘和利用地域性美术资源，特别是指导学生以地域性美术资源的相关元素为创作灵感，参加各类艺术竞赛、展览等。例如，工作室教师可利用节假日带学生到成都川剧艺术博物馆进行考察或到剧院观看演出等，引导学生挖掘经典剧本和典型的人物形象，深入理解其艺术手法，体会形式与内涵的统一。教师指导学生收集电子图像创作素材，同时采用速写或现场写生的方法熟悉川剧人物的造型和用色特点，在感受川剧艺术创造力和想象力的过程中，学生的造型与鉴赏能力等都得到了提升。

参考文献

[1] 严福昌. 川剧艺术导论 [J]. 四川戏剧，1999（4）：17-21.

[2] 纪瑞祥. 论川剧脸谱装饰艺术特征 [J]. 美与时代，2014（10）：54-56.

[3] 龚思泉. 浅谈川剧脸谱 [J]. 四川戏剧，1990（6）：35-37.

酒店管理课程"赛教融合"式教学方法改革与创新研究

——以"酒店职业核心能力综合训练"课程为例

酒店管理系　白永忠

摘要：酒店管理是实践性和应用性极强的专业，酒店行业竞赛能充分体现当前酒店行业发展的整体态势，指引行业人才和技能需求的正确方向。因此，以世界技能大赛和全国技能大赛竞赛项目为导向，实现创新实践育人教学模式，这对酒店管理专业学生的各项职业核心能力及综合素质都能进行全方位提高，为培养符合住宿行业实际需求的专业技能拔尖、综合素质过硬的卓越人才发挥很好的助力作用。本文以"酒店职业核心能力综合训练"课程为例，阐述通过对课程设置改革与创新，在基于 OBE 理论的教学理念的前提下，通过比赛标准赋能课程教学，将现有行业竞赛资源进行成果转化，通过挖掘、研究国际行业赛事和国家行业赛事的相关规程、评分标准等内容对课程内容和教学方法进行融合升级，探索以赛促教、以赛促学，以竞赛训练的方式对酒店行业核心专业技能进行加强，既满足行业需求的同时也提高专业实践教学的质量。

关键词：赛教融合；酒店职业核心能力综合训练课程；教学方法；改革与创新

　　酒店管理是实践性和应用性极强的专业，对于学生的专业技能、个人素养、软技能等方面要求很高。酒店管理专业的设立就是为酒店行业培养适合酒店发展需要，具有较高的管理理论素养、深厚的酒店管理专业知识及扎实的酒店管理能力，具有人文素质、国际视野、领导艺术、创新意识、创业精神和社会责任，熟悉现代酒店经营管理方法和手段，能够在酒店、餐饮业等从事各级管理的高素质复合型、应用型专门人才。

　　近年来国家层面及各行业踊跃倡导"工匠精神"，不断重视和强调专业操作技术在行业中的地位和作用，提倡培养技术技能型人才。国家和各地区、各行业纷纷以职业技能竞赛的形式来引导、鼓励、发掘技能型人才。职业技能比赛体现出科学适用、理论联系实际、手脑并举、基础与创新兼顾等特点，推动了职业教育"市场需求驱动"的人才培养模式的变革，克服"体制性缺失或障碍"，实现可持续发展。酒店行业也充分融入发展浪潮，开发出众多体现行业特点、反映行业需求、贴合行业现状的竞赛项目，并与现今智能技术、数字技术紧密结合。酒店行业竞赛能充分体现当前酒店行业发展的整体态势，指引行业人才和技能需求的正确方向。因此，以世界技能大赛和全国技能大赛竞赛项目为导向，实现创新实践育人教学模式，能全方位提高酒店管理专业学生的各项职业核心能力及综合素质，为培养符合住宿行业实际需求的专业技能拔尖、综合素质过硬的卓越人才发挥很好的助力作用。

酒店管理专业的目的是培养酒店行业需求的人才，学生学习的目的是更好地在行业岗位上学以致用，因此酒店管理专业课程应该以理论服务于实践为本，以行业标准为蓝本，以现代酒店业需求为导向，培养酒店管理生产、服务第一线的高技能人才。纵观以世界技能大赛和全国技能大赛为代表的技能竞赛设立的酒店竞赛项目，融合了酒店业发展需求最前沿的动向。将技能型比赛标准结合课堂教学的课程设计对于教学结果具有明显的增益效果。尤其是在基于OBE理论的教学理念的前提下，通过比赛标准赋能课程教学对于培养综合型、专业型、全方位人才的作用得到了广泛认同。学生通过参加比赛、观看比赛，以及以比赛标准赋能的课程学习，能极大限度地提升学习积极性，更能提高实际操作能力。在授课过程中，教师按照技能大赛标准和内容来强化学生实践操作技能及职业素养的培养，为大赛选手的选拔、就业实习奠定基础。参加专业竞赛能让学生把自己所学的知识运用到酒店日常服务与操作中，提高学生对酒店管理理论知识的理解程度。学生通过参赛和以比赛标准设立的课程学习，可以提出对一些酒店管理和服务实践中难以解决的问题的思考和解决方法，酒店也可以吸取有用信息和思路，对棘手问题的解决获得帮助。

酒店管理系在2021年年底，提出了以"酒店职业核心能力综合训练"这门课程作为主导课程进行"赛教融合"教学方法的改革与创新。该课程是我院酒店管理专业面向酒店管理专业本科学生开设的一门特色精品课程。该课程的设计采用多课程联合教学模式，通过将课程分为通识技能、前厅接待、中西餐服务和客房服务四大模块对学生各大职业核心能力进行培养与提升（见图1）。

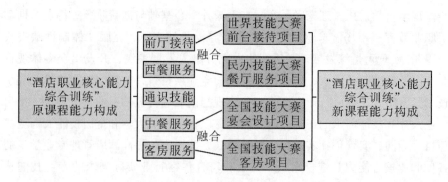

图1 "酒店职业核心能力综合训练"课程改革框架

该课程涵盖内容丰富，并且各模块都能与行业相关竞赛项目挂钩。因此，该课程的改革可以将现有行业竞赛资源进行成果转化，通过挖掘、研究国际行业赛事和国家行业赛事的相关规程、评分标准等内容对课程内容和教学方法进行融合升级，实现以赛促教、以赛促学，以竞赛训练的方式对酒店行业核心专业技能进行加强，在满足行业需求的同时也促进专业实践教学质量的提高。

课程设置主要从以下几个方面进行：

（1）梳理"酒店职业核心能力综合训练"该课程现有的教学模式；

（2）分析国际行业赛事和国家行业赛事相关项目标准，提炼赛项技能与需求；

（3）实现赛教融合，多课贯通创新"酒店职业核心能力综合训练"教学模式；

（4）以该课程为主导，推行专业课程赛教融合全面改革。

课程主要研究目标是通过以赛促教、赛教融合增强酒店管理专业课程的实用性与前沿性，全面提升学生各项职业核心能力和行业竞争力，建立技能人才实习就业的连接桥梁。

（1）以赛促教，赛教融合。课程研究重点以围绕酒店行业技能竞赛能力需求为中心，实施"以赛促教、赛教融合"为特色和创新的专业课程改革，引领酒店管理专业课程特色创新新趋势，为行业输送具备更强综合素质能力的专业人才。

（2）多课融合，齐头并进。课程研究难点为如何实现多门专业核心课程融合并且提炼各项目具备的通识能力，并进行综合培养和提升。中西餐服务、客房服务和前台接待均为世界技能大赛或全国技能大赛的竞赛项目，每个项目具备不同的模块训练和能力需求。因此，如何将这几大模块有机融合是本课程的研究难点。

课程设置整体思路为选用成都银杏酒店管理学院作为案例的实验执行场地，选用2019级大三的酒店管理系酒店管理专业本科学生作为实验研究对象，最后在实验对象中通过综合选拔挑选出符合条件的实验样本，以样本参加世赛和国赛酒店服务项目的比赛成绩进行实验结果分析。如果实验样本的比赛成绩好，那么则可以证明基于世赛和国赛酒店服务项目的标准是可以赋能赛教融合课程建设的；反之则说明基于世赛和国赛酒店服务项目不能直接作用于赛教融合课程建设，有可能受其他因素的影响。

在课程教师安排上采用多教师联合教学模式。根据课程设置模块，安排对应的教师进行教学。中西餐服务、客房服务、前台接待和酒店运营等模块的教学分别都是对应比赛项目指导老师，他们具有丰富的执教经验，对比赛标准和要求理解到位，在教学中可以使比赛项目完美复制，使学生在学习中身临其境；同时也有利于老师在教学过程中发现具有良好比赛天赋的选手，教赛相长。

事实上，"赛教融合"式教学模式对酒店管理实践教学是有极大的现实意义的。第一，有利于提高学生的实践能力，将理论知识和实践进行结合。参加酒店服务操作技能竞赛是一个双赢的结局，对学生和酒店都有很大的好处。对于学生来说，技能竞赛可以培养他们的实践能力，一方面，能让学生把自己所学的知识运用到真实的实际生活中，从而增加学生对于所学知识的理解，增强实践操作能力。另一方面，社会和校园是有很大不同的，技能大赛可以让同学们去靠近社会，去理解这个社会是怎么样运作的，真实的酒店管理的工作到底是怎样的，从而对自己所学的专业有更清晰的认知和目标。技能大赛对于酒店管理专业实现产教融合有很大的引领作用，有利于提高学生的实践能力，实现理论知识和实践的结合。第二，有利于酒店选拔出真正需要的人才。为了解决酒店管理行业人才的紧缺和学校培养学生之间的矛盾，应该对传统的培养模式和解决模式进行改变，全面深化产教融合。第三，产、教、学深度融合，有利于培养更具理、实一体能力的职业人才。将比赛标准赋能课程教学，贴合酒店需求，提升学校对学生职业能力的培养，使学生能以更高水准和能力尽快融入酒店岗位。第四，有利于教师专业技术能力的培养与提升。从我们学院和整个酒店管理专业教学教师队伍构成来看，绝大多数教师均为学术型教师，极少有酒店行业实践和从业经验，尤其是专业操作能力不强。因此，授课教师如果能有指导学生参与技能竞赛和酒店操作模块教学机会，通过对相关赛项的标准的理解，也可以使教师操作技能和教学得到锻炼和提高。第五，课程设置改革创新与教学方式改革，适应人才培养的新需求。酒店各类技能竞赛要求学生具备综合的职业能力，除了具备服务基本技能外，还要求具备现场制作和现场服务等操作技能，除此之外，还要求学生具备使用英语与顾客顺畅沟通，满足不同顾客需求及处理突发事件的能力等。因此，酒店管理专业针对人才培养新需求，可以通过课程设置改革创新，改变教学方法来实现。可以专设现场制作和现场服务等，突出酒店专业技能操作训练，以练代学，模拟赛项。

参考文献

[1] 张秀玲. 世界技能大赛对酒店管理专业人才培养的影响及对策研究：以餐厅服务（西餐）赛项的为例 [J]. 佳木斯职业学院学报，2019（4）：116-117.

[2] 钟娟芳. 世界技能大赛餐厅服务项目融入专业教学改革的路径探索 [J]. 职业教育研究，2019（7）：61-66.

[3] 刘铮. 世界技能大赛餐厅服务项目对酒店管理专业学生职业能力培养的研究 [J]. 职业教育研究，2019（8）：225-226.

[4] 靳润成. 全国职业院校技能大赛促进职业教育发展的战略思考 [J]. 教育研究，2011（9）：56-61.

[5] 佟安娜. 职业技能大赛推动酒店专业内涵式发展作用研究：以辽宁现代服务职业技术学院为例 [J]. 旅游纵览（下半月），2016（7）：252.

[6] 祝艳华. 全国职业院校技能大赛对高职酒店管理专业实现产教融合的引领作用 [J]. 新校园：上旬刊，2015（11）：2.

[7] 魏芬. 职业技能大赛对酒店管理专业人才培养的影响研究 [J]. 黄山学院学报，2013（1）：112-115.

[8] 王迪. 职业院校开展技能大赛对教学改革的引领作用探究 [J]. 传播力研究，2018（36）：176.

[9] 褚艳兵. 浅谈职业核心能力训练在酒店员工培训中的应用 [J]. 中国校外教育，2013（3）：150.

[10] 司莉娜：高职酒店管理专业"西餐宴会服务"技能比赛探索与实践 [J]. 现代交际，2017（18）：48-49.

[11] CHANG T Y, J M HSU. Development framework for tourism and hospitality in higher vocational education in taiwan [J]. Journal of hospitality leisure sport & tourism，2010，9（1）：101-109.

物业管理案例教学方法探讨

酒店管理系　袁丽红

　　摘要：案例教学是以学生为主导的学习方式，既有利于培养学生将理论知识运用于实践，也有利于推动教师关注企业动态。物业管理专业由于行业的迅速发展，对于案例教学的要求也呈现其专业特色。本文就物业管理案例教学现状进行分析，探讨通过团队建设案例库、灵活运用案例、多种方式教学等方法进行改进，提高专业的教学水平。

　　关键词：物业管理；案例教学；学生主导

　　随着物业管理行业的发展，对于物业管理专业的培养要求也越来越高，人才需求呈现高素质、多元化趋势。我校物业管理本科专业自 2011 年开始招生，至今已招收 10 届学生，学生生源稳定，综合素质高，学习态度端正、认真，就业出口宽，岗位选择机会多，行业评价高。而对培养目标的设定为物业应用复合型人才：以物业管理专业能力为核心，即指传统物业管理板块的工作能力，包括房屋维护管理能力、设施设备维护能力、环境管理能力、安防秩序管理能力、客户服务能力；重点训练学生的信息处理能力、沟通能力以及组织管理能力；另外利用学校优势，打造学生在高端管家、文旅项目服务领域的突出特色。在课程的教学中，教师致力于多种方法的运用，调动学生学习积极性，加强理论知识的理解与记忆，通过实践课程，强化其对知识的运用。而案例教学方法是其中一种被常用于教学，并且效果良好的方法。

1　案例教学的概念

　　案例教学法起源于美国的哈佛大学法学院，自 20 世纪初开始由哈佛大学商学院在商学教育中不继创新、完善并推行。这种教学方法是一种开放互动式的，以教学案例为载体，在对案例素材进行系统性分析的基础上，通过问题流模式引导学生展开讨论，进行推理和论证，最终帮助学生实现知识获取和能力提升。

　　案例教学的优势主要体现在以下两点：

（1）通过解读案例，学生可以更加深入地了解行业和企业

现在中国大学的教育，仍然是以学校的课堂为主，学生对于行业和企业的了解不够全面，而通过对案例的详细解读和分析，以及思考问题的解决方法，更有利于学生深入了解行业和企业。

（2）沉浸互动式情境，有利于提高学生学习的积极性

国内学者余红剑（2021）、张欣（2021）提出利用案例教学法促使学习者主动参与到教学情境中，激发学习者的主动探索知识的欲望，培养学习者的创新思维能力，提高教学质量。董毅飞（2021）、高丽敏（2021）都认为案例教学是提高学习者主动学习的有效路径之一。案例教学有一定的虚拟情境，学生通过角色的改变，需要去主动解决案例中的问题，有利于发挥学习的主动性。

2 物业管理案例教学应用实践

2.1 案例分类

物业管理教学中应用的案例主要分为以下三类：

（1）企业案例或者机构案例

该类型案例内容多而复杂，如××物业企业，包括企业发展历程、经营理念、品牌体系、主要服务内容、服务项目等；如××社区，包括社区范围、社区类型、社区居住院落、社区内企业、中企机构等。此类案例，有利于学生全面了解企业和相关机构，形成一定的战略管理的视角，主要应用于一些基础课程和综合实践课程，如"物业管理学""社区服务与管理""房地产开发与管理""物业管理实务"等课程。

（2）企业的项目案例

该类型案例细化到企业所服务或管理的具体项目，如××物业企业的××项目、××社区的××小区，案例内容更加具体，并呈现出该项目的具体特色以及特有问题，学生面对该类案例时，需具体分析该项目背景，提出有针对性的解决措施，有利于培养学生实际解决问题的能力，并且将所学理论知识与实践问题相结合理解，主要应用于一些专业课程，如"物业安全服务与管理""物业设施设备及智能化管理""物业环境规划与管理"等课程。

（3）具体问题案例

该类型案例针对一个具体的问题，如某商场节日活动策划、某写字楼安全防疫措施方案，通常是专业课程中的专业知识点运用。要求案例背景内容完整，问题展示清晰，要求明确，主要培养学生对于专业知识点的掌握和应用，应用于"物业管理法规""物业服务质量管理""物业管理实务"等课程。

2.2 案例教学的实施过程

（1）案例形成

教师根据课程内容需要，搜集整理案例，内容全面，能够反映事件的前因后果、来龙去脉。案例教学的内容主要针对实践中的问题，案例的展示不是简单地告诉学生一个事件，而是通过再现或模拟的形式把学生带到一个真实、典型、具体的"现场"，让学生置身其中，充当角色，进行实践操作。

（2）阅读分析与讨论

组织学生阅读案例，并根据事件内容模拟场景，可让学生扮演不同角色，从不同的角度看待问题。同一角色小组内部进行讨论，然后小组之间进行讨论，得出结论或者解决问题的方案。

（3）总结与反思

教师对案例讨论结果进行点评，并组织学生对整个教学过程进行总结和反思。这部分可设计作业任务，如撰写报告的方式，可培养学生分析问题、解决问题的能力，而且通过小组内部和小组之间的讨论合作，可以加强锻炼学生的沟通和组织能力。

2.3 案例教学的注意事项

（1）学生人数的控制

案例教学要求教师对课堂要有足够的掌控力，学生都要有参与感，并且能有充分的发言和表达机会。学生人数不宜过多，以现在物业管理专业的实践情况来看，最多不超过 60 人，30 人为宜。

（2）线上与线下结合

教师进行案例教学时，线上与线下相结合，提高教学效率和教学实践性。

随着信息技术的发展，网上资料更加丰富，很多内容可以作为线上案例呈现，如企业和机构的官网信息、微信公众号、抖音等，另外，学生可以利用QQ 群、微信群等展开讨论，利用学习通、钉钉、腾讯课堂等工具进行分享。

线下方式可以通过对案例企业进行跟踪、到现场参观等形式，直观感受企业的文化和情境，或者采用"1+N"的授课方式，邀请企业导师对企业实际案例进行讲授，让学生浸入式学习讨论，达到案例教学的最佳效果。

3 物业管理案例教学的困境

案例教学方法在高校教育中已经运用得较为成熟，但物业管理专业的案例教学还不够规范和系统，存在以下一些问题：

3.1 案例选取不科学

物业管理的案例多为书籍资料、网上检索获得，由于出版时间等原因，资料比较陈旧，而物业管理行业作为新兴行业，发展快、变化大，很多资料已经与现实情况不相符。另外，物业管理领域研究者比较少，研究资料更新速度慢，也比较少，所以导致教师使用的案例比较陈旧。由于可参考资料少，很多案例背景不完整，问题描述不够清晰，也使得案例信息不完整。以上情况，难以满足教学要求。

虽然案例是源自生活的案例，但在使用过程中，还是需要教师进行改编或者深度挖掘，以满足自身课程知识点的需要。在这一方面，案例教学效果不好。

3.2 案例讲解表面化

教师知识面有限，对于案例的解读具有局限性，只是就问题谈问题，没有将行业或者企业的实际情况与实践问题良好结合，没有实现案例教学的广度要求。另外，对于案例知识点的深度挖掘不够，如一个业主未缴费的案例，涉及的知识点有物权也有合同内容。只有深度挖掘，才能实现案例的价值最大化。

4 物业管理案例教学的改进建议

4.1 案例库的建立

（1）教师与学生组成团队

物业管理专业教师组成教师团队，共同搜集案例，建立案例库，大家在教学中共享。

另外，教师也可以与学生组成团队。由于三年级学生在企业实习6个月，教师可对学生设计收集案例的任务要求，学生利用在企业及岗位的便利，收集相关资料。

（2）获取方式多样化

除书籍和网上资料检索，还可以通过企业现场调研、主管部门调研等方式获取案例资料。学生还可以通过现场观察、记录的方式获取案例资料。

4.2 教师对案例的改编及掌握

教师团队组织讨论分析会，共同对案例进行学习、讨论和分析。了解案例完整内容，保证案例教学的规范性。

同时也要实现案例教学的灵活性。真实的商业环境是复杂的、动态的、非标准的，而案例的特点在于能够模拟真实的商业环境。所以，教师要根据授课特点，尝试对案例进行改编和知识点的梳理，思考灵活的课堂教学组织方式。

4.3 案例的作业布置及反馈

（1）有针对性的布置作业

由于课堂时间有限、学生人数较多，不一定所有学生都能够积极参与或者有机会展示，案例教学不仅是课堂上的组织安排，还要注意接下来的作业布置，引导学生进行主动的、系统的、深入的思考和学习，注重培养学生的思辨能力、逻辑推理能力、文字和语言的表达能力。

（2）关注教学反馈

案例教学是以学生为主导的学习方式，教师只是作为引导者。那么就要关注学生的学习效果和课后的反馈，可通过线上和线下相结合的方式，收集学生的反馈意见，对教学进行改进。

参考文献

［1］武亚军，孙轶. 中国情境下的哈佛案例教学法：多案例比较研究［J］. 管理案例研究与评论，2010，3（1）：12-25.

［2］牟晖，郝卓凡，陈婧. 中美案例教学法对比研究［J］. 管理案例研究与评论，2021（8）：457-463.

［3］郭斌. 高职教育在线案例教学的障碍与路径优化［J］. 职教论坛，2021（10）：61-66.

［4］王玉芬. 案例教学探析［J］. 教育与职业，2007（5）：118-119.

［5］黄劲松，周宁. 工商管理学科的即兴案例教学法［J］. 管理案例研究与评论，2018，11（6）：612-622.

［6］苏敬勤，贾依帛. 案例行动学习法：案例教学与行动学习的结合［J］. 管理案例研究与评论，2020，13（3）：345-355.

［7］余红剑，邵凯希，周芷衣. 基于翻转课堂的《消费者行为学》案例教学设计与实践［J］. 黑龙江教师发展学院学报，2021（5）：32-36.

［8］张欣. 线上线下教学一体化的困境分析与优化策略［J］. 宁波教育学院学报，2020（6）：29-32.

［9］董毅飞. 案例教学法在高职工商管理教学中的应用［J］. 行政事业资产与财务，2021（14）：117-118.

［10］高丽敏. "基础案例+扩展案例"国际商务本科教学模式研究［J］. 高教学刊，2021（10）：90-92，97.

项目驱动在方法类课程中
的实践运用研究

工商管理系　张银华

摘要：方法课程是社科类专业的重要课程，在不同专业具体的课程名称有所不同。它是理论与实践高度结合的课程，具有极强的指导性、操作性和实践性等特点。加之方法类课程知识体系逻辑性强，对学生严密的逻辑思维能力和知识运用能力要求很高，因此众多教学方法不太适用方法类课程。通过对采用不同教学方法的两届学生120余份毕业论文质量进行调查研究，笔者发现采用项目驱动教学方法，即在现实项目中学习、练习，可以有效提升学生的学生兴趣，从而提高相关知识的掌握程度，并有效影响学生对知识的实际运用能力。方法课程把研究过程和教学过程合二为一，以真实项目驱动，并注重过程考核，引导学生主动参与学习，探索创新，较好地实现科技的社会价值转化。

关键词：研究方法；项目驱动；运用；实效

1 课程模式研究及定位

1.1 课程性质

方法课程是社科类专业的重要课程，在不同专业具体课程名称有所不同，人力资源管理研究方法课程是人力资源管理专业的方法课程，它是一门理论与实践高度结合的课程，具有极强的指导性、操作性和实践性等特点。这要求授课教师要打破传统授课中的"满堂灌""照本宣科"，学生对重点概念和理论"死记硬背"的陈旧教学方式，而要注重实践教学，调动学生的积极性和主动性。该课程的开设与教学，可以为国家培养能够积极参与社会实践，能够为政府、企业和社会组织等的调研工作提供技术支持，为其他社会科学学科的科研工作需要提供咨询，并能在社会科学研究领域和社会服务领域提供服务的专门人才。

从2012年开始，笔者连续9年讲授研究方法课程，包含"社会研究方法"和"人力资源研究方法"。课程主要培养学生从现实中提出问题，并围绕问题展开深入研究，运用概率抽样和问卷等方法收集资料，进行专业分析，找到解决问题的措施，最后撰写报告等的能力。

    1.2   方法课程的相关教学研究

    近几年，教育工作者对该课程的探索也不少。侯娟娟在《<社会调查研究方法>教学模式的改革和实践研究》中在课改项目总体设计与实施中提到要在理论教学和实践教学紧密结合的指导思想下，根据该课程的逻辑关系展开教学，让课堂理论教学和学生的实践同步进行，并且改革考核方式，提高过程考核和实践考核的比例。

    项目教学法是一种较为开放和新颖的教学方式，最早由 20 世纪初美国的改革教育学派学者杜威等人提出。该方法是指在一定的教学内容范围内，将学习者分为小单位进行各个环节的训练，最终形成一个产品。在项目教学法中，关键不在于其最后的产品本身，而是这个产品的制造过程是以学员自主构建的方式进行的。马汇在《基于项目教学法的社会调查理论与实务课程实践教学设计》中以社会调查理论与方法课程为载体，就如何在教学中实施项目教学法进行了说明。主要分为五个阶段实施：准备阶段、调查实施阶段、资料整理与分析阶段、撰写调查报告和报告汇报阶段。每个阶段分配不同的实践学时。教师在每个阶段给学生安排对应阶段需要完成的子项目，最后形成一个成果。在此过程中，教师会对学生的实践项目进行指导，并引导学生进行理论与实践的结合。王上在《培养大学生调研能力的实践研究——以项目教学法导入"社会调查研究方法"课程为例》中对项目教学法的实施进行了探讨。首先是实施步骤：分组、项目的选择与设计、研究设计、统计分析、撰写调研报告。这五个步骤可以让学生系统掌握理论知识和进行操作能力的训练。其次在项目的研究过程中，教师的角色也要发生根本转变，要从单一的知识传授者转为知识的传授者、实践的组织者、指导者和监督者，激励学生主动学习、主动思考、主动创新。

    其他教育工作者提到的"任务型教学方法"和"专题式参与教学方法"和项目教学法有异曲同工之妙。都是围绕教学各阶段的任务，让学生参与到实践教学中，注重对理论知识的运用。《专题参与式教学法的运用与实践——以<社会调查理论与方法>为例》，提到参与式教学法具体包括：问题型参与式教学、体验型参与式教学、合作型参与式教学和案例参与式教学等。具体到社会研究方法课程中要突出典型案例、引入当前热点问题、学生参与社会调查和合作探究。周霞在《任务型教学法与学生能力培养———基于<社会调查研究方法>教学实践》指出：任务型教学法改变了传统的以"教师、教材、灌输式教学"为中心的课堂教学模式，创造了学生主动参与、自主合作、探索创新的新型的学习方式。

1.3　实践中方法课程的教改研究

方法课程主要训练学生掌握进行社会科学研究的方法和具备进行社会科学研究的能力，包括独立收集资料、查询文献资料和调研能力，以及资料的分析、归纳能力和数据的分析、处理能力，掌握学术论文和应用型研究报告的写作方法等。为了更好地检验不同教学方法的教学成效差异，笔者曾于 2014 年进行了社会调查研究方法课程教学效果的调查研究，并发表论文《社会工作专业教学模式成效差异的实证研究》。研究选取了最能体现课程培养能力的毕业论文写作工作，来对比采用不同教学方式方法的两届学生（A 届方法课程的学习是跟随一个社区项目的进度进行的，而 B 届方法课程的学习则主要是课内模拟学习和练习）的毕业论文质量。

笔者在《社会工作专业教学模式成效差异的实证研究》中通过 120 份问卷调查分析，在不考虑学生接受度和教师因素的情况下，对两届毕业论文质量的研究结果显示，两届学生所采用的教学模式不同，在资料归纳、处理方面和论文写作质量方面，两个年级具有明显的差异。这两部分最能体现学生对知识的灵活运用情况。可见，在现实项目中学习、练习，可以有效提升学生的学生兴趣，从而提高相关知识的掌握程度，进而影响学生的实际运用能力。而在学生收集资料、查询文献和调研能力和方法正确运用情况方面并没有显著差异。原因在于这两部分知识属于理论部分，主要在课堂内讲授，掌握情况与实际操作与否关系不大。

因此，应加大与地方、机构的合作力度，充分引入项目运作在方法课程中的教学运用，教学效果明显。

在充分调研的基础上，结合我校课程实际，将方法课程作为突破口，采用真实项目教学的方式，通过模块化知识内容，将教学与研究合二为一，通过示范引领，全面探讨应用型人才培养转型的有效路径和建设机制。

2　课程建设思路及措施

笔者对方法课程的建设始于 2012 年，通过对现实数据的调查与分析，运用专业调查技术与分析方法，促进了相关课程的教学。方法课程以培养应用型人才为核心，根据教学规律和学生认知规律的要求、课程整体优化的原则，明确提出了该课程的基本理论、基本知识和基本能力，把社会主义核心价值观教育融入教育教学全过程，秉持"项目驱动、学生自主合作、探索创新、教研合一"等理念，推进"N+1"形式的课程改革，注重培养学生的动手能力、分析能力和解决问题的能力，符合"精简课上、丰富课下、优化课内、强化课外"的要求。

第一，"精简课上"。改变传统教学的纯理论讲授方式，对该课程进行了优化设计，理清了教材内容的逻辑，将课程内容分板块教学，进行典型案例剖析，同时课堂上把理论教学与实际选题结合起来，将课堂讨论、师生互动和课后实战训练结合起来。

第二，"丰富课下"。根据每个板块的知识点，进行专项训练，组建学生任务学习小组，从文献回顾、选题、研究设计、实施调查到资料整理和分析，最后形成调查报告，把项目教学法、任务型教学方法和专题式参与教学方法运用其中。

第三，"优化课内"。把理论运用于实践，即要求学生完成每一阶段学习的课后任务，把完成结果进行课堂展示，教师就完成的情况进行指导，从实践到理论，进一步启发学生的思考，加深其对理论的理解和实践应用。

第四，"强化课外"。鼓励学生参加各类比赛和课外实践，在其中进行研究方法的运用，如在人群的需求分析中，通过调查法、实地研究法和文献研究法等去把握服务人群/地方的问题和需求，能够针对性地提出解决方案，以便更好地解决实际问题，实现了项目社会价值的转化，很好地履行了服务地方的职能。

3　课程建设任务完成情况

经过几年的持续改革研究，完成了以下内容建设：

第一，根据人才培养方案，齐备了方法课程的教学大纲、教学计划、教案等教学资料；根据教学实际，不断完善了各种教学资料，并装订成册。

第二，完成了该课程视频（17个）录制和后期制作工作。视频共17章内容。

第三，与相关企事业单位合作，签订了合作协议，建立了调研基地，并有相应的合作，如开展留守儿童调研、服务等，为方法课程教学提供了丰富的案例，为教师科研提供了宝贵的一手资料。

第四，收集整理各届优秀调研案例，并组织人员进行编辑、审查。论文集收集35篇调研论文和报告，字数近4万字，主要来源于各届该课程产生的优秀调研报告和论文，以达到以案例示范的作用。完成《社会研究方法学生论文集》并印制成册。

第五，与同行交流（四川大学、西南财经大学等），学习他们的先进做法。尤其是教学方法和实践操作方面，尝试建立课程标准。在与同行交流中了解到：一是作为方法论课程，该课程应该注重培养学生的操作能力和实践能力。在教学设计中，实践学时的比重要提高，形成教师教、学生练的特点。二是，改进课程的考核，对学生理论知识掌握的考核比例小，而实践操作和过程学习的考核比例大，同时，注意小组考核和个人考核结合。三是最新成果案例的引入。在教学中可以对领域内的新研究引入课程进行剖析。四是理论类课程和方法论课程的联系和分工，将该课程与专业的理论课程进行有机结合。

第六，课程充分发挥其示范引领作用，影响了广告、学前、社工等专业的"实例教学、实践教学"。依托"社会研究方法"示范课，以社会工作专业为试点，创新地系统设计专业实践体系，综合推进了"机构参访""社会调查研究方法实训""民政工作实训""社会工作实训"四门集中实训课程的校外实践教学改革，自主筹集资金近 1 万元，组织学生近 200 人次参加校外实践教学探索。学前教育专业与数 10 家幼儿教育机构合作，推荐 70 余人参与实践，充分体现了教、产、学、研、用一体的应用型办学定位，实现了学校"服务地方"的办学功能，不仅提高了学生的满意度，更是促进了专业办学质量和人才培养质量的提升。社工实践教学方面的探索走出了一条比较新的路子，为学院其他专业今后实践教学的开展提供了有益的借鉴和参考。

4 课程成效、示范效应、特色和成果

课程内容根据调查研究的五个阶段（确定研究课题并将其系统、设计研究方案和准备研究工具、资料的收集、资料的处理与分析、结果的解释与报告）来安排教学，学生在现实中选取广泛关注和意义较大的选题，随着课堂的进展进行深入的研究剖析，最后找出解决的方法或提出建议。这一过程中将理论知识学习和实际运用结合起来，边学边用，既学会了调查相关知识，又关注了现实中的实际问题，并从现实中寻求切实可行的改进方法，既训练了学生写作论证项目方案的能力，又服务了社会需求，教学效果十分明显。

课程团队在参与课程改革建设过程中，积极探索创新教学方法与寻求教学资源，主要采用走出去的方法，先后与多家企事业单位签订了合作协议，建立了调研基地，并有相应的合作，在成都及周边开展了一系列调研和服务，如开展留守儿童调研服务、特殊儿童服务、老年群体调研服务、社区调研服务等。这些探索和交流充分锻炼了团队的教学能力和实践指导能力。在近八年时间里，团队指导学生参加了各级各类比赛，取得了不俗的成绩，详见表 1。

表 1　方法课程改革推广运用成效

比赛名称	主办单位	参赛项目	奖项
全国大学生创新创业训练	教育部	留守儿童心理健康	教育部立项，给予1万元资金支持
全国大学生创新创业训练	教育部	妇女形象塑造	教育部立项，给予1万元资金支持实施
全国大学生创新创业训练	四川省教育厅	时间出租	教育厅立项，5 000元资金支持实施
全国大学生创新创业训练	四川省教育厅	老年群体调研	教育部立项，给予5 000元资金支持实施
中国扶贫基金会"公益未来·青年行动"大赛	中国扶贫基金会	星星的孩子	全国飞跃社团落地实施
中国扶贫基金会"SAP青年责任+"大赛	中国扶贫基金会	戏暖孤雏	全国十强落地实施
第十五届"挑战杯"全国大学生课外学术科技作品竞赛	共青团中央、中国科协、教育部、全国学联和地方省级政府共同主办	星星行动	省赛一等奖
互联网+，创新创业、创青春比赛	教育部、四川工商学院	予怀青年	校赛银奖、国家级立项
		星星行动	校赛，落地实施
		五彩世界·关爱留守儿童	校赛
云公益成都市高校创客大赛	成都云公益发展促进会	绘兴村·育青心	落地实施
金拇指大赛	锦江区社会组织发展基金会	乡村教育改善项目	优胜奖
		空巢老人不空心	优秀奖，落地实施
		艺景益村	金拇指奖（全国仅5个）
第三届全国微电影大赛	中国社会工作联合会	归途、明天、拯救友谊大作战	入围奖

表1(续)

比赛名称	主办单位	参赛项目	奖项
北斗星大学生社工团队成长营	香港土房子 & 小童大义社会工作服务中心 & 长兴控股集团		三位同学包揽了前三名，获全额资助香港七日游学

团队成员自身也不断成长，教学方法多样、教学内容丰富新颖，在教学质量测评中均名列前茅。

第一，课程采用项目制教学，确定了"N+1"的考核方式，注重过程考查和结果考查相结合，重在过程考查。围绕来自现实的选题，调查研究的五个阶段均有大作业，且每个同学都要在老师处经过一对一指导过关，不合格或不够好的作业要反复修改，直到达到完善的状态为止，有的学生在文献综述部分要修改4~5次，甚至到最后阶段又发现前面的阶段可以做得更好，又返回去重新做方案设计，这样最终才能完成一个完整的项目。这一举措不仅培养了学生开发、设计、实施项目的能力，更是为教学提供了丰富的案例资源。在探索中逐步建立了课程标准，即学生须具备独立设计并完成整体项目研究的能力，能运用科学的方法收集资料并进行深入分析，并能独立撰写调研论文或报告。经过8年，已收集了数百篇案例或论文，从中选取整理了各届优秀调研案例组成论文集，并组织了人员进行编辑、审查。论文集收集了35篇优秀的调研论文和报告，字数近4万字，为后续教学提供了丰富的教学资源。

第二，方法课程充分发挥其示范引领作用，影响了广告、学前、社工等专业的"实例教学、实践教学"。配合学校提出2018年是教学质量年的号召，着力探索实践教学的改革。面对校内实践教学资源不足的现状，主要采用走出去的思路，到校外去寻求更丰富的实践教学资源。依托方法课程，以社会工作专业为试点，创新性地将各年级的实训课程进行系统设计，并统筹实施。社会工作专业整体过程在现实中选题，围绕实际需求展开调研和服务，并且在走出去的实践教学过程中，实现筹集资金近1万元，有力地保障了外出实践教学的顺利开展，取得了一系列成果，充分体现了教、产、学、研、用一体的应用型办学定位，实现了学校"服务地方"的办学功能。社工实践教学方面的探索走出了一条比较新的路子，为学院其他专业今后实践教学的开展提供了有益的借鉴和参考。

方法课程建设的最大特色和成果是实现了研究过程和教学过程合二为一。教学引导学生从实际中选题，解决地方的实际问题，在多年的坚持中获得了丰富的案例资料，加深了对地方实际情况的了解。在此基础上，教学团队不断进行相关领域的科学研究，先后获得12项校级项目立项、3项教育厅立项、5项横向合作项目、1个省级试点专业立项、1项县级科技进步奖、3项校级教学成果奖、2项科研成果奖。同时指导学生将课程研究课题运用于实践，参加全国各级各类竞赛，获得3项教育部立项、2项省级立项、4项全国比赛大奖，以及若干地区赛事奖项，总共获得超过10万元的资金支持，有超过20余项项目落地实施，服务地方/社区数十个，服务人群达2 000人次，对象涵盖老人、妇女、大学生、留守儿童、特殊儿童、干部、军人等，涉及领域包括心理疏导、能力培养、文化营造、形象塑造等，过程中学生发表学术论文4篇，完成调研方案/报告300余个，学生近百人考入中山大学、西南财经大学、华中科技大学等名校就读研究生，毕业生遍布近百个社工机构，他们在机构中迅速得到用人单位认可，大多数成长为中层骨干。教学科研合二为一的课程特色，培养了学用合一的应用型人才，有效地实现了社会价值的转化，为促进地方社会发展做出了一定贡献，有效地履行了学校服务地方的职能，提高了学校的知名度和美誉度。

5　后续建设方向和措施

方法课程是理论与实践并重的课程，旨在把研究过程和教学过程合二为一，很好地实现科技的社会价值的转化。后期的建设将从建立师生之间的教与学的多维度沟通方式入手，推进该课程的进一步建设。

第一，把思政教育贯穿于课堂，将爱国主义、社会主义核心价值观融入课堂，鼓励学生积极参与社会服务，在社会实践服务中灵活运用社会研究方法，培养其团结友爱、服务社会等精神。

第二，根据各专业实际，优化和更新教学内容，把教学与各专业的职业岗位和工作实务能力对接，将领域内的新成果引入课堂，作为典型案例，引导学生参与讨论，不断推陈出新，拓宽研究领域。

第三，继续推进"N+1"的考试改革，注重过程考核、实践考核。通过幻灯片展示、调查报告汇报、服务实效、价值转化程度等多种形式进行考核打分。

参考文献

[1] 侯娟娟.《社会调查研究方法》教学模式的改革与实践研究 [J]. 教育教学论坛，2012（S2）：44-45.

　　[2] 马汇. 基于项目教学法的社会调查理论与实务课程实践教学设计 [J]. 济源职业技术学院学报, 2016, 15 (3): 92-94.

　　[3] 王上. 培养大学生调研能力的实践研究: 以项目教学法导入 "社会调查研究方法" 课程为例 [J]. 高等农业教育, 2015 (4): 80-83.

　　[4] 胡善平, 潘春宇. 专题参与式教学法的运用与实践: 以《社会调查理论与方法》为例 [J]. 邢台职业技术学院学报, 2013, 30 (4): 1-5.

　　[5] 周霞. 任务型教学法与学生能力培养: 基于《社会调查研究方法》教学实践 [J]. 湖北成人教育学院学报, 2012, 18 (4): 127-128.

新形势下的烹饪专业
教学方法创新与思考

酒店管理系 杨辉

摘要： 烹饪教学中不仅要重视理论的学习、了解中国博大精深的饮食文化，而且要具备很强的实践能力、动手能力和创新能力。针对目前烹饪专业学生普遍存在的实践、动手与创新能力较差等现象，急需对烹饪专业教学育人模式、教学方法等方方面面进行改革创新。

教育部在《关于开展现代学徒制试点工作的意见》（教职成〔2014〕9号）中明确指出：推行烹饪教学植入"现代学徒制模式"有利于促进行业、企业参与职业教育人才培养全过程，实现专业设置与产业需求对接，课程内容与职业标准对接，教学过程与生产过程对接，毕业证书与职业资格证书对接，职业教育与终身学习对接，提高人才培养质量和培养目标的针对性。

关键词： 参与式工作坊；现代学徒制；双主体共同育人

1 烹饪专业传统教学模式现状

传统的烹饪专业教学模式主要偏重于老师教什么学生做什么。而烹饪专业是一门实践性极强的应用型学科，通过让学生学习现代烹饪理念和烹饪知识，要求学生熟练掌握烹饪工艺技能，熟悉餐饮企业运作方式和工艺流程，培养能胜任各类酒店餐饮及社会餐饮企业经营管理、产品研发与生产、菜品与各类食品加工制作工作的应用型人才。因此，烹饪专业的特点决定了专业课程教学的强操作性、多实践性。

2 新形势下对烹饪专业教学方式方法提出了新要求

让学生在课堂上熟练掌握烹饪技能，通过课内学习和课外实践锻炼并尽快将所学烹饪技能带入实践项目中加以应用，故烹饪专业教学必须将应用能力训练作为教学人才培养的基本要求，最终为促进烹饪专业毕业生在行业的成长与发展奠定基础。

将要解决的问题重点集中在：是否有助于学生的自主操作欲望和操作潜能？是否有助于解决课堂内和课堂外两者的相互衔接融合？是否有助于学生学习有目的、操作有动力？是否有助于训练烹调工艺与营养专业学生的团队协作能力？是否有助于提高学生对产品的实际生产制作动手能力？是否有助于提高学生开展销售以及售后服务的全过程实践操作能力？是否有助于提升学生的生产与经营综合能力？是否能提高烹饪专业学生的综合素养及专业成长综合能力？

3 应根据烹饪专业特点设计教学内容与方法

我院烹调工艺与营养专业以强化专业基础和实践动手能力为目标，开展植入"参与式工作坊"教学模式，并将实践教学生产和经营管理环节（"早点包子铺"和"酒嘎嘎便当"）有效结合，以校内烹饪实验室为平台，以学院教学改革管理机制为保障，打造"做中学，做中教"的创新烹饪人才培养模式。

3.1 专业课程教学中将教学内容分为理论教学、实践教学和行业知识三个方面，每个方面各有侧重

首先，强化专业课程的理论教学。以前的烹饪教学主要注重实践教学，行业成长更是以师带徒的技术传授方式，较少强调理论知识。但是，烹饪理论是专业学习的基础，是决定学生职业生涯能否提升、有多大程度提升的关键，对于学生成长和职业发展非常重要。因此，笔者在专业课程的教学中加大了理论教学的力度，在课程设置上强调理论教学的重要性，为实践教学提供理论支撑，让学生不但知其然，而且知其所以然。

其次，注重实践教学。烹饪专业最终要以实际操作为主，在前期理论与实践相结合的学习过程结束后，需加大实践教学和实验学习，加大动手环节的学习，最终要求学生具备较高的专业技能。因此，笔者在专业课程的实践教学中设计了多个模块的实践项目，并鼓励学生通过各种不同途径和方法加大专业实践。

最后，加大行业知识的引入。烹饪的教学要紧密连接行业知识和变化态势。因此，笔者在教学内容的设计上引入烹饪行业以及各个标杆烹饪企业的管理知识和业务标准，在教学内容上与行业发展保持一致。

3.2 学习和借鉴新的教学方式方法

近两年又通过在烹饪专业教学过程中植入"现代学徒制"模式，开展探索学校与企业共同招生、双主体共同育人、学校专业教师和企业师傅双导师教学、学校与企业双教学管理，教师、师傅、学生、企业、社会等多元评价的人才综合培养模式改革，进一步提高了烹饪专业人才培养质量，为行业和社会培养出了更多的高素质复合型人才。

通过"基于参与式工作坊的烹饪创新创意人才培养的探索与实践"的教学改革，可以突破以教师、教材为中心的知识传授型课堂教学方式，解决"实训环节不够"等教学难题。

发挥学生的主体作用和教师的主导作用，将实践性环节贯穿到教学全过程，激发学生自主操作欲望和操作潜能，使"知识学习、思维训练和实践成果"统一于专业教学过程，同时解决了课堂内和课堂外两者的相互衔接融合问题。

"参与式工作坊"模式的推广，训练了烹调工艺与营养专业学生的团队策划、组织协作、实际生产制作、销售以及售后服务的全过程实践操作能力，提升了学生的生产与经营综合能力。此活动突破以教师、教材为中心的知识传授型课堂教学方式，解决"实训环节不够"等教学难题。坚持每学期策划与组织烹饪专业校内比赛（大型毕业生成果汇报展和烹饪技能大赛）和综合活动项目（早餐铺、酒嘎嘎等）（见图1至图13），有效地提升了学生的自信心和职业素养。

图1　学院烹饪大赛

图2　赛事作品

图 3　酒嘎嘎产品制作演示

图 4　蔬菜清洗加工

图 5　菜品生产制作

图 6　美食分餐

图 7　实物呈现

图 8　温馨销售

图 9　烹饪大赛

图 10　参赛获奖

图 11　幸福的早餐

3.3　在实践教学中有针对性地采用适应学生的教学方式

烹饪行业的传统教学方式是师带徒的师徒关系。对于高校烹饪专业教学而言，我们必须要采用现代烹饪教学方式。在笔者的课堂上，通过运用包括互动课堂、操作展示、小组学习、企业观摩、教学竞赛等多种教学方法来完成教学内容。这些教学方式打破了原有烹饪教学模式单一化的缺陷，让学生通过立体化教学方式来完成知识的转化。

图 12 暑假行业顶岗实践

图 13 讲座学习

3.4 与学生建立"朋友型师生关系"

由于烹饪行业的特殊性,对于烹饪教学而言,良好的教学效果往往源于良好的师生"无障碍沟通与交流"关系,因此,笔者非常注重与学生建立"朋友型师生关系",以此促进教学。主要经验包括以下两点:

3.4.1 加强与其在课堂内外的联系与沟通

作为专业教师,笔者注重与学生在课堂内外的联系,与学生做朋友。通过电话、邮件、访谈等方式与学生建立良性互动的师生关系,有助于学生专心学习、树立积极向上的心态。

3.4.2 对少数学习主动性较差的学生分别进行交流、谈心

对于专业成绩较差的学生,笔者会主动与他们加强联系,激发这类学生的学习积极性,并通过总结自身的成长经历,与学生一起总结学习方法,并敦促其认识主动学习对专业成长的重要性,一起帮助其消除其来自生活、学习、情感等方面的困惑,引导学生热爱专业、积极向上。笔者还主动帮助他们制定职

业规划并辅助实施，以提高学生对烹饪专业的认可度。

4 通过多种形式为学生提供实践机会，成就学生，服务社会

烹饪专业的学习非常注重实践，笔者在课堂教学之余，通过多种形式为学生们提供实践机会，成就学生，服务社会。

4.1 主动带领烹饪专业学生承担学院重要接待任务（宴席菜品制作）

由于此类宴席菜品由传统与创新菜品相结合，制作的同时将其制作方法、菜品特点、技术关键、注意事项、演变范围逐一讲授，不失时机地为学生提供学习机会。

4.2 为部分烹饪专业学生联系（提供）节假日顶岗实习机会

在课堂教学之外还要积极为学生提供企业实习机会，让学生的动手能力得到锻炼，在企业实践中将理论与实践适时结合，达到热炒热卖、学以致用的最佳教学效果，为以后的专业成长打下坚实的基础。

4.3 走出去，学回来

定期邀请在行业内有一定影响力的专业人士到校举办专业讲座、带领部分学生参观同专业学校（学院及培训机构）。

在教学之余，需充分发挥"双师型"教师资源，邀请大量行业人士办专业讲座、带领部分学生参观同专业学校，这些活动有助于专业学生开阔眼界、吸收专业内外新知识，为实践和创新打下良好的基础。

5 不断提高自身专业学习水平，将行业知识引入专业教学

优质的教学需要优质的教师。由于烹饪专业的专业特点，作为"双师型"教师，应时刻保持教学专业知识与行业需求的紧密跟进，提高自身专业教学水平，并将行业新知识、新技能第一时间引入专业教学活动中。

5.1 坚持到行业进行挂职锻炼

教师在完成教学任务的同时还应坚持到餐饮企业挂职锻炼。这些行业挂职可以让教师不断保持行业知识的跟进与同步，并及时将挂职所学第一时间转化为教学资源。

5.2 积极与行业能手互动交流学习

教师还应积极参加各类相关专业协会、专业组织举办的各类赛事与技术交流活动，互相学习、共同提高专业知识和技能。

5.3 自身不断学习专业新知识、新技术，努力提高专业教学水平

可通过学院订购专业杂志、浏览国内外知名美食网站、参与或观摩各类行

业赛事、到知名餐饮企业厨房学习锻炼等方式学习新知识、新技术。

在成都银杏酒店管理学院酒店系烹饪专业十余年的教学经历，看着学生们从对专业的一无所知到行业能手，笔者更加笃定要坚持干好烹饪教学的个人理念，当然学生们的成就不仅是对笔者个人教学能力的认可，也是对学院整个烹饪专业办学的肯定，专业发展过程中得到了学院各部门及相关领导们的大力支持。笔者将在今后的专业教学中，将进一步加大教学方式和专业课程的改革，积极探索新的教学模式与教学方法，为烹饪行业培养更多的"银杏造"烹饪专业学生。

参考文献

[1] 高小芹，肖中杰.高职烹饪专业现代学徒制试点方案研究 [J].现代职业教育，2017（13）：22-23.

[2] 肖学华.基于现代学徒制的校企合作模式探索与实践 [J].职教通讯，2017（8）：38-41.

[3] 罗增智.高职院校现代学徒制试点建设的方法与途径 [J].活力，2018（20）：170.

混合式学习视角下独立
本科院校智慧课堂教学研究

工商管理系　董帅　旅游管理系　闫海莹

摘要：智慧课堂是智慧教育的核心概念集，作为独立本科院校课堂教学改革的核心领域，在助力教育现代化和调动学习主体的能动性方面其作用得以凸显。混合式学习源于在线学习发展与普及，在混合式学习的时代场景下，独立本科院校的信息化平台建设取得了一定的进展，这也为智慧课堂教学创设了一定的教学场景，使其具备了实践的基础。一方面，独立本科院校课程教学改革在国家一揽子政策措施下不断完善，并对课堂教学质量提升的诉求增强；另一方面，大数据、人工智能、物联网等前沿新型技术与课堂教学不断深入融合，为其提供了相应的物理空间场域。但独立本科院校智慧课堂的开展仍存在诸多困境与挑战。

关键词：混合式学习；独立本科院校；智慧课堂；效度测评

1　前言

　　智慧课堂是智慧教育系统的子系统与核心概念集。要全面剖析智慧课堂这一理念的运用还需进一步探究智慧教育理念的渊源。智慧教育由美国国际商用机器公司（IBM）公司于 2009 年首次提出。而我国的宏观政策实践源于国务院印发的《新一代人工智能发展规划》（国发〔2017〕35 号）这一政策文件的颁布与实施，其文件明确要求："利用智能技术加快推动人才培养模式、教学方法改革，构建包含智能学习、交互式学习的新型教育体系。"这标志着我们依靠智慧教育进行教学手段和方法创新有了一定的政策保障。智慧课堂被视为人工智能赋能智慧教育的崭新领域，在助力教育基本公共服务均等化和实现教育公平与人的全面发展维度的价值凸显。在我国，其理念的实践源于 2018年 4 月河北雄安新区"智慧教育示范区"的设立，标志着我国智慧教育探索与实践有了新标地，此后雄安新区成为我国构建引领教育改革发展新模式的实践标杆。从示范区的设立到探索与践行智慧教育理念，使得智慧教育需要从国家层面的理念倡导转化为地方高校的普遍实践。但从这些文件的内容进行分析，其中针对智慧教育的介绍大多带有引导性和前瞻性，缺乏具体的操作要求，比如实施主体分类、实施程序、实施标准、责任划分、资金保障。

《国家职业教育改革实施方案》（国发〔2019〕4号）明确提出"完善教育教学相关标准"。2021年4月12日至13日召开的全国职业教育大会提出探索符合职业教育特点的评价办法。会上，习近平总书记对职业教育工作做出重要指示要求：加快构建现代职业教育体系，培养更多高素质技术技能人才能工巧匠大国工匠。从对这些政策文件的梳理中不难看出，独立本科院校在信息化浪潮下开展智慧教育，既是贯彻党的教育改革方针政策的需要，也是职业教育变革发展的需要。我们身处大数据、人工智能、物联网与现代教育融合发展变革的洪流中。移动学习终端设备等智能设备的技术不断迭代成熟并被普及应用，为智慧课堂的实施提供了相应的保障。智慧课堂成为一种更具自主性、个性化和能力本位的课堂智慧学习模式，也是教育与信息技术深度融合的最直观体现。智慧课堂作为教育现代化的重要标识，是依托物联网、云计算、区块链、无线通信等新型技术，在课堂教学过程中教师借助数字化、智能化、网络化的形式和手段，实现师生之间充分的交互、联通、协同、共享的一种学习范式。如今，智慧课堂已构成了智慧教育的核心领域，并成为独立本科院校进行教育范式改革和创新的突破口。

2 独立本科院校智慧课堂教学的动因

独立本科院校与普通高校对人才的培育具有一定的差异性。独立本科院校开展智慧课堂教学的动因是否合理关系到其实施的成效。伴随着独立本科院校的不断发展壮大与社会对应用型人才的需求凸显，独立本科院校教学与课堂改革任务日显艰巨。

2.1 落实国家教育基本政策

教育部颁发的《教育信息化2.0行动计划》（教科函〔2018〕6号）明确要求，"加强智慧学习的理论研究与顶层设计，推进技术开发与实践应用，提高人才培养质量"。从这些政策文件来看，智慧课堂的开展必然有助于提升学生智慧学习的能力，有效满足社会用人需求，保证了政策执行的效力。

2.2 为经济发展注入新动能

人才培养应定位于服务社会经济发展的需要，独立本科院校肩负着培养应用型人才的重任。在国家大力发展职业教育的大环境下，独立本科教育应定位于为社会提供具有实用价值的智慧型人才，由此推进经济社会不断向前发展。

2.3 科学优化人才培育模式

教育兼具公共服务这一基本职能。在"三教"改革的环境下，智慧课堂同样也需要回应"谁来教、教什么、如何教"这些基础问题，这些既属于"三教"改革（教师、教材、教法）的核心领域，也是智慧课堂亟待整合与优化的领域。应构建以学生为中心的教学模式，激发学生的好奇心与主动性，让学生不断实现自我超越。

2.4 提升课堂教学效度与质量

课堂教学效度是指课堂实施知识传播和能力培育的有效性，其质量是指其适用性。提升课堂教学的效度和质量有利于学生的参与度和满意度的提升，从而使师生达到更高水平的互动，让学生成为课堂教学的主体。

3 独立本科院校智慧课堂教学的典型模式

3.1 混合式教学模式

作为数字时代的产物，混合式教学是指在"互联网+"架构下，将实体（off-line）教学服务与虚拟（on-line）教学服务结合起来，充分发挥传统教学和E-Learning的优势，强调在多元主体要素情景中，将学习资源、学习方法、学习形式、学习手段、学习工具高度整合。在网络物理环境下，混合式教学赋予学生更大的自适性和弹性，借助相关的网络资源和活动，如，慕课、雨课堂、翻转课堂、私播课，将学习资源、学习方法、学习形式、学习手段、学习工具高度整合，从而优化教学效果。

3.2 探究式教学模式

该模式在引入问题的假设情境下，通过小组互动的形式，以问答、讨论、质疑、合作、探究，推敲知识体系之间的来龙去脉，得出一致认同的结论，以此帮助学习者树立高度科学的认知。该模式的运用包括创设问题情境、诱发学生提问、小组探究、协作交流、拓展升华五步教学环节。

3.3 交互式教学模式

交互式教学模式，又称交际教学法，该模式强调有声语言教学必须以学生为价值旨归，以师生之间的双向互动交流为核心特征，教师借助真实有效的教学材料启发学生借助自我提问、总结、预测等步骤完成教学任务。注重双环学习和增强学习环节的自适性是该模式的典型特征。

3 独立本科院校智慧课堂教学存在的问题

3.1 思想上重视程度不够

持续促进信息技术与教育教学的深度融合，开展信息化支持下的教育评价改革试点是教育部当前教育信息化改革的主要领域。从目前各级学校智慧教育的现状来看，许多学校并没有建立以人工智能技术为中心的智慧教学模式。大多数职业院校出于智慧课堂建设成本的考量或者对其实施成效的质疑，并未将智慧课堂作为教学改革的重要领域。

3.2 信息化平台建设滞后

传统课堂主要依赖于教师的单向讲授、传播知识，易形成填鸭式的"满堂灌"，缺乏对技术信息手段的应用。少了信息化技术手段的智慧课堂教学模式不利于学生"智慧"的开发；不以实现学生"智慧"为目的的智慧课堂教学模式则只是形式的改变。智慧课堂依赖于智能教室、智能设备等硬件基础，开展个性化的智能教学活动，而这些活动的开展离不开智能化平台对数据进行采集分析。

3.3 数据采集与应用呈碎片化

智慧课堂的成功因素之一在于卓越的数据运用能力。数据获取的渠道问题是数据采集的关键核心问题。系统平台的设计与运行往往需要长年投入较多的资金予以保障。我国各地区教育资源和水平存在非均衡化和非平衡性，建立数据整合型的智慧课堂系统难度相对较大。甚至一些学校智慧教育系统的建设流于形式，其实施保障制度并未建立起来。

3.4 师生培育培训机制不完善

学校本身对教师的培育培训是独立本科院校的又一瓶颈和桎梏，很多培训流于形式，实效性不强。智慧课堂的实践不是教师单方面所能完成的，需要师生充分融合到一起。独立本科院校应加强混合式教学模式的研究，依托混合式教学的优势，整合智慧课堂开展所涉及的资源，应针对在线教学和线下教学的学时安排、实施方式、具有内容进行进一步明确。

3.5 智慧课堂教学评价机制缺失

《教育部关于加强新时代教育管理信息化工作的通知》（教科信函〔2021〕13）明确提出："到2025年，现代化的教育管理与监测体系基本形成，多元参与的应用生态基本建立。"智慧课堂教学评价是对教学质量的测量、分析和评定的过程。智慧课堂，极大地提高了课堂管理的便捷性，但针对智慧课堂的教学并未形成一套科学化和常态化的评价机制。

4 独立本科院校智慧课堂教学的实践进路与建议

4.1 优化独立本科院校智慧教育生态，优化智慧课堂教学环境

不管是国家层面还是地方层面，教育信息系统的建设都离不开顶层设计和统一规划，并形成有效的协调机制，使得智慧教育系统达到高效整合。优化独立本科院校智慧教育生态，需要从学校层面树立信息化的理念与战略思维，采用新型的智能技术，优化智慧课堂教学环境，使得智慧教育成为独立本科院校一项常态化的实践。智慧教育生态下，通过海量学习资源的选择、交互式学习平台下的交流、共同体协作式学习，学生可以形成一套自己的思维方式。

4.2 构建或完善智能化服务平台

应落实教育部发布的《职业院校数字校园建设规范》（教职成函〔2015〕1号）的相关要求，依靠多主体合力，建立共建共享的数据交换与共享平台。整合学生的基础信息资料，打破信息壁垒，破除信息孤岛，形成合力。也可采用学分银行机制，探索学历与技能对接机制，为学历学分和职业技能证书成果的认定、积累和转化提供更多的便利。教师须系统把握相关学科知识，根据学生的学习进度与知识掌握情况，针对学生的学习情况给予指导与控制、激励与帮助，借助数据追踪及时进行反馈与修正。

4.3 完善数据采集渠道，实现数据联通共享

数据和信息构成了课堂教学的基础，数据的联通共享是撬动智慧教育的基本技术支撑。在数据采集渠道上应拓宽其形式，可借助外部数据关联搭建数据平台，也可以借助内部数据的联通共享、时间数据的科学共享与高校协同，实现教学理念、思维、资源与技术的全生命周期管理。搭建主体间的信任机制，避免权责碎片化，推进智慧教育向纵深发展。

4.4 加强信息化培训，提升师生的信息化素养

智慧课堂离不开智慧型教师与智慧型学习环境的搭建。针对智慧课堂实施的信息化瓶颈障碍，应建立健全相关培训制度并使其长效化运行。不管是慕课教学，还是翻转课堂，对教师的要求都不是简单地讲授课堂知识，而是在信息化背景下教师应当知悉与掌握相关的信息化技术并进行应用。在独立本科院校层面，应创造条件鼓励教师积极参与信息化培训，大力开展智慧课堂实践。教师应当利用信息化工具，激发学生的学习潜能，积极转换教育角色，提高专业技能，以迎接信息化教育的挑战。

4.5 建立健全智慧课堂教学评价机制

智慧课堂教学评价机制是由多元评价主体、多维评价内容、多种评价方法

构成的一整套运行机制。首先，多元评价主体可由学校、家庭、企业、教师学生等多主体协同完成。其次，多元评价内容，既可采用学习黑板报统计课程选课名单、学生学习习惯、学习活跃度、讨论活跃度、得分分布以及助教考核分值分布等，也可借助数据挖掘技术，在学生行为模块掌握学生的个人数据记录、学生课程公告访问记录、视频观看记录、习题失分情况、发问和回帖记录等。最后，采取多维评价方法与手段，既应重视过程性评价也应重视总结性评价。

5 结论

从当前教育变革的时代背景来看，由智慧教育这一术语衍生的智慧课堂得到了广泛的应用与发展。但从独立本科院校的实践现状来看，智慧教育应用上仍存在着瓶颈桎梏，应从优化独立本科院校智慧教育生态，优化智慧课堂教学环境；构建或完善智能化服务平台；加强信息化培训，提升师生的综合素质；建立健全智慧课堂教学评价机制这四个维度不断完善。

参考文献

［1］许文芝. 论智慧课堂在高职教学中的应用［J］. 教育与职业，2021（12）：98-102.

［2］董帅，闫海莹. 财务管理学混合式教学实践与评估体系完善研究［J］. 数码设计（上），2021，10（1）：190-191.

［3］李建明. 人工智能在智慧课堂中的应用研究［J］. 数字通信世界，2021（6）：194-195.

［4］刘邦奇."互联网+"时代智慧课堂教学设计与实施策略研究［J］. 中国电化教育，2016（10）：51-56.

［5］李隆全，李雪莲. 智慧教育生态下学生学业发展方式的变革［J］. 教育科学论坛，2021（5）：69-71.

学生综合能力与
素质培养研究

当代大学生特点与学生工作浅析

——以成都银杏酒店管理学院为例

党委副书记、校长助理　李瑞泉

摘要： 本文结合当今社会发展情况和高等教育工作实际，以成都银杏酒店管理学院学生现状为基础，分析了当代大学生的特点，结合高校人才培养需求和成都银杏酒店管理学院育人理念，以服务管理服务育人为切入点，提出以学生为本的学生工作针对性思路，为了解当代大学生特点，寻求解决大学生有效管理途径提出了可借鉴的方向和举措。

关键词： 特点；大学生；应用型；服务；学生工作

大学是人才的摇篮，大学生的整体素质和能力很大程度上代表着国家和民族的希望。随着社会的发展，信息技术的发达，大学生所接触的知识范围在不断扩大，思想也变得日益复杂。高校要对学生进行有效的管理，必须了解新时期下大学生的特点并正确引导，同时必须要识别出充斥在学生们中的各种矛盾并加以解决。成都银杏酒店管理学院（以下简称"银杏学院"）是一所民办高校，因为"酒店管理"这样一个明显的标签，也决定了学院的办学理念：成就学生，服务社会。在学院的发展和运行管理期间，"服务"两个字是始终贯穿其中的，它牵动着整个学院的教学管理、学生管理、后勤管理等方方面面，"服务"办学的理念也为学院师生的成长发展明确了清晰的过程要素和高质量的结果导向。

当代大学生的特点是什么？因为物资条件的变化，精神享受的多元化，家庭结构的独立化精细化，现在大学生的特点也是随着时代的发展而变化的，"90后"和"00后"两个阶段的大学生的价值观可能会显著不同，对待同一件事情的态度和处理方式也会明显有差别，所以当代大学生特点的一个关键词，那就是"多元化"。多元化代表当代大学生有诸多的特点，特点是什么，什么样的特点需要我们去关注，笔者觉得是"需引起我们作为老师注意的在'管理'上有难度的方面"。但是这个"管理"是加引号的，结合银杏学院的办学服务性理念，我们对于学生的管理，准确地说应该是为学生服务，服务好！

1　当代大学生的特点

1.1　家庭条件相对优越，物质基础较好，身心素质较差

当代大学生的家庭条件越来越优越，从小物质基础的满足和独生子女为主的家庭状况，造成学生的独立性差，享乐主义，身体素质差，缺乏艰苦奋斗精神。这些年，遇到过很多学生因为适应性差无法快速融入大学生活的案例，有的甚至产生了心理问题，需要通过走读、家长陪护才能去逐步接受和适应。因为家庭条件普遍优越，从小娇生惯养，学生身体素质也普遍不佳，军训伊始场地上就开始陆续有学生晕倒，每年的军训阅兵，看训的学生在看台上坐了一片。大学生体能测试学生的情况不乐观，足球赛有时候也只能踢个半场——种种的情况表明了当代大学生的身心素质状况不容乐观。

1.2　自我意识强，责任感薄弱

当代大学生敢于否定，习惯以自我为中心，团队协作意识差，喜欢有个性的事物，而且在着装、兴趣爱好、言行举止上也具有很强烈的个人特色。不愿意自己的思想行为被束缚，觉得他们自己有处理事情的能力并想要成为社会的主导。主要表现为注重自我，崇尚自我奋斗，追求自我设计。敢于否定教师教什么学生就学什么的传统模式，对思想和行为不是简单的接受和盲目的顺从、模仿，而是进行质疑、抉择、思辨，甚至逆反。

学生的进取和竞争意识较差，没有明确的目标感，虚荣心较重，自我主义倾向这些年也越发明显，以前的团学队伍社团招新，很多学生都是想要真心参与，锻炼提升自我的，而现在的学生往往先去了解各个部门有无实权，工作是否辛苦等现状再做打算。同时，学生维权意识越发明显，针对一些自己看不惯或者说不习惯的事情往往喜欢在网络上宣泄，甚至直接向上级部门反映或者更直接一点通过报警处理。维权是民主进步的象征，本身是好事情，不过维权不代表过度地去挑起矛盾，维权也应该在先行沟通和理解基础上进行合理交流。学生们因为自我意识强烈，忽视了集体利益和集体需求的存在。所以说，自我意识的强烈，冲淡了学生的集体观念，对个人利益的看重，也就造成了集体利益的损伤。

1.3　学习能力强，实践能力弱

在科技进步的基础上，吸收知识的渠道和方式多元化，更加便捷。互联网的发达，使学生能够很迅速地去掌握各种信息和知识点，这样的学习准确地说应该只是渠道的畅通和进步，形成了大学生的学习快车道，这个快是知识结果覆盖快，但缺少了过程，缺少了中间的钻研环节和乐趣，这样高科技高水平的

生活使得他们少了自主钻研的动力，容易造成学生思想懒惰，缺乏进取精神，养成不劳而获的不良品行。当代大学生多为独生子女，成长阶段社会的实践服务养成板块也处于薄弱期，所以从小就很少参与社会实践类活动，缺乏社会接触经验、独立解决问题的能力，缺少团队融合精神、人际交往能力和自我评判能力较差，在专业学习过程中缺乏动手能力，创新能力很差。

1.4　内心情感丰富，心理承受能力弱

随着从中学步入大学，大学生在生理心理上逐步成熟，互联网信息的发达，使得他们的眼界宽阔起来，国内社会形势、国际政治格局、自我生涯规划、人际关系处理、恋爱家庭观等，都是他们的心灵敏感地带。伴随自立自强意识的明确，他们喜欢用自己独立的青春期感知去观察和评价周遭的事物，去感受周围很多情感的多样及变化。友情、亲情、爱情等多种情感的涌现和充斥，使得大学生的内心世界越发丰富和复杂。另外，当代大学生大部分是独生子女，从成长的教育环境来看，几乎没有受到过专业的心理教育和社会实践教育，各个家庭的成长环境又不一样，这样就使得他们很难去适应大学生活，缺乏自信，没有毅力，整体心理素质较差，没有一个青年人应有的上进心和压力承受能力。取得一点进步或成绩便容易放飞自我，得意洋洋，但是岂不知自己实际上是在坐井观天而已。一遇到挫折就要死要活，生无可恋，很多小事都发展到自身心态受损，甚至无法承受，甚至有自杀倾向。

现在针对心理问题，学生管理变得越发重要，因为心理问题造成的突发事件或恶性事件的处理非常困难。心理问题存在多样性、不易察觉性等诸多不确定因素，怎样关注学生的心理，普及心理教育，有效处理心理问题的突发事件是先进高校学生管理的重要课题。

1.5　有很强的网络依赖性

随着信息技术的飞速发展，当代大学生沟通交流的方式也发生了巨大变化。网络世界给人们的交互提供了多种可能性，各种形态的新闻内容，各种有趣诱人的新奇游戏，多种可以达到不同程度交流的交友软件充斥着我们的生活。但是显而易见的是，互联网的发展是一把双刃剑，它在加强人们交流沟通渠道的同时也封闭了大家的现实交往空间。大学实际上是一个走上出身社会前的重要交际实践平台，网络的发达会在很大程度上阻碍大学生的人际交往能力发展，很多大学生甚至沉迷于网络的虚拟世界无法自拔。网络可以解决一些认知和体验问题，但就现在的网络科技水平，还不能解决人际交往、社会实践的主要问题。大学生沉迷网络而影响学习，这个基本上是所有高校学生的通病和现状，更有部分学生沉迷网络赌博和网络借贷，给自身家庭带来了巨大的负担和损失。

2 针对大学生特点开展学工工作，进行管理服务思路探索

2.1 加强大学生服务意识培养，提升学生做人的责任和使命感

因为当代大学生特点的多元化，所以我们在开展学生管理工作的时候更应该采用充分尊重他们个性又能兼顾并重的方式去管理学生，服务育人。只有明确学生和学校发展的关系，自始至终尊重学生的人格和权利，关心培养学生的个性发展，结合服务性人才管理模式，才能促进学生自由全面成长。

加强对大学生的素质教育，不仅要让大学生"学会知识"，而且要让大学生"学会生存""学会做人"，学会去承担社会人应有的责任，有使命感地完成大学阶段的生活和学习。银杏学院这些年一直在坚持规范有序开展大学生素质教育，创立了2个必修学分的学生养成教育管理体系，内容涵盖了学生素质成长的多个方面指标内容，积极引导学生参与公益活动、社会服务、专业竞赛、技能学习等多方面内容。

"服务意识"是银杏学院培养学生行业竞争继而和谐发展的核心力量。银杏学院秉承"服务养成，知行相济"的校训精神，把对学生服务精神的培养融合到人才培养的各个阶段，把建设旅游酒店类型校园文化作为学院的核心文化发展理念。通过统一校服、校园文明规范、文明礼仪宣传普及、礼仪课程全院性开展等方式全面提升学生的服务养成综合素质，也通过全方位的社会志愿服务、大型赛事服务（全国大艺展、残运会、财富论坛等）活动提升学生的社会服务水平，建立了一支社会知名、广受好评的大学生志愿服务队伍，成为一张具备银杏精神特色的靓丽名片。

2.2 加强大学生专业社会实践能力养成，引导成为应用型复合性人才

大学的学习实际上是为学生真正进入社会服务的，社会实践、行业学习的内容是锻炼提升学生思想品质、培养他们成为德才兼备具有奉献精神合格人才的重要渠道。银杏学院校坚持"成就学生，服务社会"的办学理念，面向文旅产业特别是酒店业，培养中高级应用型管理和技术人才，致力于建设特色鲜明、国内一流、国际知名的酒店管理类应用型大学。经过多年建设，学院现已建设成为一所以酒店、旅游管理类专业为特色，多学科交叉融合、相互支撑、协调发展的面向现代服务业培养技能型、应用型人才的本科高等学校。应用型人才培养的关键在于实践养成，必须多方面引导学生结合专业参与实践，才能培养出真正的应用型管理人才。

银杏学院多年来坚持举办校园文化活动月，院系开展结合专业的特色文化活动，活动有两个必要因素，一个是要求活动环节与服务性文化结合，一个是

要求内容与专业实践结合。比如酒店系的酒店技能大赛，工商系的营销大赛，艺术系的艺术作品展，旅游系的传统文化展、导游风采大赛等。各系结合学院的应用型人才培养大纲，特别注重学生的行业实践教学，酒店系、休闲运动管理系的学生在校期间从大一到大四的各个阶段，都有行业实践课程的融入，学院和世界顶级酒店集团、京东集团等各类实力企业合作，开辟了在校期间的产教融合、行业实践的一体化平台，各类的管培生定向班，周期性实践计划开展，让学生在大学期间就能够充分融入社会，了解行业。

近年来，创新创业也成为银杏学院开展应用型人才培养的重要载体，学院建成了西部地区唯一的以酒店管理服务型企业为主的科技创新园，通过系统的创新创业培训培养，通过打造"银杏杯"这样的成渝区域性大型创业类活动，通过组织参与"互联网+大赛"的高阶赛事活动，让学生真正结合创新创业浪潮开始乘风破浪，取得了一系列的成绩，学院连续几年"互联网+"参赛成绩在民办高校中名列前茅，建成了国家级众创空间、省级双创示范基地等一系列的双创平台，产生了较大的社会影响力。

2.3　加强大学生线上线下的全面关心和保护，学生身心安全是高校服务的头等大事

学生对于网络的依赖性是很明显的，学校有义务去加强网络平台的监管，通过技术上的监督和校规校纪上的约束，加强大学生的网络平台学习生活管理，这样有助于提高他们的辨别能力和自身的自制能力，从思想上和行为上进行有效的"监管"，这是十分重要的。

学生管理的概念随着社会和信息技术的发展，开展工作一定要结合线上线下的双向特质，相互补充，相互支撑，并行举措，这样才能做好有效管理。网络是学生的阵地，自然而然也就成了我们教育的阵地。进一步转换教育理念，树立信息资源意识，主动介入网络教育平台，我们要把活动开展成线上线下结合，通过网络化运营提升活动的宣传度，提高参与度，增强认可度。而我们的日常工作，也要通过信息化系统的建设去充分提升工作效率及效果。学生身心安全是高校服务管理育人的头等大事，建立必要的活动会签管理流程、心理分级防控体系、辅导员校园管理规范、应急事件处理流程等实效性举措，线上抓稳，线下落实，才能营造全面的高校学生管理格局。

时代在进步，社会在发展，作为高校的学生管理工作者，我们应该与时俱进，结合当下的学生特点去不断研判、优化工作模式，密切地关注学生、观察学生、关心学生、了解学生，全方位地以服务意识为根本，以保障学生身心安全为己任，以培养学生综合应用素养为目标，全方位引导和帮助学生，不懈努

力，在实现他们理想价值的同时也成就了我们作为高校教师的光荣使命！

参考文献

[1] 张又衡. 以科学发展观指导高校学生管理工作的思考 [J]. 黑龙江科技信息，2009 (8)：119.

[2] 杜丹. 从高校德育看当代大学生社会责任感的培养 [J]. 齐齐哈尔师范高等专科学校学报，2011 (5)：1-3.

马克思主义共生理论视角下
大学生报国情怀的探究

思想政治理论课教学科研部　杨洪玉

摘要：报国情怀是指将报国之志投身于祖国的改革发展事业当中，融入人民创造历史的伟大奋斗之中，一直被视作国家稳定性的来源。在 2018 年的全国组织工作会议中，习近平总书记指出要"最大限度把广大人才的报国情怀、奋斗精神、创造活力激发出来"。进入中国特色社会主义新时代，国家对大学生报国情怀有着更高的要求，提高高校大学生的报国情怀是最大的挑战。因此，本文在共生理论视角下探讨新时代大学生报国情怀的生成逻辑和面临的挑战。

关键词：报国情怀；共生；问题与对策

习近平在纪念五四运动 100 周年大会上指出：爱国主义是我们民族精神的核心，只要高举爱国主义的伟大旗帜，中国人民和中华民族就能在改造中国、改造世界的拼搏中迸发出排山倒海的历史伟力。和平是世界大的发展趋势，我们也不需要扛起长枪去与敌人拼杀，但是要知道西方国家从未停止对中国的压制和封锁，在看不见硝烟的战场上，青年大学生们需要用爱国主义武装自己的头脑。因此个人和国家是一个命运共同体，用马克思主义共生理论去探究个人和国家这个共同体，激励大学生的报国情怀。

1　关于报国情怀的研究

1.1　国外的相关研究状况

在西方国家当中，多提倡自由发展，强调个人英雄主义，对于报国情怀的研究没有涉及，但有一些关于爱国情怀的研究值得学习。例如，吉雅维利学者在《有关母语的对话》一文中指出人生没有比荣耀自己国家的责任还重要的，一个人的生存和发展也只有依靠祖国，国家强大，人们才能享受到命运和自然赋予的全部幸福；在科西莫·鲁切拉伊在《论战争艺术》指出对祖国的热爱是一个人善良的归属，如果一个人的国家没有了，那么这个人也就丧失了所有；在瓦尔特·伯恩斯学者《缔造爱国者》一文中指出对公民进行爱国教育的重要性，强调一个人无论多富有或者一个人最看重什么，都应该是和国家联系在一起的，因为只有在这里一个人的财富或者想得到的东西才能够实现；2010 年菲利普·卡法罗将保护环境和爱国情怀联系起来；同时也有学者探讨了爱国主义在解释大型的体育赛事的出席意愿和媒体消费意愿中的作用，对我国具有重要的意义。

1.2 国内的相关研究状况

国内对于报国情怀的研究较少，更多的是强调爱国情怀，在赵彪《以奋发有为凝聚报国情怀》一文中就以电影事业为例，强调作为新时代的创新性人才，在电影事业中也需要将党的意志、声音和要求贯穿在电影当中，转化为培养爱国教育的有力抓手；练就过硬的专业本领，让家国情怀听得到和看得见，把报国情怀转化为实实在在的行动。鲁琦在《大力弘扬五四学人科技报国情怀》一文中指出，要从价值引导、宣传方式等方面培育青年的报国情怀。杜玥在《关于青年厚植爱国主义情怀的几点思考》一文中指出，青年一代作为社会主义的接班人，更加需要懂得爱国和报国，爱国也不是喊口号，需要青年有爱党情怀、扎根为民的思想和奉献祖国的觉悟，为社会主义事业奋斗。

2 马克思共生理论的概述

目前国内外的众多学者、作家以共生为主题的著作多集中在生物、经济和生态等方面，指出社会的共生论是以人人平等为前提，尽管在社会中个人之间存在矛盾和冲突，但这些意见分歧不是要消灭对方，恰恰要以共生为前提，和平相处。袁祖社在《"多元共生"理念统合下的"互利共赢"与"价值共享"——现代"公共哲学"的基本人文理念与实践目标诉求》一文中阐述了共生理念给学生带来了众多的"精神相互绞杀"，由此带来许多校园暴力实践，并由此提出了共同、和谐、协调、包容的共生概念。但是在这些文章中，视角多聚集在经济、生态和生物中，运用共生理念去探讨大学生的报国情怀的文章较少，本文将以此视角进行一些探讨：

2.1 马克思主义共生理论的基本概念

"共生"一词在古希腊语衍生过程中的意思是"共栖"，在拉丁语的演变中的意思是指处在社会不同状况的人们，彼此相互欣赏、沟通交流和合作过程。综合这两种含义来看，共生的主体包括自然、人和社会三种，这三部分彼此相互依存。

"共生"一词最早引用在生物学中，在 20 世纪共生依次开始向各个领域延伸，经济系统属于自然的一部分，强调经济要为共同体服务，而不是为个人谋利；哲学领域中，张永缜学者在《共生的论域》中从哲学的角度对共生进行了阐述，并对共生进行社会历史观的研究，探讨马克思共生审美的实践观，提出共生对解决现实问题困境的意义。

总的来说，"共生"不仅局限于生物学领域，还在社会多领域都有所涉及，并得到进一步的完善，但不论是在何种领域，"共生"关系和人们都是密不可分的。

2.2 共生主体的形成

2.2.1 理论背景

马克思说"人们在肉体上和精神上互相创造着"，意思是人的情感是在共生互动中形成的，即大学生和国家是一个共生的系统，依照马克思主义共生理论，即大学生和国家是互相促进的系统：大学生通过理论知识的创新和发明创造等形式，在内外部的环境推动下，有助于增强大学生对国家的归属感、认同和报效国家的情怀。

2.2.2 形成逻辑

（1）国家制度的调节生成

这里的共生主体形成的共生体是指大学生与国家实现共同生成的载体和各种制度、机制等媒介。实现大学生和国家这个共生体的载体是劳动，马克思说："假定我们作为人进行生产。在这种情况下，我们每个人在自己的生产过程中就双重地肯定了自己和另一个人。"意思是两者在相互使用对方的产品时，一个人的劳动满足了另一个人的需要会感到自我价值得到肯定，人与人及社会就是通过这种方式共生，人的情感、意志、爱等都是这种共生的产物。"人的实践使作为肉体存在的人本身的自然（从五官感觉到各种需要）超出动物性的本能而且有了社会的性质。这意味着，人在自然存在的基础上，产生了一系列的超生物性的素质。"报国情怀就是这种"超生物"的素质。而且这种共生是否有序，这种"超生物"的素质是否更加强烈，依附于各种制度。

（2）国际国内环境的诱导

不论是世界、国家还是个人，在这百年未有之大变局当中，如果国家利益受到损害，我们个人必然站在国家利益的立场，激发报国情怀；除此之外，国内的社会环境是大学生和国家的另一种共生环境，而同属中华民族的我们，共同的语言、文化、领土等因素形成了特定的民族文化心理场，并且此心理场的作用远强于平常的应试教育过程，是大学生产生报国情怀的基础和关键，始终影响大学生的价值选择。

（3）个人发展需要的推动

根据马斯洛的需求层次理论来看，人的需求从低到高分为五个层次：生理需求、安全需求、归属和爱的需求、尊重的需求和自我实现的需求。改革开放几十年来，人们的物质生活水平不断提高，在物质方面得到了极大的满足的同时，人们也开始追求更高层次的需要，特别是党的十八大以来，人们对美好生活的向往更加强烈，并且不断追求自身价值的实现。中国特色社会主义迎来了发展机遇期，正在一步步走向伟大复兴，中国国力的不断增强也为广大的知识分子安心学习和报国提供了保障和机会，但是面对老龄化严重、人口红利期也正在消退的中国，我们更应将个人更高层次的追求与中国梦融合，用自己的一技之长奋斗终生，不负时代、不负青春韶华。

3 报国情怀的困境

3.1 国际国内环境影响

一方面，在个人英雄主义等思想盛行的欧美国家，一直在对我国的大学生进行文化诱导，这在很大程度上使得一些学生对自己的国家认同感和自豪感并不强，爱国主义在一些场合被忽视；另一方面，我国在经历了四十多年的改革开放后，不论是市场还是个人在不断追求利益最大化的同时，也在很大程度上冲击着人们乐于奉献、报效祖国的价值观，这其中当然也包括大学生，使得有一些大学生更多的目光仅仅局限于自身的发展，从而弱化了报国情怀。

3.2 制度更新滞后影响

我国的经济体制改革虽然释放了巨大的"体制红利"，但是经济快速的发展所暴露出来的问题也揭示了体制机制和相应制度的不完善，使得个人和国家的共生调节功能不强：首先，旧的体制机制难以适应新时代的发展要求，从而使得旧的机制僵化，外部环境的复杂化迫切需要与时俱进的相应制度；其次，在出台的一些新政策当中，也表现出约束力不强的特点，要在个人利益和国家利益之间进行干预，这就使得在一定程度上国家对大学生的报国情怀的教育有所减少。

3.3 教育职能的工具化

在一个教育过程当中，应当有教师、学生和知识，但如果学校教育成为"崇尚普遍性知识而否定具体的地方性、个别性知识，它只讲抽象的概念和范畴而舍弃具体经验、体验的表达"。因此，如若只是一味地传授那些僵硬的理论或者是那些被抽去了"生命"和"活力"的知识，接受这些重形式知识的学生，自然不会去思考个人与自然、社会、文化和国家之间的共生关系，很难让个人与国家产生共鸣，其相应的报国情怀自然较弱。

3.4 网络舆论情绪化影响

生活在 21 世纪，我们的信息渠道是多样化的，但我们所浏览的信息也越来越碎片化和同质化，各种信息夹杂在一起，再加上一些大学生缺乏辨别力和判断力，容易被不良信息误导，这样的例子随处可见：在网络上跟风带节奏进行"网络暴力"、抵制日货而打砸烧毁日系汽车等。爱国需要的是一种态度，不是拳头和棍棒，缺少理性的爱国，容易被西方势力所利用，盲目随波逐流进而做出错误的行为，这自然将个人和国家割裂开来，不仅对自己没有好处，还损害了国家利益，反而使得共生体成了矛盾体，大大削弱了报国情怀。

4 结语

中国特色社会主义现在已经步入了新时代，知识更新快，新技术不断更替，国际环境日益复杂，我们需要提升自己的本领，脚踏实地，努力学习先进知识，练就过硬的本事，同时要拓宽视野，勇于创新，结合自身专业优势，始终与人民和国家同呼吸、共命运，为社会主义的现代化施展才智，奉献自我。习近平总书记在"七一"讲话中强调未来是属于青年的，希望寄予青年。在这百年未有之大变局当中，我们要始终保持爱国报国底色，面向世界，面向未来，坚持奋斗和学习的永恒主题，这也是我们青年报国的基础。国家昌盛，民族复兴，离不开一代代青年的接力奋斗，需要我们将个人的梦想投身到祖国和民族的伟大事业之中。

参考文献

［1］宁悦. 共生理论视角下生态文明建设研究［D］. 北京：中共中央党校，2018.

［2］罗敏. 新时代乡村共生治理有效实现的五个维度［J］. 求实，2019（5）：88-99，112.

［3］马克思，恩格斯. 马克思恩格斯全集：第 3 卷［M］. 中共中央马克思恩格斯列宁斯大林著作编译局，译. 北京：人民出版社，1960：42.

［4］马克思，恩格斯. 马克思恩格斯全集：第 42 卷［M］. 中共中央马克思恩格斯列宁斯大林著作编译局，译. 北京：人民出版社，1979：34.

［5］李泽厚. 哲学文存：下编［M］. 合肥：安徽文艺出版社，1999：608.

［6］张戈. 新时代高校青年知识分子爱国奋斗的实践逻辑［J］. 学校党建

与思想教育，2019（17）：84-86.

[7] 习近平决胜全面建成小康社会夺取新时代中国特色社会主义伟大胜利 [M]. 北京：人民出版社，2017.

[8] 于俊文. 价值理论庸俗化的历史趋势 [J]. 东北师大学报，1986（5）：15-22.

新时代民办高校
人才培养美育体系构建研究

教务处　李卉　李志文　学生工作处　谢俊红

摘要："立德树人"——在党的十八大报告中第一次被明确为教育的根本任务。党的十九大报告中，习近平总书记进一步强调了要"落实立德树人根本任务"。民办高校作为为国家输出人才的重要阵地之一，如何培养既具备专业知识技能，同时还心灵美、品格高的毕业生，是新时代面临的重要课题。本文将着眼于此，首先厘清美育在我国发展的历史沿革；其次分析我国民办高校美育当前面临的困境；最后从民办高校人才培养构架过程入手，研究如何切实在民办高校中做到"以美育人""以美化人"，将美渗透进人才培养的过程，引导学生在未来的生活与工作中形成崇尚美、追求美的高尚人格，为国家和社会培养具有正确审美观念和高尚道德情操的综合型人才，进一步落实高校"立德树人"的根本任务。

关键词：民办高校；人才培养；美育；体系构建

1　我国美育发展的学术历史沿革

1.1　古代美育

自春秋时代起，我国的贤人志士与王国乐官就提出了"礼""乐""和""善"等具有美育观念的审美思想，虽然当时从理论上没有形成专门的的美育学科系统，但一系列"不自觉的美育活动"已经产生，对审美和艺术的社会性质及功能已经有了比较理性的认识，显示出极为浓重的伦理化、社会化特征与表现。从孔子、孟子、老子、庄子到朱熹、王阳明，我国古代的美育思想注重人的内在价值探求，基本精神内核是教人如何培养自己理想的道德人格，从而对国家的制度与文化的建设做出推动。

1.2　近代美育

在 20 世纪初"西学东渐"的大背景下，我们所熟知的一大批大家名流都在当时这场声势浩荡的美学运动中发挥了极其重要的作用。面对当时动荡不安的社会环境，这些先贤仍怀着豪情壮志及高度的社会责任感，都选择了美育作为改造社会、美化心灵的良方，足以见得美育功能的不可替代性，同时也为我国美育的追根溯源找到了理论源头。

1.3 新时代国家对高校美育工作的定位

2015 年，《关于全面加强和改进学校美育工作的意见》由国务院办公厅正式颁布，该意见对各类学校美育工作展开了有力的宏观部署。时隔五年，"十三五"进入收官阶段，面对新时代下社会各个领域发生的深刻变化，2019 年 4月，教育部发布《关于切实加强新时代高等学校美育工作的意见》；2020 年 10月，国务院办公厅印发《关于全面加强和改进新时代学校美育工作的意见》。以上文件均明确指出，要有效改变高校美育的薄弱现状，必须引导学生树立正确的美育观，培养高尚的道德情操，塑造美好的心灵，落实高校立德树人的根本任务，培养全面发展的社会主义接班人。

2 当前民办高校美育面临的困境

2.1 意识误区

新时代，社会各界都发生着深刻的变革，伴随着新技术、新理念的产生，教育领域的全面深化、综合改革也进行得如火如荼，国家层面的指导思想与政策制度也一再为美育站台，美育战线的推动工作也取得了一定成绩，但从目前学校层面的总体执行效果看，实施和改革的力度还远远不够，要做到"以美育人、以美化人、以美培元"，还需做出深刻的努力。目前绝大部分民办高校都开设了美育的相关课程，但大多以选修课的形式存在，学校只要求学生修读规定的学分，完全由学生凭借个人兴趣选择一门到几门不等进行修读，而此课程对学生学习的专业知识有何融合、有何关联、有何指导，从专业人才培养方案的制订上没有认真规划思考，只是简单地将"美育"划分成几个学分，这样只从形式上去落实上级的指导文件，也使学生学起来只为获得学分、充满功利性，失去了美育原本的教化意义与积极作用。

2.2 管理缺陷

正是因为民办高校普遍将美育归纳到自选学分中，所以从教学组织的实施到教学完成的结果上，很多民办高校既没有专门的美育教学管理队伍，美育任课教师对课堂管理的重视度也不够，管理过程、教学实施过程往往没有必修课程规范、完整。

3 新时代民办高校人才培养美育体系构建的路径

3.1 构建路径的总体框架

上文提到目前民办高校中的美育是较为"独立""边缘"的存在。在扭转意识误区后，如何使审美教育融入人才培养的全过程，真正落实美育在"立德树人"方面的推动作用，是民办高校的教学管理者、人才培养方案的制订者需要思考与探索的重点。只有充分认识到美育的重要性，才有可能在民办高校建立完整的美育体系，培养全面发展的社会主义建设者和接班人。所以，首先要做到的就是扭转学校、教学管理者以及学生的意识误区。其次，人才培养方案是民办高校办学理念的顶层框架设计，是培养目标的具象化、实践化指导文件。本文提出的民办高校人才培养美育体系构建即在制订人才培养方案时，就要实现智育与美育的融合。最后，在民办高校人才培养的实施过程中，应以问题为导向，积极向教师和学生征集关于美育落实的具体意见和建议，扎实认真地找到美育实际落地中的不足，形成健全的美育教育反馈评价机制，从而精准地为民办高校决策者提供美育实施的优化与调整方向，提高民办高校美育工作的管理效率和资源配置水平，确保民办高校美育教育出成果、出实效（见图1）。

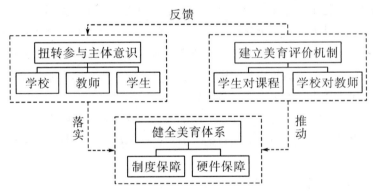

图1 美育构建路径的总体框架

3.2 构建路径的实施手段

3.2.1 打破美育的"副科"地位

在制订民办高校人才培养方案时，将高校美育渗透到不同学科的专业教育中，关切知识教育向人的文化性、人的审美性发展，以实现人的审美心性的提升。

3.2.2 科学建立课程设置体系

要厘清美育不仅仅是艺术教育，而是美学教育、审美教育。要积极设置独特的、与本专业相关的以及具有启发意义的美学教育课程，并且将其纳入专业必修课程模块，以期为学生的知识性、专业性学习提供丰富的美学内涵与向上精神指导。

在文科的专业课程设置上，往往很容易为学生找到与之培养目标契合的美育课程；而在理科的专业课程设置上，更要积极探索，向学生注入具有创新功能的美育课程，为理工类的学生提供充分感受美、理解美的机会，加深学生对科技之美的理解。

3.2.3 建立健全师资队伍

目前的民办高校美育课程主要由校内外艺术专业教师、校内行政人员与辅导员、社会行业人士等兼职讲授。这样的美育师资力量，既不利于形成统一的管理，也无法切实提高美育教学的质量。因此建设稳定健全的高素质美育教师队伍，亦是当前民办高校落实美育实施过程的关键之一。

4 民办高校人才培养美育体系构建的价值

4.1 传播传统文化，坚定文化自信

全球一体化正在加速发展的今天，大量外国文化正在积极涌入和传播，广大受众，特别是人生观、世界观正在形成中的大学生是受众中最兴奋，也最容易受影响的一个群体，而部分外国文化产品所体现的价值观与我国所倡导的主流价值观是有悖的。高校作为我国培养承担民族复兴重任的人才阵地，如何避免青年一代在文化上失去本源，是需思考并解决的重要问题。本文研究的民办高校美育体系的构建，可从正面将中国优秀的传统文化传播融入人才培养的过程中，对大学生树立坚定的文化自信，为实现中华民族伟大复兴积蓄更深更持久的力量。

4.2 激发学生的创新意识，提高学生的创造力

2014年9月，"大众创业、万众创新"由李克强总理在达沃斯论坛上第一次提出。次年5月，国务院继续出台了《关于深化高等学校创新创业教育改革的实施意见》，全国高校拉开了"双创"改革的序幕，大多数高校都成立了双创的专门机构，来推动和开展此项工作。从人才培养的体系来看，渗透了美感教育的美育体系，就可以很好地培养大学生的创新意识和创新能力。对审美意识的憧憬可以刺激学生的好奇心和求知欲，让大学生对未来充满展望与想象，从而激活当代校园青年的创新基因和创业精神，为我国未来的发展注入源源不断的动力。

4.3 疏导心理问题，塑造健全的人格

大学生正处在自我意识骤然增强的阶段，也是面对学习、就业甚至竞争等重重压力的阶段，他们的心理属于一个动态调节的过程，极易引发心理问题，严重的还有可能发生极端社会事件。高校中美育体系的人才培养体系构建，可以有效地将美育融合在人才培养的过程中，使大学生在学习科学技术知识的同时，找到美的精神支撑，用美去调节心理、振奋精神，增强自己的心理防御机制，引导大学生树立健康向上的心理状态。

4.4 提出了民办高校落实"立德树人"根本任务的具体方法

本文提出的民办高校构建美育体系，提出了人才培养的过程中使美育发挥作用的途径，落实美育的保障机制，有效改善了现在民办高校中普遍存在的美育、智育两张皮的现状，给新时代民办高校的人才培养注入了新的活力，带来新的教学理念，有助于提升民办高校的美育教学质量，增强民办高校美育发展的希望，从而完成民办高校"立德树人"的根本任务。

参考文献

［1］刘芳. 美育的时代使命："当代美育建设与美术教育发展高峰论坛"综述［J］. 美术，2021（2）：21-24.

［2］张建荣，马忠秋."三全育人"视域下高校美育工作协同育人机制与路径探析［J］. 纺织服装教育，2021，36（1）：1-5.

［3］李晓迪，张艺露. 基于创新创业视角的中国高校美育素质教育研究［J］. 戏剧之家，2021（6）：160-161.

［4］齐晶. 新媒体时代高校美育教学研究［J］. 记者摇篮，2021（3）：46-47.

［5］姚金泱. 高校美育质量保障体系的构建与实践：以厦门理工学院为例［J］. 佳木斯职业学院学报，2021，37（2）：146-147.

［6］刘婧媛，齐成龙. 高校"三全育人"生态体系构建［J］. 北京教育（德育），2020（6）：82-87.

［7］王萌. 高校美育的逻辑起点、现实困境及突破路径［J］. 国家教育行政学院学报，2020（12）：68-75，95.

［8］李璠. 理工科高校美育教育现状及提升策略研究［J］. 科技视界，2020（23）：53-54.

［9］高欣，冯亚星. 试论地方院校新美育体系建构［J］. 美术观察，2020（10）：70-71.

［10］刘珊. 新时代高校美育的目标指向与路径选择［J］. 湖南科技大学学报（社会科学版），2020，23（5）：159-165.

［11］周玫. "互联网+"时代大学生网络美育研究［M］. 哈尔滨：黑龙江北方文艺出版社，2018.

［12］左丽丽. 优秀传统文化视角下大学生美育探析［J］. 汉字文化，2021（2）：164-165.

［13］郭声健.《关于全面加强和改进新时代学校美育工作的意见》：一部新时代学校美育改革发展的纲领性文件［J］. 美育学刊，2021，12（1）：1-7.

［14］霍楷，赵胜男. 高校美育素质教育现状及改革研究：以 D 大学为例［J］. 文化创新比较研究，2021，5（2）：52-54.

［15］秦姣. 社会主义核心价值观涵养下高校美育工作的探索［J］. 中国石油大学胜利学院学报，2020，34（3）：42-46.

语言文字规范化背景下的应用型
本科院校学生素质培养研究与实践
——以成都银杏酒店管理学院为例

基础教学部　张晓艳　人事处　魏晃

摘要：语言文字规范化工作是实施高等教育的一项基础工作，对学生人文素质的形成与提升可以起到关键作用。本文以成都银杏酒店管理学院语言文字工作的探索和实践为例，阐述语言文字规范化与学生人文素质提升之间的密切联系，以及在教育教学实践中两者相互结合、渗透的过程，对应用型本科院校开展语言文字规范化工作具有一定参考价值。

关键词：语言文字；规范化；人文素质

加强高校学生素质培养是信息化社会发展、综合国力竞争的必然要求。教育部在 1998 年颁布了《关于加强大学生文化素质教育的若干意见》，阐明大学生的基本素质包括四个方面：思想道德素质、文化素质、专业素质和身体心理素质在诸多人才素质构成要素中，语言文字表达能力是提高高校学生素质的基础和核心。语言文字是传递信息、传承文化的工具，它可以起到保留和发扬观念、认识和情感，并承载人类的观念、知识和行为方式的作用，涉及政治、经济、军事、文化、教育等诸多领域。因此，语言文字本身就包含了丰富的人文教育素材，为语言文字规范化建设以及对学生进行人文教育提供了可能，也使以文化素质为核心提高学生的人文素质成为可能，进而为达到提升高校学生的综合素质目标打下良好基础。

在传统教育观念的影响下，应用型本科院校语言文字规范化建设与学生人文素质教育都存在一些问题。首先，是对语言文字规范化的漠视和学生人文精神的失落。一些人认为接受了九年义务制教育的大学生语言文字基础扎实，不需要说普通话、用规范字。其次，受流行文化和行政化管理方式影响，人文素质教育过程中存在肤浅、速效、追求刺激的不良倾向。同时，部分学生存在人文视野较为狭窄，知识结构合理性不足的问题。最后，学生素质培养模式在一定程度上缺乏创新性，评价体系上多采用传统的评价标准。这些问题导致部分学生表现出口头或文字表达能力、洞察力和分析力、心理接受能力、人际关系能力等较差的现象，不能适应企业、机构、单位中的工作需要和要求；由于语言文字功底弱、人文素质低，有些大学生的言行举止庸俗，抵御各种错误思想文化的能力较弱。迅猛发展的信息化社会对个人的综合素质尤其是用于表达、沟通的语言素质提出了较高要求。没有过硬的语言素质，学生难以实现真正意义上的全面发展，最终无法满足当前地方经济发展对于应用型本科院校学生能力的多元化需求，给学生带来不利影响。

针对这些问题，应用型本科院校语言文字规范化建设中渗透人文素质教育就必须注重内容与方法，在思想意识和制度建设层面，达成统一，高度重视。在教学实践中，把语言文字工作和人文素质教育融汇成教育教学的组成部分，既要对这两项重要又容易被忽视的工作给予更多关注，又要在强调到"位"的前提下保证不越"位"。同时也需要在高校重大工作、活动中，体现出语言文字规范化要求和人文素质教育内涵。主要做法如下。

1 学校应从战略高度上认识到语言文字规范化工作的重要意义，并建立、健全相关机构和工作机制

《国家通用语言文字法》于 2001 年 1 月颁布并正式施行。高校应积极担负起学习、宣传、贯彻、实施这部法令的重要职责。应用型本科高校的文化和文明在地方社会中有着一定的权威性和导向性，其语言文字的规范化应当作为地方社会的表率，对地方社会能够起到辐射和促进作用。高校仍是语言文字工作的重要基地之一。我校历来重视提升学生素质教育，在《成都银杏酒店管理学院章程》第三章第十四条中规定"学校以立德树人为根本任务，以人才培养为重要使命，以教学为中心。面向现代服务业需要，培养政治合格，品行优良，专业理论基础扎实，专业/实践能力突出，高素质的应用型高级人才"并阐明"建立健全教育教学管理体系、教学质量保障体系和教学质量评价体系。构建以社会主义核心价值观和中华民族优秀传统文化为核心的大学文化，培养学生健全的人格和先进的思想，促进学生全面发展"的态度。开展语言文字工作的意义不言而喻。我校于 2008 年 6 月开始探索并开展语言文字工作；2011 年 11 月，正式下文成立了语言文字工作委员会和语言文字工作委员会办公室，先后出台《成都信息工程大学银杏酒店管理学院语言文字工作委员会组织细则》《成都信息工程大学银杏酒店管理学院语言文字工作委员会办公室工作职责》《成都信息工程大学银杏酒店管理学院用字管理规定》等制度性文件。2018 年 11 月，语委机构进行了第三次

调整。委员会主任委员由院长担任，委员由教务处、学工处、人事处、继续教育部相关负责人和各系办公室主任担任。狠抓机构制度建设，做到有法可依，有规可循。委员定期收发学习资料或省上文件，并与学校教务处、学工处、人事处、继续教育部形成联动工作机制，对促进学生素质教育内容从语言文字的角度予以支持，涉及教务处《关于技能、论文、获奖证书学分认定试行办法》及学工处《成都银杏酒店管理学院学生德育考评办法》等部分内容。实行工作经费预算制度，且经费数额逐年增加。

2 坚持语言文字规范化工作在学校教学中的法定地位，革新课程体系和素质培养模式，提升中文教师专业素质

明确规范化要求和人文素质教育目标，在应用型本科人才培养目标和相关课程教学大纲制定与执行中充分予以考虑，也要影响学校常规管理和专业技能训练。学校要统筹规划、合理安排，根据学校特点和具体条件，设置语言文字类课程，并将人文教育素材贯穿其间以达到调整学生知识结构、增进学生人文素质的目的。

我校将普及普通话、用字规范化工作纳入教育质量评估指标体系。教务处颁发的《教师教学工作基本规范》中第二十六条明确规定"教师课堂讲授须使用普通话"。课堂用语规范是日常听课、教学督导的常规检查项目。教师在讲授课程、撰写教案、安排板书、制作课件、组织考试、批阅作业、论文指导等教学环节中用语、用字规范常态化。校办颁布的《关于规范学校和校内二级单位等名称和称谓的通知》强化了规范字、词的使用。

我校在培养方案制订中历来重视学生语言文字能力和素养的培养，不少专业都选择在专业基础课或专业选修课部分开设说写类课程。如社会体育和休闲体育专业的"演讲与口才"，财务管理系本专科专业的"财经应用文写作"，工商系本专科专业、酒店系物业专业本专科的"应用文写作"，全校专科专业的"大学语文"，电商系网络与新媒体专业的"新闻采访和写作""广告创意与文案""视频文案写作与实训"，公选课的"公文写作""创意写作"，美育课的"演讲与口才"。此外，除艺体类专业，各系均面向毕业生开设"毕业论文写作"课程。课程教育教学坚持理论培训与实践锻炼相结合，不断提升创新培养模式效率。一方面，注重对学生的人文教育和理论知识的传授，在相关课程教学中突出学生教育主体地位，采用案例教学、情景教学、合作学习等方式，以讨论、演讲、表演、辩论、撰写论文等活动形式来培养学生的人文素质。我校鼓励学生参加普通话水平测试考前培训，培训课程统一执行继续教育

部制定的《银杏学院普通话培训教学大纲》，我校测试站点年均测试人次均在3 700以上，以此来强化学生普通话技能，同时带动推广和使用普通话。另一方面，要多鼓励和组织学生参加各项大型比赛和校内实践活动，培养他们解决实际问题的能力。比如"创意写作"课程就依托写作工作坊的平台，采用探究式教学方法来鼓励和指导学生在省级期刊或报纸发表作品，在学校微信公众号或官方抖音号发表文章或视频作品，并将这些过程环节的效果纳入课程评估；组织"大学语文""财经应用文写作""应用文写作"课程部分基础扎实的学生参加全国大学生语言文字能力大赛，这些活动有力地激发了学生学习和探究语言文字的热情，进而提升其人文素养。

确保良好师资为学生素质培养提供保证。我校教师基本已经通过普通话水平等级测试，具有二级乙等及以上的语音标准程度，针对目前我校教师队伍的实际情况，以层递下发学习资料和文件的方式普及规范化的理论知识，同时通过强化培训的方式，向计划进一步提升普通话等级的教师以及新进教师传授普通话发音技巧。对中文专业教师要求加强科学理论研究，普及语言文字系统理论知识，主要包括语法、修辞、逻辑等，来树立正确的规范观、语言观，增强教师的辨识能力和分析能力，不断提高教师的语文素养。只有这样才能确保在课堂教学中把语言文字规范化与人文素质教育的内容渗透到教学的各个环节。

3 加大宣传普及力度，注重学生语言规范意识和文化素质养成，营造良好的校园氛围

学校应定期组织语言文字规范化的宣传竞赛活动，将知识性与趣味性结合，增强学生学习热情，特别是推普周，更要开展形式多样、内容丰富的活动以促进学生学习语言及提升文化素质的自觉性。普通话是我校工作语言和基本交际语言。校语委在教学区和行政区悬挂提示铭牌，设有继续教育部所辖的专用宣传栏，启动微信公众号——银杏语文。我校除参加省语委的经典诵读活动和推普周以外，还常年联动开展与语言文字相关的大型学生活动，如校级主题演讲比赛、图书馆"读书月"征文大赛等。指派教师指导文学社、话剧社、演讲社开展社员活动。依靠这些与主流文化相结合的校园文化活动，形成文明、规范、积极的氛围，对学生文化素养起到潜移默化的辐射带动作用。

加强高校语言文字规范化工作是实施教育的一项基础工作。在深化改革、推进素质教育的大背景下，积极做好应用型本科院校语言文字规范化工作，对提高大学生人文修养，树立正确的思想观念，增强社会责任感等方面都有积极意义。

参考文献

［1］中华人民共和国教育部《关于加强大学生文化素质教育的若干意见》［EB/OL］.（2010-01-29）［2022-10-20］.http：//www.moe.gov.cn/S78/A08/moe_734/201001//t20100129_2982.html.

［2］中华人民共和国中央人民政府《中华人民共和国国家通用语言文字法》［EB/OL］.（2005-08-31）［2022-10-20］.http：//www.gov.cn/ziliao/flfg/2005-08/31/content_27920.htm

［3］盛杨.语言文字规范化建设与学生人文素质教育的结合与渗透［J］.哈尔滨职业技术学院学报（5）：79-80.

［4］朱富铭，丁旭红，车轩玉.语言文字与高校学生素质教育［J］.石家庄铁路工程职业技术学院学报，2013（9）：72-74.

［5］李珉.普通话口语交际［M］.北京：高等教育出版社，2018.

基于竞赛，回归"以本为本"的应用型人才培养
——以成都银杏酒店管理学院为例

酒店管理系　陈雪

摘要："百年大计，教育为本；高教大计，本科为本"的人才培养要求，不仅强调了本科教学的基础重要性及本科教学普通易懂的重要性，更加强调了本科教育与世界接轨的重要性。成都银杏酒店管理学院作为培养应用型人才的专业院校，结合自身的优势和特点，坚持"以本为本"，着重"国际化"战略发展。不仅与世界多所知名酒店管理学院有深度合作，更积极融合行业需求，回归"以本为本"指导酒店管理专业的学生竞赛，探索了基于"世界技能大赛"的"课赛融合"模式、基于"沙盘模拟经营"的"互联网+"信息化模式和基于"创新创业"的"职业核心"综合能力模式。回归"以本为本"的人才培养体系，对应用型人才竞赛有着极为有效的赋能。

关键词：酒店管理；以本为本；人才培养；应用型本科；学生竞赛

1 "以本为本"对应用型人才培养的意义

"百年大计，教育为本；高教大计，本科为本"，这是在 2018 年由时任教育部部长陈宝生应本科教育而提出的人才培养要求。"培养符合国家战略发展新需求、国际竞争新形势、区域经济社会发展新要求的创新型、创业型、实用型、复合型人才是新形势下应用型本科院校的重要任务"。自 2020 年年初暴发新冠肺炎疫情以来，全世界的旅游和酒店行业都面临巨大挑战，面临更加多变的世界新环境和新格局；千禧后一代步入大学，已经成为高校人才培养的主体，他们的追求更加个性化、自我化和独特化。作为学科知识和技能应用要求极大的酒店管理专业面临着更高要求的人才培养需求。成都银杏酒店管理学院作为培养应用型人才的专业院校，结合自身的优势和特点，在接受人才培养挑战中，首先坚持"以本为本"，不仅强调了本科教学的基础重要性及本科教学

普通易懂的重要性，更加强调了本科教育与世界接轨的重要性。其次坚持"国际化"发展战略，范围涵盖了课程研发、课程内容、教学模式、师资队伍、国际活动等各个方面；同时还与瑞士、美国、泰国、中国香港等多所知名酒店管理学院签订了校际合作协议，在师生互访、联合教学、协作科研、学历提升等方面更有深度合作。最后作为应用型本科学校，成都银杏酒店管理学院始终和行业保持高度一致——基于竞赛，回归"以本为本"的应用型人才竞赛培养。

2 "以本为本"对应用型人才竞赛的路径探索

2.1 基于"世界技能大赛"的"课赛融合"模式

世界技能大赛是最高层级的世界性职业技能赛事，每两年举办一次，被誉为"世界技能奥林匹克"。目前涉及酒店管理专业有关的项目分别是：酒店接待和西餐服务。其中酒店接待项目是 2019 年第 45 届世界技能大赛新参赛单元。对标国际性的专业赛事正是遵循了"以本为本"的人才培养要求。

由学者陈昌芸（2017）梳理的有关应用型学科的文献综述得出应用型学科具备以下三个特征：第一，从人才培养方面需要能够满足社会对应用型人才的需求；第二，从科学研究方面需要能够开展应用型研究；第三，从社会服务方面需要可以实现应用型学科与社会服务的共同发展，或能够满足地方或区域多样化服务需求。因此，可以推断：从应用型学科的层面，理论上是可以认为其他学科的人才培养模式也是会与酒店管理专业的有异曲同工之效的。笔者在查阅了最近的相关文献之后，发现杜凤蕊、陈秋如（2022）和马芸芸（2021）都分别从《国际货运代理实务》和学前教育专业领域引入了"课赛融合"或者"赛教融合"的概念和方法，同时与谌威、熊铭贵（2020）在酒店管理专业课程改革中所认为的把"世界技能大赛内容融入教学"和胡驰、王志毅（2020）同样把世界技能大赛作为教学改革导向所提出的"以赛促教、以赛促改、课赛融合"的结论不谋而合。成都银杏酒店管理学院在世界技能大赛的课赛融合两者的基础上进一步采用了"混合式"线上线下相结合的模式，针对有竞赛潜质的学生进行进一步的训练，同时加强师资力量的培训学习，安排教师到比赛现场观摩交流，承接相关赛事举办，积累承办和裁判经验（见图1）。

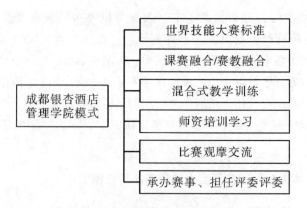

图1   成都银杏酒店管理学院
基于"世界技能大赛"的"赛课融合"模式图

自第45届世界技能大赛（2019年）至2021年，虽受疫情影响，但成都银杏酒店管理学院所涉及和世赛相关的成果依然较为丰富，统计信息如表1所示。

表1   2019—2021成都银杏酒店管理学院
基于"世界技能大赛"的"赛课融合"模式成果统计

项目	省级立项教改项目	院级立项教材项目	国际比赛参与且获奖	省/市级比赛参与并获奖	省/市级赛事承办	省/市级赛事裁判担任	教师访问学习	选手线上训练次数
单位	项	项	位	位	次	位	次	次
	1	1	2	2	2	4	4	20

2.2   基于"沙盘模拟经营"的"互联网+"信息化模式

沙盘模拟教学是以生产型企业为背景，把企业运营所处的内外部环境抽象为一系列的规则，教师采用情景教学让每个学生置身商业实战场景，通过分组对抗模拟市场竞争，完成各项经营活动的授课形式。徐国友、刘晶（2016）认为"在教学中增设沙盘模拟训练非常有必要"，因为：第一，这样改变了传统的以教师讲授、学生被动接受为主的教学模式；第二，适应了以"互联网+""大数据"等为商业背景的企业发展，更能培养学生的数据分析能力；第三，需要学生综合运用其专业知识，锻炼专业技能和团队协作能力。当前在高等教育阶段经济管理类使用最为广泛的沙盘实验则是 ERP（enterprise resource planning），但基于酒店经营管理不同于企业生产经营管理的自身特点，ERP 沙盘指导酒店经营类的竞赛存在以下两点缺陷：

第一，适用针对性不足。无论是前面提到的郑慧珍（2010）、徐国友、刘晶（2016）王翠（2017），还是胡计虎（2017）、冯一纲（2019）都指出 ERP 是针对企业生产经营管理的，更为具体地指出是需要修建厂房和做生产运营的。其一，酒店本身在经营中是不需要建立厂房的，负责运营的部门则是酒店的前厅、餐饮和客房三大部门。其二，虽然可以锻炼到使用者的财务、市场营销、管理、信息化数据分析的能力，但是针对酒店经营管理的适用性不强。

第二，与世界一流大学存在差距。Benckendorff 等（2015）在做研究实验时，是从 58 款在线商用模拟中挑选了 10 个和旅游或者酒店有关的进行的，从这里可以推断世界上已经有了多款针对酒店管理专业的沙盘模拟。但在知网数据库的中文文献中输入关键字"酒店沙盘"的时候，仅搜索出 2 篇文献；而使用外文文献搜索时却显示无。学者 Waehama（2018）在比较工学结合和在线模拟教学哪一个更适用于酒店管理专业的时候，得出使用 CESIM Hospitality 这一款在线模拟更加适合酒店管理的教学。而前后的两个研究都提到了 CESIM Hospitality 的在线模拟。因此，用关键字"CESIM"在知网数据库中再次搜索，却只发现 9 篇中英文文献，并且都还不是 CESIM 中有关酒店的模拟，因为在 Waehama 的文章中提到了 CESIM 是一个涉及普通商业管理（general business management）、银行金融服务管理（banking and financial service management）、电力设施管理（electric utilizes management）、零售商店管理（retail store management）及酒店管理（hospitality management）等多方面的商业模拟集合（CESIM Business Simulation）。这 9 篇文献中最早的发布于 2007 年，而最近则为 2019 年。在中文数据库中极少的相关研究成果足以说明了目前我国高校在酒店管理专业中极少使用到相关沙盘模拟软件。这一观点也已经被李冰（2019）所证实：我国高校对 Cesim 商务模拟实训课程的研究和运用还处于起步阶段，关于该实训课程在商科应用型人才培养和商科教学改革中的应用方面的研究成果并不显著。但在以酒店管理著称的瑞士，SEG 瑞士教育集团旗下的学校早已经在 2012 年便开始使用相关模拟软件了。

因此成都银杏酒店管理学院在基于竞赛，回归"以本为本"的人才培养上沿用了经典的沙盘模拟经营的方式，但为了更与学科、行业和世界接轨则选择了使用 CESIM Hospitality 模拟进行相关酒店类竞赛指导。2018—2021 年，从采用了 CESIM Hospitality 模拟进行的"尖烽时刻"酒店管理模拟全国大赛来看，在与南开大学、复旦大学、北京第二外国语大学、华南理工大学等学校同台竞技中都取得了不错的成绩（见表 2）。

表2　2018—2021年成都银杏酒店管理学院
基于"沙盘模拟经营"的"互联网+"信息化模式成果统计

竞赛项目	第三届	第四届	第五届	第六届
"尖烽时刻"酒店管理模拟全国大赛	一等奖	二等奖、三等奖、最佳团队奖	三等奖	三等奖

2.3　基于"创新创业"的"职业核心"综合能力模式

以学者李艳（2022）为团队领导的众学者统计了2015—2021年，累计达到603万个大学生团队共2 533万名大学生参加创新创业大赛。他们一致认为，高等院校的学生参加创新创业大赛可以培养学生科研、创新、实践、团队协作四个方面的能力。但同时孟欣龄（2022）也提出了更多在创新创业人才培养上当前的现状困境：从学生层面来看，学生认为这仅仅是一门需要完成学分的课程，并没有认识到这些知识和技能对自己未来的职业生涯是有帮助的；从教师层面来看，一方面教师们缺乏创业的经历和经验，从自身能力上来说不足以胜任，另一方面则是主观地认为"参加"了比赛即完成了创新创业；从学校的层面来看，学校虽然认识到了创新创业的重要性，也开设了相应的课程，但是却依然既脱离实际专业课程，课程又不成体系，依然停留在通识课阶段，理论重于实践"。这两个观点也分别被学者彭娟、周强、王金梅（2020）团队和学者卢东祥、曹莹莹、于建江（2021）团队证实。面对以上的问题，卢东祥团队和孟欣龄分别提出了要分阶段进行人才培养的观点，其中卢东祥团队提出的"四阶段三能力"和成都银杏酒店管理学院提出的"四阶三维"人才培养模式不谋而合。回归"以本为本"对人才培养的要求，基于竞赛基础，着重培养学生的综合能力，基于"创新创业"的"职业核心"综合能力模式则是从学生入学一直到毕业建立了以下四个阶段的培养体系。

第一阶段，基础通识教育阶段。由学校成立专门的创新创业学院，开设创新创业类课程，其目的是以建立认知、拓展兴趣、增强意识为主。同时结合自己的专业通识课程，起到相辅相成的作用，培养学生的沟通能力、情商、服务意识与礼仪等。

第二阶段，专业课程进阶阶段。此阶段学生会开始学习自己专业的各项课程，教师可以在专业课程中加入一些有一定能力训练的创新团队协作项目，例如酒店管理专业的学生在二年级的时候会完成"酒店英语""前厅服务与管理（双语）""餐饮服务与管理（双语）""客房服务与管理""酒店人力资源管理""酒店市场营销""酒店前台管理系统（PMS）"等核心专业课程的学习。

学生可以在实训室中完成一些稍有难度的主题餐厅设计、菜单设计、鸡尾酒创新、主题客房设计、酒店投诉处理场景模拟、酒店招聘面试会等专业和创新相结合的实训练习。

第三阶段，职业核心综合能力训练阶段。国家职业核心能力认证培训办公室研究认为：职业核心能力是人们职业生涯中除岗位专业能力之外的基本能力，它适用于各种职业，是伴随人终身的可持续发展能力，即能够适应各种职业、各种岗位的基本能力，主要包括与人交流、与人合作、数字应用、信息处理、自我学习、解决问题等能力。此阶段学生将会以能力模块学习为导向，从酒店运营中的核心板块——前厅、西餐、中餐、客房，配以当下酒店行业最新运营趋势并参考世界技能大赛中的能力考核要求，以学生为主，教师为辅助指导的模式进行线上线下理论+实训的训练。

第四阶段，实战演练阶段。习近平总书记多次强调当今世界正经历百年未有之大变局。面对新冠肺炎疫情的困境，作为未来大住宿产业应用型的中高级经营管理人才和未来酒店行业的领军接班人，只有在不断创新中接受新的挑战。"一带一路"国际、校际的相互合作、校企育人都是解决创新板块教师经验不足的最好方法。成都银杏酒店管理学院参照美国康奈尔大学和中国香港香港理工大学建立实训基地"银杏·标准"教学酒店和智慧实验中心，为多个专业的学生提供实习实训的真实场景；产教融合下开展"教学酒店翻转课堂"、共同打造学生"未来领导者 Future Leader 团队"、进行酒店与学校双英语能力认证（YHET）、一个课程授课教师+N 个行业导师的"1+N 校企共同培养"等创新人才培养模式。2018—2021 年，酒店管理系本科学生参加国家级、省市级的各项三创比赛人数和获奖成果呈逐年增长趋势。

3 "以本为本"对应用型人才竞赛的赋能

面对当今世界百年未有之大变局，复杂多变的政治经济环境、新冠肺炎疫情所带来的行业挑战、千禧代成为高教学习主体、信息化大数据时代智能多变的客观环境，应用型学科的人才培养也应顺应时代的变化而做出更及时有效的调整。成都银杏酒店管理学院坚持回归"以本为本"面向本科的人才培养，坚持"国际化"的战略发展、融合行业需求，探索了基于"世界技能大赛"的"课赛融合"模式、基于"沙盘模拟经营"的"互联网+"信息化模式和基于"创新创业"的"职业核心"综合能力模式为一体的——基于竞赛，回归"以本为本"的人才培养体系。把与世界对标的竞赛标准融入教师课堂教学，贴近行业与时俱进；以当下背景建立企业经营模拟情境，让学生在真实的商业对战中利用"互联网+"带来的信息化技术锻炼企业经营能力；在创新创业的不断突破中融合其他学科知识和能力，打造核心能力素质综合的复合型人才。因此，基于竞赛，回归"以本为本"对应用型人才培养有着极为有效的赋能。

参考文献

［1］卢东祥，曹莹莹，于建江.应用型本科院校大学生创新创业能力培养的路径探索［J］.江苏高教，2021（7）：86-88.

［2］陈雪.以本为本：在酒店管理专业人才培养模式上的研究［J］.新商务周刊，2019（24）：170.

［3］陈昌芸.现代职业教育体系背景下应用型学科生态化发展研究综述［J］.铜仁学院学报，2017（5）：61-66.

［4］杜凤蕊，陈秋如."课赛融合"视域下《国际货运代理实务》教学改革探究：基于世界技能大赛货运代理赛项［J］.物流科技，2022（2）：178-179.

［5］马芸芸."赛教融合"模式下高职学前教育专业人才培养的途径研究［J］.现代职业教育，2021（12）：224-225

［6］谯威，熊铭贵.基于世界技能大赛酒店接待项目对酒店前厅课程改革的研究与思考［J］.质量与市场，2020（6）：118-120.

［7］胡驰，王志毅.以世赛项目"酒店接待"为导向的课改教学评价：以"前厅服务与管理"课程为例［J］.长江工程职业技术学院学报，2020（6）：55-58.

［8］郑慧珍.ERP 沙盘模拟在高校教学中的应用综述［J］.实验科学与技术，2010（10）：70-72.

［9］王翠.基于互联网的 ERP 沙盘模拟教学方法探索［J］.阴山学刊，2017（4）：133-135.

［10］徐国友，刘晶.电子商务沙盘模拟训练课程设计与开发［J］.智库时代，2016（4）：91-92.

［11］赵明霏.经济学沙盘模拟实验教学研究［J］.实验室研究与探索，2018（11）：281-285.

［12］胡计虎.信息化环境下的高职 ERP 沙盘模拟课程教学设计［J］.金融理论与教学，2017（8）：98-101.

［13］冯一纲.ERP 企业模拟经营沙盘系统实训综述报告［J］.智库时代，2019（7）：41-42.

［14］李冰.基于 Cesim 实训课程的商科应用型人才培养模式研究［J］.当代教育实践与教学研究，2019（3）：152-153.

［15］李艳，钟发成，褚博，等.学科竞赛在研究生创新创业能力培养中的作用和模式探析［J］.教育科学发展，2022（2）：157-158

［16］彭娟，周强，王金梅.创新创业比赛的人才培养探索［J］.以自动化专业为例，2020（7）：167-168.

［17］孟欣龄."双创"背景下高职院校创新创业教育现状及提升路径研究［J］.现代商贸工业，2022（2）：69-71.

［18］陈良，张红斌，刘影，等.职业核心能力训练［M］.重庆：重庆大学出版社，2018.

［19］窦晓佳.高等学校国家化人才培养的思考［J］.现代商贸工业，2022（2）：20-22.

［20］张辉辉，李娟.应用型本科院校学生职业能力培养的"校企育人共同体"模式研究：以旅游管理专业为例［J］.三门峡职业技术学院学报，2021（6）：56-59.

"O2O 模式" 在大学生学科竞赛管理的运用与实践

财务管理系　张晓萌　王磊

摘要： 学科竞赛对培养大学生的创新能力、创业能力、实践能力、知识运用能力以及团队协作能力等具有显著作用，是人才培养模式改革的有效途径。在各高校学科竞赛大力发展的情况下，学生参赛不积极、经费支持不足、竞赛组织运转不顺畅的现象依然存在。该论文分析了学科竞赛的重要意义所在以及竞赛目前现状及存在的问题，并提出"O2O 模式"在大学生学科竞赛管理的运用与实践，希望为学科竞赛高质量可持续发展提供帮助。

关键词： O2O 模式；学科竞赛；竞赛管理；运用与实践

《教育部财政部关于实施高等学校本科教学质量和教学改革工程的意见》中明确将大学生学科竞赛纳入了实践教学和人才培养模式改革创新中。因此全国各大高校都意识到了学科竞赛对学生培养的重要性，连同企业积极组织各类学科竞赛，并鼓励和引导大学生广泛参与。《教育部关于深化本科教育教学改革全面提高人才培养质量的意见》要求校方应引领学生理性参赛，以达到以赛促学、以赛促教、以赛促能的目的。中国高等教育学会公布了全国普通高校学业竞赛排行榜，进一步巩固了以"互联网+"大学生创新创业大赛、挑战杯创业计划大赛、挑战杯大学生课外学术科技作品竞赛等三大赛事的地位，引领了一系列规模大、水平高、对学生培养质量促进较明显的学科竞赛高潮。

1　学科竞赛对学生全面发展的促进作用

在我国高校常规教学模式中，课堂依然是人才培养的主阵地。教师在课堂上讲授课程，大学生洗耳恭听。知识的传授质量主要依赖于教师的讲授和学生的汲取质量，依然存在"重理论轻实践"的培养模式弊端。参加学科竞赛对学生自身的创新能力、创业能力、实践能力、知识运用能力以及团队协作能力全面发展具有明显的促进作用。

1.1 学科竞赛培养学生的创新能力

"创新"是大学生学科竞赛的主要目的之一，作品有创意、设计新颖、思路新奇是几乎所有竞赛项目追求的目标。在评审过程中，形成了"没有最好，只有更好"的竞争氛围。如果想在竞赛中突围，参赛学生不仅需要扎实的专业知识，还要有踏实钻研的精神，并且敢于尝试，勇于突破，最大限度地发挥自我创新思维、创新意识。所以学科竞赛可以培养学生的创新能力。

1.2 学科竞赛促进学生学以致用的能力

学科竞赛需要大学生运用课本知识与课堂所学进行作品设计和制作，锻炼大学生学以致用的能力。会计技能大赛、企业价值决策大赛等都需要学生在熟练掌握、充分吸收课本知识后，用理论指导实践，完成实际的或实物的设计与制作，充分培养了学生"学以致用"的能力。

1.3 学科竞赛锻炼学生实践操作能力

学科竞赛为学生锻炼实践动手能力提供了很好的机会。全国普通高校学科竞赛排行榜中不乏大学生技能大赛之类以学生实际操作为内容的竞赛项目。这些竞赛使学生实验实践能力高度提升，以追求作品的质量更高、效果更完美为目标。学生在训练和比赛过程中必须充分发挥主观能动性，将身体协调性、头脑思维和仪器设备操作高度统一和融合，锻炼了发现问题—分析问题—解决问题的能力，实现了培养学生实践操作能力和磨炼意志力的目的，为打造大国工匠的奋斗精神和精湛技艺奠定了基础。

1.4 学科竞赛增强学生团队协作能力

学科竞赛一般不是个人赛，需要几个学生加老师组成一个团队。这种参赛模式很好地锻炼了学生的团队协作能力。大家为了同一个目标相互促进，共同奋进。志同道合的人员汇集一堂，为大家促进了解和相互学习提供了机会，增强了沟通交往和共同协作的能力。

1.5 学科竞赛提升学生的创业能力

"互联网+"大学生创新创业大赛、大学生电子商务创新创意及创业挑战赛、工业设计大赛等也深入大学校园，与大学生深度对接。各类创业大赛的举办，使大学生在读书期间就可以接触商业世界，学习创业技能，培养创业意识，训练创业思维，为日后创办自己的企业打下坚实的基础。事实证明，创业大赛点燃了具有优秀创业底蕴学生的创业火花，各高校都涌现出在校期间或毕业后马上就创办了企业的优秀毕业生。在"互联网+"大赛的省赛和国赛上出现许多年营销额过亿元的年轻企业，足以证明创业类学科竞赛对培养学生创业能力的巨大作用。

2 学科竞赛组织运行过程中存在的问题

2.1 各校经费支持情况不同，普遍偏低

充足的经费是学科竞赛发展的基石。目前各高校的经费支持情况不尽相同。少数高校能对学科竞赛全数支持；有的高校会对竞赛划分级别，只支持级别较高的竞赛；有的高校会从学院角度进行支持；也有的高校则完全没有经费支持，由指导教师协调解决。面对种类繁多的学科竞赛，高校应结合自身情况，制定明确的经费支持文件。充足的经费支持是学科竞赛获得优异成绩的前提，经费不足将影响学科竞赛的可持续发展。

2.2 教师激励政策不完善

虽然学科竞赛的主体是学生，但学生毕竟还处于学习知识和消化吸收知识的成长阶段，教师的指导水平起着举足轻重的作用。指导学生竞赛，需占用较多时间与学生一起打磨高质量作品，而各高校对一般级别学生竞赛的获奖奖励较低。为了激励教师踊跃地组建队伍和指导作品，高校应对教师指导学生竞赛获奖给出详细的激励政策。

2.3 学科竞赛组织不系统，运转不顺畅

学科竞赛是一套复杂工程，涉及前期宣传、学生招募、教师指导、创新设计、操作训练、作品升华、训练场地、经费保障、设备维护、耗材管理、校级预赛、学生安全、交通差旅等一系列琐碎的环节，与学校主管部门、二级学院、实验中心、专业教研室均有业务联系。目前，多数高校并没有围绕学科竞赛形成一套行之有效的运转系统，一定程度上还在依赖竞赛发起人的个人协调组织，容易导致竞赛运转不流畅，增加了竞赛可持续发展的难度。

3 "O2O 模式"在学科竞赛平台中的运用与实践

3.1 "O2O 模式"的概念

"O2O 模式"（online to offline）是一种线下交易与互联网线上结合在一起的新型的电子商务模式。该模式让互联网成为线下交易的前端，这样线下服务就可以用线上来揽客，消费者可以用线上来筛选服务，结算成交，线下接受服务，进行体验。"O2O 模式"依靠线上推广带动线下交易，以加大商户的参与和用户的体验感。

3.2 基于"O2O 模式"的学科竞赛平台的设计与实施

我们将"O2O 模式"运用于学科竞赛平台的建设，打造学科竞赛的活动系统，进而达到培养具备创新能力、创业能力、实践能力、知识运用能力以及

团队协作能力的学科竞赛人才的目标。

3.2.1　"O2O模式"学科竞赛平台框架设计

基于"O2O模式"的学科竞赛平台旨在运用O2O商业模式的思维方式，打造学科竞赛的线上线下交互式平台，让互联网线上成为大学生参与学科竞赛的前端，可以在互联网Online线上平台进行学科竞赛的介绍宣传，用户可在Online线上平台互动沟通交流，从而带动学生参与线下学科竞赛。经过前期的积累，可将所有学科竞赛项目做到线上线下同步，依据Online线上平台累计产生的访问流量数据进行数据分析，持续更新完善平台架构，不断扩展学生的学科竞赛的参与面，加深大学生参与学科竞赛的体验感（见图1）。

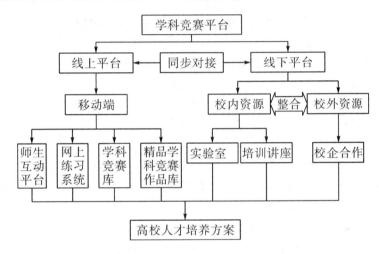

图1　"O2O模式"学科竞赛平台框架

3.3.2　"O2O模式"学科竞赛平台的实施方案

"O2O模式"下的学科竞赛平台以高校人才培养方案为基石，包括Online线上平台和Offline线下平台两部分，在此平台以实时交流、信息共享、精品孵化、数据抓取与分析为目标。Online线上平台主要包括项目资源库、师生互动平台、成果展示平台、导师和学生资源库、精品学科竞赛作品、网上练习系统等资源；线下平台主要涵盖学科竞赛实践、实验室、培训讲座、校企合作等资源；将这些学科竞赛项目进行整合，并和Online线上平台进行对接，可有效提高资源利用率（见图2）。

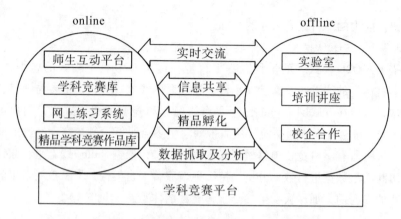

图2 "O2O 模式"学科竞赛实践活动平台实施方案设计

4 "O2O 模式"学科竞赛平台在银杏学院财管系竞赛项目的实践

4.1 银杏学院财管系学科竞赛项目的现状

银杏学院财务管理系紧紧围绕学校人才培养的目标，全面贯彻执行"服务养成，知行相济"的育人理念，并引导、培养和选拔各年级专业学生参加校内外各级学科竞赛，大胆创新，勇于实践，已取得一些不错成绩。

尽管我们在各方面都很投入，也取得了一些成效，但是在实践活动过程中，我们还是发现一些问题：

（1）指导老师人员配备不固定，内部竞争大。在校内赛时，可能因为学生原因使前面有经验的老师无法进入省赛，造成经验流失。

（2）线上平台不完善。银杏学院财务管理系目前主要依靠老师自建的 QQ 群和"非凡学子"公众号偶尔推文来开展宣传及沟通交流，覆盖面较窄，应建立固定且全面的学科竞赛公众号，并进行维护。

（3）学科竞赛学生参与不积极。学生因学习压力大，学科竞赛项目花费时间长，并且从一个竞赛项目得到的奖励也很少，普遍表现出不积极参赛的状态，有时加入队伍也各种"划水"。应加大学生参与学科竞赛的奖励力度。

如何让银杏学院财务管理系学生更积极主动参与学科竞赛，如何让指导老师在科技竞赛中更省时省力，发挥最佳指导状态，是我们需要不断思考和亟待解决的现实问题。

4.2 "O2O 模式"学科竞赛平台在银杏学院财管系竞赛项目的实践

鉴于对银杏学院财管系学科竞赛项目的现状的分析及前文构建的"O2O 模式"学科竞赛实践活动平台实施方案设计图，我们对银杏学院财务管理系

"O2O 模式"学科竞赛平台有以下建议：

将前期高校参加的多类学科竞赛的宣传、精品学科竞赛项目进行整理，统一发布在 Online 线上平台。学生互联网端口随时随地进行线上登录，选择自己的目标学科竞赛项目，查阅报名时间和条件，浏览平台的精品学科竞赛作品，审阅自身条件和特长，查漏补缺式组建团队。此时如有困难，可以在 Online 线上平台进行交流和询问。竞赛指导老师和参赛学生进行双向选择。团队组建成功报名后，可到线下实验室进行赛前训练，进行训练时长打卡并及时反馈给指导老师；赛后成绩可在线上平台查询，优秀的竞赛作品进入精品学科竞赛作品库，放置平台用以共享，由此形成了完美的学科竞赛系统。此外，参赛学生需要实名登记和认证才能进入学科竞赛平台系统，查询访问流量和浏览数据后将在后台进行记录分析，根据分析结果更有针对性地进行下一轮的学科竞赛并开展宣传推广。

5 结论

本文分析了学科竞赛的重要意义以及学科竞赛目前学生参赛不积极、经费支持不足、竞赛组织运转不顺畅的问题，将电子商务中的"O2O 模式"和网络营销理念引入高校学生学科竞赛实践活动中，设计了基于"O2O 模式"Online 线上平台和 Offline 线下平台的学科竞赛模式框架图和实施平台，并将其运用在成都银杏酒店管理学院财务管理系进行实践，以促进学科竞赛的高质量可持续发展。

参考文献

[1] 吴迪. 校企合作背景下的职业院校学生院赛体系构建 [J]. 教育教学论坛，2021（35）：49-52.

[2] 邱剑勋. 促进学科竞赛高质量发展的校院两级制度体系建设 [J]. 科教导刊，2021（4）：7-9，24.

[3] 张太超，彭竹琴，刘英."以赛促能"机制下大学生学科竞赛管理模式的研究与实践 [J]. 河南教育（高等教育），2021（1）：6-7.

[4] 杨志东，陈小桥. 学科竞赛与创新人才培养模式的探索与研究：以电子类学科竞赛为例 [J]. 实验技术与管理，2016，33（2）：14-16.

[5] 杨广发."O2O 模式"在科技创新人才培养中的探索与实践：以电信学院学生竞赛信息化实践为例 [J]. 电脑知识与技术，2015，11（17）：133-134，138.

浅谈民办高校学风建设现状及其对策
——以成都银杏酒店管理学院为例

酒店管理系　李俊杰　徐君宜

摘要：学风反映的是一所学校的办学理念、治学精神等方面呈现的风格，也是各项管理中的精神面貌、工作作风等的综合反映。一所学校的教学、学习、学术之风既是学校的生命线，也是学校生存发展的重要基础，还是衡量一个学校教学质量的重要指标，更是学校长期发展的精神支柱。本文通过对成都银杏酒店管理学院为例，分析学生的现状特性和学生管理办法来剖析民办院校在学风建设中的相应困局和对策。

关键词：民办高校；学风建设；困惑；措施

1　民办高校学风建设的现状

1.1　生源状况

我国民办高校的发展在中国的教育中属于后起之秀，近年来，也成为教育界的一个重要组成部分。从民办高校的生源来看，与我们现行的教育制度、招生政策、就业形势、资源配置、家庭培养、学校区位优势、所处城市规模、观念认识等诸多问题相关。

民办高校的学生在高考填报志愿中，较大部分考生将民办高校作为志愿保底，民办高校录取的学生质量，在高考分数上同一本、二本院校的录取分数存在一定的差距。另外，录取学生的结构上，民办高校的学生较大部分比例是来自省会以外城市和农村地区，农村及农村贫困家庭对子女的教育投入和教学质量及学习条件都远不及城市考生。

学生被民办高校录取后，又放弃报名、入学，以及中途退学的现象也越来越普遍和严重。

1.2　学生的自律性和学习动机不足

与公办高校的学生相比，进入民办高校的学生对自身了解、发展和定位存在缺失以及不足。以银杏学院为例，大多数学生在进校之前缺乏自我导向和规划，学习动力也不够，从而在学习态度、积极性上也明显不足。到了大学后，由于这些短板，加之学校的宽松氛围，他们更加放松自己。如在上课期间常常发生迟到、早退、旷课现象，更有甚者虽人到课堂，但却"人在曹营心在汉"，常常课上玩手机、睡觉等，典型的无心学习。刚进入学校的新生，由于对环境的不熟悉，对周围的事物陌生，表现稍好，但随着升至高年级后，学生对校园生活愈加熟悉，各种状况也层出不穷，让人堪忧，时常需要辅导员和班导师双管齐下。

另外，对于低分录取或补录进入的学生，他们一方面认为有幸进入大学，但另一方面，在以往的学习经历中，又没有养成良好的学习习惯，进入大学却又不知如何在大学阶段独立学习，便产生了"混"的想法，从而造成心中无目标、行动无动力的状态。

1.3 学习目的和学习态度不够端正

对于没有学习目标、厌学、缺乏学习兴趣的这部分学生，其自主学习和思考能力较差。他们不明白为什么要学习，如何学习，学习了之后干什么。他们不愿意在学业上付出，只是勉强应付，害怕困难，甚至抵触学习。这部分学生来到学校只是为了最后拿到毕业证书。甚至有些家长也这样认为：只要不惹事，混个文凭就好，家长也不在乎孩子是否真的学到了知识和技能。

对于学习态度端正、学习自控力差、纪律意识薄弱的学生，其进入学校后，许多学生缺乏脚踏实地的学习态度，对考试有侥幸心理，认为努力与否都一样。"60分就万岁"，直接导致旷课、考试作弊等违纪行为的发生。

1.4 良好的学习习惯没有养成

进入银杏学院后，许多学生暂时无法改变他们以往的学习习惯。没有适应学校里的学习氛围和习惯，他们更习惯于老师在讲台上讲，学生听的模式；加上大学的课程相对压力较小，每天花在专业学习上的时间较少。学习方法单一，还保持着以前初、高中的习惯，不能独立地把学习和思考、学习和实践很好地结合起来。

1.5 学生缺乏自信心

一些用人单位往往注重学校的"品牌"，学校的知名度是许多用人单位的首选，缺乏公平性。在这种情况下，民办高校学生就业形势更加严峻，打击了部分学生学习的热情和动力。银杏学院作为四川省首批民办院校，在各种因素的影响下，我校的学生往往感到"缺乏自信"或"自卑"，尤其是在日益激烈的竞争中，心态上缺乏自信。此外，由于一些学生不愿与老师交流或面对面，他们更喜欢在听课时"坐在后排"，还有学生学习成绩很好，却在公共场合发言或演讲中表现逊色。

1.6　相当部分学生沉迷网络游戏

以银杏学院为例，有部分学生来自优越家境的独生子女家庭，缺乏好学上进、刻苦钻研的学习精神，得过且过，只为混张文凭，浪费大量时间和精力追求物质享受，贪图享乐安逸。在进入大学之初，家长也普遍给学生购买了电脑，但很少有真正用于专业学习的。玩网络游戏、聊天和看电影占据了他们大量的时间，使得他们的生活变得不规律，黑白颠倒，长期睡眠不足，情绪低落，直接影响到第二天上课的质量。

2　民办高校学生学风问题形成的原因

造成上述问题的原因是多方面的，包括社会外部环境因素、学院内部建设和管理因素、学生自身因素、家庭因素等方面。

2.1　社会外部环境因素

目前，由于社会经济的快速发展，一些人对物质的追求急功近利，不乏频繁出现的个人主义、拜金主义、享乐主义等不良倾向，都潜移默化地影响着现在高校的育人文化氛围。"新读书无用论"和"就业恐慌症"相结合，使得很多民办高校学生思想压力大，心态浮躁，急功近利，诚信意识淡薄，甚至丧失了学习的动力，自身也感到前途暗淡，产生焦虑心理，这些都直接影响到了学风的建设。

2.2　学院内部建设和管理因素

成都银杏酒店管理学院自 2002 年建校开始，在短短的二十年间蓬勃发展，学生人数从办学初翻了好几倍，但仍然不能满足社会和行业的快速发展和更高质量的需要。20 世纪 90 年代末，教育部推进改革，民办高校出现，这也弥补了公立高校教育资源的不足，满足了社会民众日益增长的教育需求，在国家、政府以及社会各界力量的支持与帮助下实现了跨越式发展，但在办学模式、师资力量、硬件设施、后勤保障等方面与大部分公办高校在办学初期存在一定差距。因为学院完全是通过学费收入运行，需要自负盈亏，管理者肩负着比公办高校更大的竞争和发展压力，所以更加侧重于生源数量和规模，而教学产出稍显滞后。

同时，因历史原因，银杏学院初期是依托公办高校背景办学，在初期为了快速搭建管理班子和教学团队，缺乏自身的管理和制度特色，都是在经过不断的办学积累中形成的自身管理机制和风格，这也导致在建设过程中顾此失彼。

2.3 学生自身因素

为了积极响应国家提出的提高国民整体素质的号召，国家开放民办高校办学，与公办高校一并进行了生源扩招，较大程度满足了一部分高考分数相对低的学生上大学的愿望，同时也在一定程度上带动了经济的飞速发展。与公办高校学生相比，较大一部分学生高考后，选择大学的空间有限。一方面，是为了满足继续完成学业的需要，他们选择了民办高校；另一方面，最终由于专业选择有限、录取调剂，入学后他们对所学专业不了解、提不起兴趣、专业与自身发展不一致。在种种因素下，容易造成学生的厌学和抵触情绪。

除此之外，民办高校的学费也较高，普遍比公办高校多出三倍左右。一部分家庭条件优越的独生子女和城市学生，长期受到"溺爱"，他们思维观念较新，但成熟度低，价值取向积极，但自控力低。这些导致他们在学习和生活中遇到挫折或困难时，不能理性、正确对待，心理素质不过硬。

2.4 家庭因素

虽然家庭是学生的第一课堂，但由于一部分学生长期受到"溺爱"，过于被家长呵护，学生也长期以自我为中心，造成与他人合作意识淡薄，同时，也缺乏吃苦耐劳的毅力和责任感。加上大部分学生是家庭的独生子女，除了父母外，亲情、友情观念相对淡薄，性格孤僻，不愿与他人交流、分享的情况较为普遍。这些长此以往都会影响学生思想观念的形成。另一个值得关注的是，如今家庭内部问题日渐凸显，尤其是离婚率不断攀升，一些民办高校的子女来自单亲家庭，由于青少年成长期就被迫接受了家庭的离散，这是造成学生性格和心理上的某些缺失和成长中断位的重要因素。而普遍反映的情况是，多数家长很少关心学生的成长，任其发展，只要每月提供了生活费用，就可以放心地任其自由发展，忽视了家庭教育的作用，失去了与老师联系、连接的纽带作用。

3 民办高校在学风建设方面的措施

民办高校要有自己的办学特色，在未来竞争中赢得生存和发展的机遇，除了专业建设外，还需要根据自身特点探索适合学生发展的人才培养模式，使学校的办学定位、育人理念紧密相连接。与此同时，高校还应该关注和重视新一代青年学生的特征，准确掌握规律，从而更好地做好服务育人工作，出台针对性的措施培养学生成才。

3.1 坚持以人为本，德育为先的办学思想

学风建设需要每一位参与者都坚持"一切为了学生发展"的理念。以银

杏学院为例，在学生进入学校后，学校对其在校期间的学习、生活、职业发展等方面全过程进行了关心，提供了巨大的帮助。并且，为了让教师真正做到传道、授业、解惑，让思想决定行动，优良的学风建设至关重要。银杏学院要求每个思想政治辅导员要用正确的价值观引导学生，结合未来发展、人生价值信念等理论和实践，对学生进行自我发展的启发和教育，引导学生转变思想观念，树立正确的核心价值观。从而激发自身的学习热情和动力，从思想根源上解答"为什么学"的问题，还要不断引导他们定下自己的学习目标，培养让自己成才的意识。同时，还要求教师严谨、勤奋教学，制定了一系列评价机制，通过不断创新教学，吸引住学生，让每一位学生行动起来，克服自己的坏习惯，把年轻时最好的精力投入学习。

3.2 大力加强学风建设，切实提高思想政治教育

大学生思想政治教育对一所大学的学风、校风具有不可言喻的意义和作用。首先，要建设良好的学风，加强思想教育是重要环节，通过不断塑造理想信念，增强学习动力，让学生意识到自己会成才，而且能成才。其次，党建引领校风、学风建设，在学生群体中将先进性教育和学风建设紧密进行结合，发挥学生群体的"三我"教育，即"自我教育、自我管理、自我服务"，培养学生的责任感和自律意识。也让学生之间互相影响，相互促进，达到辅导员臂膀延伸的作用，这也是加强学风建设的重要渠道。

3.3 加强校园文化建设，营造积极的学习氛围

校园文化建设对学生的成长和素养起着重要作用，影响着学生学习的氛围。学校里有积极健康的校园文化也有助于乐学、勤奋的学习风气。以银杏学院为例，学校针对学生特点，举办适合年轻人以及专业性较强的校园活动，通过学术讲座、专业竞赛、主题班团会、工作室、社团、文体活动等方式，开展多方位的感染、教化、帮助，以提升学生们的认知，也不断地塑造符合自身发展的校园文化。

3.4 加强学生职业发展规划教育，引导学生自主学习

学校将职业生涯规划课程纳入学生的人才培养目标体系，帮助学生不断地正确认识自己，树立自信，找准自己的位置和目标，实现变被动为主动的学习状态。并且，提高专业教育和实践教学在整个在校培养学分中的比例，提高学生的专业技能和实践能力，从而激发和提升学生的学习积极性和专业兴趣，增强学习意识和自主学习水平。

3.5 教学学风相结合，以教风促学风

民办高校在近十余年才得到快速发展，导致民办高校老师年轻化，因此加强青年教师的教风，"教学相长"，是优化、促进高校学风建设的重要途径。以银杏学院为例，首先，做好了教师的思想政治教育工作，提高教师职业道德水平，并切实规范教师相关管理制度，如进行教学质量检查，建立教学相应的管理制度，充分发挥教学督导作用等，一旦发现对工作敷衍塞责，缺乏敬业精神的教师要谈话、诫勉，对于拒不改正的，绝不姑息纵容。其次，创造一切条件和资源提高教师业务素养和专业教学能力，做好教师继续教育工作，促进教师能力的不断提升。最后，注重引进资深师资力量，以知名教授带动专业特色，充分调动学生学习的积极性，提高对学校的认同感。

3.6 建立高素质的学生工作队伍

民办高校学生管理工作与公办高校相比，任务更重，难度更大，事务更加繁杂。系统性加强学生工作队伍思想和业务的培训，建设一支质高、业务精、纪律严的学生工作队伍非常有必要。此外，学校还应充分调动任课教师的积极性，积极配合辅导员加强课堂学风管理工作，倡导专业任课教师担任专业班级的班导师，充分加入学生管理队伍中来，走近学生，与学生主动沟通，真正做到教书与育人的紧密结合。

3.7 健全学风管理制度，建立激励约束机制

为了建立健全的学风管理制度，学校针对刚入校的新生，在报到后，第一时间对新生进行入学第一课的教育，从适应大学生活、学籍管理、学生手册、心理健康等方面的全面教育，使其得到系统和体系的指导。

优良学风的体系建设必须依靠科学、严谨的规章制度和强有力的机制。如严格学生课堂出勤管理，加强课后作业检查，逐步改善学生逃课早退等松懈纪律的行为；进一步完善考试制度，严肃考风纪律，引导学生端正学习态度，树立诚信、平等竞争的学习理念。

加强学生宿舍管理，及时了解学生思想动态，杜绝学生晚归和夜不归寝的不良现象。建立奖励和处罚机制，既要对学生进行激励引导，表扬先进，树立典型，调动学生的学习热情，又要对各类违纪违章学生及时进行批评教育甚至纪律处分，真正做到严格要求，严肃纪律。

如何让我们的学生学会独立学习，认清就业形势，深知自己需要学习什么，未来如何发展，是我们应该关注的问题。针对民办高校的学风建设，还存在许多深层次、根本性、独特性的问题，仍需要我们不断思考、探索和努力。

一所高校要有好的学风离不开自身建设和正确的指导思想，更需要学校一套完善的管理制度和支持体系。良好学风是一代又一代学生长期积累、延续的，这种"继承和发扬"会对他们产生潜移默化的影响。因此，今天在学校的每一位大学生不仅仅是学校良好学风的创始人，也是传播者和受益者，通过他们让良好的学风和育人理念在学校生根发芽。

民办高校的学风建设虽然存在诸多困难，但仍需学校各个部门一起常抓不懈，以此促进学校稳定、有序、长期地发展，为我国高等教育做出更大贡献。

酒店管理专业学生职业
能力提升策略研究

酒店管理系　殷佳忆

摘要：随着我国经济的快速发展，人们消费能力的提升以及消费结构的变化，酒店业得以快速发展，虽然近两年来酒店业因疫情原因受到一定的制约和限制，但整体发展趋势不断前进。酒店业属于服务业，由于社会认知的影响，大部分的从业人员社会地位不高，其素质也参差不齐，而对于酒店来说，高级的管理者非常重要但又存在一定的缺口。开设酒店管理专业的院校肩负起向酒店业输送人才的重要任务，因此其对于人才的培养就显得十分关键。目前酒店管理专业培养的人才素质较高、学习能力较强，在酒店中能够获得较好的发展，但同时也存在一定问题，即职业能力与酒店实际的需求存在不匹配的情况。这就要求学校与酒店共同努力，提升酒店管理专业学生的职业能力，让其在未来的工作中得到实际的应用。本文以此为背景，为酒店管理专业学生职业能力提升提供了相应的策略。

关键词：酒店管理专业；职业能力；提升策略

1　引言

酒店管理专业是全球十大热门行业之一，随着我国的旅游业朝着世界化、全球化的趋势高速发展，酒店管理高级专业人才的缺失也成为酒店行业的首要问题。目前国内高校开设酒店管理专业的数量并不多，这对于酒店业吸收优质的专业人才十分不利。而成都银杏酒店管理学院开设的酒店管理专业已经被列入四川省民办高校重点特色专业提升计划，立项四川省首批应用型示范专业建设项目，拥有省级实验教学示范中心，酒店管理专业关注现代服务业对应用型人才的实际需求，输出人才辐射全国范围的各大酒店。

在酒店管理专业的人才培养过程中，酒店管理系的教师们一直致力于学科特色的前沿，参与各类重要的研讨会，开展与同类型学校的调研、座谈，不断整理和完善人才培养的模式，其中"一体、两翼、三支点"的实践教学育人模式获四川省教学成果三等奖。整体来说，我校的酒店管理专业对于学生素质的培养是非常专业和到位的，在行业的实际应用中也广受好评，但随着时代的变化以及行业需求的转变，人才培养过程中也存在一些欠缺，特别是学生的职业能力如何能在在校期间得到相应的提升，是行业和学校都非常关注的重点之一。本文将结合酒店管理的专业特色，以及行业的需求，为学生职业能力提升提供相应的策略。

2 酒店管理专业职业能力

2.1 职业能力

国际针对职业能力培养从三个方面进行考究，其中包含任务能力观、整体能力观、关键能力观。目前国内的职业能力主要强调的是一个人在从事某种职业的过程中，所具备的和这种职业相关的知识、技能等能力，包括一定的分析解决问题能力、人际交往能力以及学习能力。

2.2 酒店管理职业能力

2.2.1 内涵

酒店管理专业职业能力指的是，从事酒店管理活动的职业人在其工作岗位上所具备的综合性的能力，包括判断力、沟通表达能力、团队协作能力、学习能力等。

2.2.2 构成要素

根据酒店管理职业的特点，可以将其人才的职业能力的构成划分为四个方面：个人素养、专业知识、学习能力以及社会适应力。个人素养是从事酒店管理工作中最基础的职业能力，包括良好的道德品质、健全的人格等。

3 酒店行业人才职业能力现状

旅游业的快速发展吸引了大量的从业人员涌入，酒店业作为重要的旅游业之一，由于其特殊的工作性质，其基层工作岗位在人才吸引度上存在不足。除此之外，年龄、气质、身高等也具备一定的条件要求，但整体而言，该岗位的服务性质突出，收入有限，因此具备该条件的人才很多不愿意选择从事此工作，同时流动性较强。

另外，根据酒店管理系与行业精英的座谈会中发现，高端酒店对酒店管理专业学生的职业能力要求较高，除了在校所学习的基础知识，如会计学、经济学、管理学等以外，还需要掌握一定高阶课程的知识，如运营管理、收益管理等。不同于基层工作者，酒店管理专业的学生特别是本科生在进入酒店后，其职业发展规划是管理层级，因此具备高阶管理知识的职业能力就显得尤为重要。但目前很多学校所输出的酒店管理专业人才，其培养的课程体系依然限制于初阶课程，这样就造成了学校输出人才与酒店所需人才之间的差距。

4 酒店管理专业学生职业能力培养现状

4.1 学生自身缺乏职业认同感

通过问卷、日常沟通等调查发现，一些酒店管理专业的学生对专业的认识程度欠缺，虽然酒店业属于服务业，但其发展有着广阔的前景，同时对人才的需求也是颇具综合性的，但一些学生在认知方面依然存在偏差，认为酒店业的工作类型在社会上不受尊敬，所学课程的用处不大，导致学生在学习过程中产生一定的排斥心理，在毕业后的择业过程中也不愿意选择从事酒店业。由于缺乏职业认同感，在职业能力的学习过程中也会产生一定的懈怠心理，有这种心理的学生经过大学几年的培养，在毕业时所积累的职业能力也明显有所欠缺。

4.2 课程体系不断创新但仍需调整

近几年来酒店管理专业的人才培养方案在不断变革与进步，通过走访调研同类型的高校，针对不同年级的学生的学习能力和需求，酒店管理专业的课程体系已经不断完善，将理论知识与实践知识较好地融合在一起，但在推行过程中还需要一定的时间进行细节的调整。如原本制订的计划在实施过程中，发现学生的配合度和理解力有所欠缺，未能取得预期的最佳效果，这些都需要不断完善和调整。

4.3 教师的职业素养应进一步加强

酒店管理专业教师整体师资力量较为全面，中高级职称、海归教师等基本涵盖了全部教师，部分教师具有非常丰富的行业经验，在教学过程中能很好地将传统理论知识与行业的最新需求结合在一起，但仍然有少部分教师缺乏一定的行业经验，在教学过程中很难将丰富的行业知识完全融入课堂中，因此与行业的近距离接触以及参与各项行业活动就显得非常有必要。

4.4 学生与酒店的沟通有欠缺

目前酒店管理专业的学生在校期间与酒店的沟通分为以下几类：一是开学时的新生教育工作，酒店管理系通常会邀请酒店业的精英人士为学生开展行业座谈会，让学生对酒店产生初步的印象；二是在校期间本科学生开展 1+N 课程，分批分次进入酒店进行不同课程的学习；三是在校期间专科学生进行为期两个月的翻转教学，去到定点酒店进行实操练习；四是酒店管理本科专业每年级会成立 25 人左右的 FL 团队，该团队将获取最丰富的酒店上课经验。

从目前的四类普遍沟通情况来看，前三类基本属于人数较多的行业沟通模式，对于性格内向的学生来说，在其学习过程中缺少自主沟通的能力，因此其获取的行业资讯也会有所缺失，因此如何将酒店管理专业的学生与行业的长期有效沟通落实到学生个人，这对其职业能力的提升起着非常重要的作用。

4.5 职业能力构建体系不够完善

根据酒店职业能力的构成要素，对学生的职业能力培养与课程的目标应结合在一起并划分明确的标准，将课程的培养目标与个人素养、专业知识、学习能力以及社会适应力紧密结合在一起，不同的课程对应不同的职业能力培养目标，如基础课程重点培养学生的个人素养，酒店专业课程重点培养学生的专业知识，实践课程重点培养学生的社会适应力，而所有课程都应加强学生自身学习能力的培养。所开设的每一门课程应该有其重点培养的职业能力目标，同时又能和其他课程结合在一起达到综合培养的目的，目前职业能力与课程结合的体系还需进一步完善。

5 酒店管理专业学生职业能力提升的对策

5.1 提升学生职业认同感

学生的职业认同感的培养主要来源于两个方面：一方面是酒店业本身在社会中所获得的认可，另一方面是学校的教育与熏陶。酒店管理专业的教师在日常的教学与教育工作中，应多向学生传递酒店专业的积极信息，让学生树立起酒店人的自信，多组织酒店相关主题的各项竞赛活动、学习活动等，在实际的活动中让学生潜移默化地建立起职业认同感。

5.2 进一步完善课程体系

在现有的课程体系中，了解行业的需求，增加相应的实践课程与高阶管理课程，另外对学生基本素养的培养也必不可少，应在课程体系中设定相应的评价体系，在每一学期或每一学年结束后对学生进行职业能力的考察，不断调整和完善课程体系。

5.3 加强教师职业素养

学生是不断学习和进步的一个群体，教师更需要加强自身素养的提升，积极参与学校组织的各项与行业相关的会议、活动，获取行业最新的资讯，参与各项竞赛不断提升自我的教学水平，与同行进行研讨等，都有助于教师职业素养的提升。教师的酒店职业素养加强，在实际的教学过程中也能够很好地传授给学生，从而影响学生的职业能力提升。

5.4 构建学生与酒店沟通的桥梁

在现有的沟通基础上，进一步拓展与省内外乃至国外的酒店沟通渠道，不局限于线下的形式，多利用互联网媒体等网络形式，以网络授课的方式，让酒店专业的每一位同学有机会与行业近距离接触，通过自身的实际体验与互动，不断加深行业的认知，了解行业对从业者职业能力的要求，从而提升自身的职业能力水平。

5.5 职业能力融入课程目标

将四大职业能力融入不同课程的培养目标中，每一门课程应明确其培养的职业能力要素，并且明确采取何种教学方式来完成职业能力目标的培养，同时应设计相应的考察方式，真正做到职业目标与课程目标相互融合。

6 结语

酒店职业能力是酒店管理专业学生在校期间必须培养的能力，也是未来在工作中发展和进步的前提条件。目前对酒店管理专业学生的培养过程中，存在着职业能力无法匹配酒店业管理工作岗位的情况，因此在教学过程中完善职业能力培养方式就非常有必要。酒店管理专业必须以酒店业的实际需求为导向，将职业能力的培养作为人才的核心技能，融入实际的教学教育活动中。不断变革教学模式，提升学生的实践能力，完善现有的教学体系，构建职业能力培养体系，最终实现酒店管理专业学生职业能力与酒店业需求匹配的目标。

参考文献

[1] 周欣. 酒店管理专业学生的职业能力培养模式研究 [J]. 科教导刊，2014（7）：26-27.

劳动教育在高校思想政治教育中的现状与策略

旅游管理系　白娇

摘要：德、智、体、美、劳五育并举是培养新时代人才的关键。高校思政教育主要针对学生的品德、人文、文化、情绪、品格等方面，这些都属于非智力因素。这也意味着思政教育当中智力因素不能获得充分培养。故而需要劳动教育来补齐思政教育这一短板，实现智力因素、非智力因素协同并进，且让智力、体力协同发展。在二者一张一弛的交替作用下塑造出新时代大学生的完美人格。

关键词：劳动教育；高校思政；教育现状；应对策略

前言

根据教育部发布的《高等学校课程思政建设指导纲要》，思政教育有必要和实践课程融合。实践课程包括社会实践、劳动实践。这也意味着劳动教育和高校思政教育有融合的可行性。但目前我国高校思政教育中缺乏科学全面的劳动观，学生也缺乏劳动能力，故而劳动教育开展得并不乐观。在应对上主要是结合学生专业开展社会实践和劳动实践，并且将职业思想教育、人文教育、法律教育、政治教育融入其中。

1　劳动教育、思政教育内涵分析

1.1　劳动教育的内涵

《教育大辞典》指出，劳动教育是对人的劳动技能、生产能力、劳动素养、劳动观念展开教育，目的是让人热爱劳动，并且从中建立良好的劳动观念、劳动态度、劳动习惯。广大学生能够因为劳动教育而获得工业、农业、服务业等领域具有的知识、技能、技术。黄济先生认为劳动教育包括劳动技术教育、社会公益劳动教育、自我管理教育，即劳动教育涉及了人和自然、人与社会、人与自我关系。换言之，劳动教育能够帮助人平衡自身和社会、自然的矛盾，让人获得全面发展。对于广大大学生而言，劳动教育则倾向于劳动观、劳动态度、劳动习惯的培养。在如今教育背景下，劳动教育具有明显的提高学生体能、给予学生生存能力、塑造学生积极思想的作用，故而有必要在全国高校积极开展劳动教育，实现劳动技能、劳动态度、劳动习惯的培养机制。

1.2 思政教育的内涵

政治灌输是思政教育的本质，思想教育则是思政教育的根本内容，而促进大学生综合发展则是思想政治教育的价值所在。大学生综合发展指的是保证大学生思想不落后于时代，使其能够和社会主流意识亦步亦趋。在互联网极度发达的今天，大学生思想受到了来自国内外不良思想的冲击，不劳而获、拜金主义、自由主义、无政府主义让大学生思想发生动摇，故而从大学生个人发展、国家稳定繁荣两个角度都需要积极在高校展开思政教育。也可以说思政教育是保证个人和国家双赢的关键。

2 劳动教育和思政教育融合的可行性分析

2.1 实现学生智力因素、非智力因素协同发展

思政教育针对的是思想、理念、价值观、态度、情感、兴趣等，这些都属于非智力因素。非智力因素对于人格完善具有积极促进作用。但人的全面发展在于非智力因素、智力因素同时培养。思政教育在智力因素培养方面较为薄弱。智力因素包括想象力、注意力、专注力、思维能力、观察力。除了思政教育中哲学部分内容能够考察学生的思维能力、观察力之外，其他智力因素很难因为思政教育而获得成长。劳动教育除了具有提高个人体能、调节身体机能作用外，在劳动中学生的劳动技能、思维能力得到发展，而且在手脚并用过程中智力水平会明显提升。最为关键的是，劳动给予了学生理论结合实践的机会，让学生建立正确的劳动观、价值观。这也意味着劳动教育具有一定思政教育的功能。所以劳动教育和思政教育融合对人的全面发展具有推动作用。

2.2 劳动教育是思政教育基本载体

在课程思政建设背景下单纯的思政教育已经难以取得更好的教学效果，这是因为源于传统的思政教育形式不够活泼。劳动教育让学生能够走出课堂进入自然环境和社会环境当中，这本身会让学生更乐于参加劳动教育，无形中也为思政教育提供了一条渗透之路。

首先，劳动教育打破了传统课堂束缚，让学生能够进一步接触社会，并能够被社会主流意识影响，使其思想水平得到改善和提升。高校在劳动教育当中融入"工匠精神"，积极地邀请社会匠人前来讲学、传道，这会让学生感受到

民间匠人具有的高尚职业精神，并用"工匠精神"来严格要求自身，从而奠定了学生职业素养之根基。其次，劳动教育让大学生能够走到群众中去，体验社会大众工作环境，了解社会大众生活状态，并且最终建立为人民服务的意识。而"全心全意为人民服务"是中国共产党的宗旨，是高校思政教育的根本内涵。最后，实践出真知，实践是劳动，真知便是思想意识，这句话的意思是只有通过劳动验证过的思想才是经得起推敲的。这也代表劳动教育是思想政治教育的载体。高校推行双创教育和思政教育融合的教学方案。双创包括创新、创业，二者是脑力劳动和体力劳动。双创与思想政治教育融合目前在高校已经获得一定发展，这也说明了劳动教育和思政教育具有可融合性。通过双创活动的开展，学生的思想意识、创业态度、职业认知等都得到了改善。

2.3 劳动教育培养学生"四美"

思政教育目的是培养思想美、行为美、心灵美、语言美的新世纪人才。这也说明思想政治教育和美育具有一衣带水的关系。劳动教育能够让学生拥有热爱祖国、热爱人民、热爱社会主义、热爱集体的意识，这些属于思想美范畴；劳动教育能够让大学生遵守纪律、礼让他人、帮助他人，这是行为美范畴；劳动教育能够让大学生热爱自然、尊重自然、关爱他人，这是心灵美范畴；劳动教育能够让大学生掌握淳朴真挚的语言，说出群众爱听的话语，这便是语言美范畴。故而劳动教育让美育工作有了良好的渗透途径，让学生形成四美。

综上所述，劳动教育和思政教育具有很好的融合优势。

3 高校思政教育中劳动教育的现状及问题

3.1 高校思政教育中劳动教育现状

首先，劳动教育在大部分高校属于缺失状态。导致这一现象的根本原因在于：

第一，一部分大学生娇生惯养，缺乏劳动意识、劳动技能、劳动习惯。新闻曾经曝光某大学生长途快递衣物让母亲去洗，由此可见部分大学生好逸恶劳是真实存在的。

第二，高校劳动教育系统不完善。其实劳动教育具有提高就业率的功能，因为大学生拥有较多劳动技能只会使其就业选择面更大。只可惜很多高校决策层没有认识到劳动教育这一价值。高校进行的劳动就业都是基于学生未来职业发展而设的。日常劳动、非职业性劳动较少甚至没有，且劳动情感教育缺乏。一部分高校虽然将劳动教育和学分关联起来，但是劳动教育集中在卫生区打扫、宿舍清洁等，缺乏劳动技巧、劳动观念的培养。

其次，对劳动缺乏全面认识。在很多人的认识中劳动就是出苦力，就是满手老茧。实际上劳动分为体力劳动、脑力劳动两种。两种劳动只是分工不同，地位上并没有差别。但因为人们头脑中的阶层意识自动地将脑力劳动和劳动区分开来，高校也因此在课程实践、顶岗实习当中缺乏劳动教育安排。学生在实习当中也经常性拈轻怕重，远离任何体力劳动岗位，认为这样的岗位会降低自己身份。而企业分配制度中基层劳动岗位收入少，管理层收入高，这也让大学生厌恶劳动，轻视劳动岗位。

所以目前高校劳动教育和思政教育基本上是分立的，二者融合度很低。

3.2 高校劳动教育和思政教育融合问题

第一，缺乏双师型教师。劳动教育涉及劳动观念、劳动态度、劳动技能、劳动习惯培养。而放眼高校教师群体可以发现，拥有较高劳动素养的教师凤毛麟角。教师是教育实施的主体，高标准劳动教师的缺失导致了高校劳动教育缺失以及现有劳动教育体系不完善。

第二，缺乏劳动教育与思政教育融合的校本教材。目前高校劳动教育教材主要有《劳动通论》《新时代大学生劳动教育》等教材，这些教材缓解了劳动教育教材缺失问题。但劳动教育与思政教育融合问题并没有获得有效解决，这是因为高校缺乏二者融合的校本教材。校本教材具有的优势便是灵活性，能够和学生专业、学生劳动能力、学校劳动教育资源、学生思政水平、高校思政体系等紧密关联起来。校本教材劳动教育与思政教育融合缺乏方案。

第三，缺乏劳动教育和思政教育融合的环境以及监督机制。不管是学生对劳动的认知还是教师劳动素养，抑或是高校内部环境建设，都不能为劳动教育和思政教育高度融合提供助力。以学生未来职业为导向的劳动教育缺乏职业情感教育，而高校内部又缺乏非职业劳动环境。学生非职业领域劳动技能的学习、劳动观念的塑造、劳动习惯的培养无法达成。最为主要的是，劳动课程开展情况、学生劳动素养培养都缺乏监督。也因为监督不足，劳动教育形式化比较严重。

第四，缺乏劳动教育和思政教育融合的资金保障。首先，职业劳动教育需要构建实习基地，其需要大量资金。其次，双师型教师培养需要一定资源。再次，进行各类社会实践也需要资金支持。最后，劳动教育和思政教育融合学研项目同样需要资金保障。而高校在劳动教育、思政教育领域的资金预算思维薄弱，导致两个领域发展都缺乏资金，二者融合方面只能让有限的资金更加捉襟见肘。

第五，缺乏劳动教育和思政教育融合的考核标准。二者融合方式的研究不足、融合途径探索不足，这也让劳动教育和思政教育融合标准比较模糊。所以高校所进行的劳动教育与思政教育融合工作也难以得到全面评估。

4 提高高校思政教育与劳动教育融合水平的策略

4.1 构建高校思政教育、劳动教育融合三位一体模式

首先，高校应意识到社会宣传劳动教育重要性，并建立特色劳动教育项目。通过融媒体形式将劳动教育价值宣传出去，让学生及家长对劳动教育产生正确认知。这也是实现劳动教育家校对接的关键一环。学生及家长因此能够改变以往的教育观念，能够在学生进入高校前就培养其正确劳动的观念。诚然，这也有待于劳动教育在中小学的普及。

其次，高校积极构建劳动教育体系。第一，从决策层到教师需要认真分析劳动教育价值，并确立劳动教育主体地位。第二，形成非职业劳动教育项目。能够针对学生生活劳动开展包括思想、技能、技巧的课程。同时将学校划区划片，让学生参与到校园卫生建设当中，并积极扩展片区劳动范畴，包括树木剪枝、道路修缮、墙体粉刷、校园景观设计等。对所设立的劳动项目在劳动情感、劳动质量、劳动效率、劳动习惯养成等方面进行评价。第三，职业劳动教育领域，要确保实习基地建设，并且设立劳动态度、劳动技能、劳动质量、思想观念等方面衡量标准，要切实地保证劳动教育、职业思想教育等混合起来。

再次，校企联合消除学生劳动偏见。高校和合作企业需要在劳动教育方面达成一致，能够确立劳动光荣、懒惰可耻的正确观念，对劳动者给予足够的尊重，让劳动者获得必要的回报，让懒惰者获得相应的惩罚。要让学生通过企业的管理行为能够纠偏自身劳动观念，并且积极地去结合企业劳动要求去提升自身劳动技能水准。

最后，建立劳动教育和思政教育融合项目。发动本校教师来结合学科特点去融入劳动教育和思政教育，能够在《高等学校课程思政建设指导纲要》的基础上，再融入劳动教育，让高校学生得到全面培养。这样的培养模式有助于学生全面认识劳动，知道劳动分为脑力劳动、体力劳动，而且在一定程度上二者需要混合。例如通过视频教学，将企业高层领导参与基层建设劳动的素材播放出来，要让学生认识到任何人都需要进行体力劳动，劳动既是人谋求发展的根本技能，也是生存的根本技能。

4.2 解决高校目前劳动教育与思政教育分立的策略

第一，培养劳动教育双师型教师队伍。首先，高校内部经常性开展校园劳动，让教师充分参与进来，通过这样的形式提高教师体质的同时，能够让所有教

师积累劳动经验、提高劳动技能。尤其是可以开展和各科教师学科有关的劳动，例如教具创新、教学改革方案编制、学科知识在劳动领域的运用等。其次，积极地从校外聘请知名工匠，对教师展开劳动教育，要提升教师的"工匠精神"，要让教师摒弃劳动可耻、劳动者地位低等错误观念。最后，引导教师编写劳动教育、思政教育融合的校本教材。这是源于这种编写过程涉及了调查考证、方法创新、教学实验等工作，严格来说也属于劳动过程，能够建立教师立体的劳动观。在二者融合的校本教材上鼓励教师创新，并积极形成本校校本教材知识产权，能够向有关部门申请保护，让参与该项活动的教师都得到应有的利益。

第二，开发活页式、说明书式劳动教育、思政教育校本教材。活页式校本教材利于学生在思政课中灵活地将劳动教育内容插入进来，或者在劳动教育中将自身思想感受等融入进来。总而言之，这种教材形式方便了学生学习，让学生形成自主学习习惯，使学生成为劳动教育与思政教育融合的推动者。说明书式校本教材则是将劳动技能充分加以说明，利于学生掌握一些劳动技术；将劳动技巧也标注其中，利于启发学生劳动智慧；将思想教育融入其中，让学生形成良好的劳动感受。

第三，构建二者融合的环境并实现有效监督。首先，结合双创鼓励学生结合专业知识生产和创造某些产品。这些产品经过电子商务领域发售出去让学生能够获得回报。这会让学生的劳动积极性得到激发。例如，目前 3D 打印能够输出各种创意产品，让美术系大学生将其融入设计创造中，这不仅提升了大学生创意设计水平，还能激发其劳动兴趣。对于有资格申报专利保护的，高校会积极提供服务，让学生能够享受到应有的回报。其次，学校要建立监督机构，能够对学生生活劳动、非职业劳动、职业劳动以及对应的思想水平、职业情感、劳动态度形成全面评价，评价结果与学分挂钩，以这样的方式让学生重视劳动教育，并让劳动教育和思政教育得以融合。监督机构也要对教师劳动教育、思政教育融合水平展开评估，要让教师在严密监督下逐渐适应课程思政化、课程劳动教育化。另外，监督机构要对高校劳动教育所需资源展开评价，例如劳动工具是否充足、劳动设备是否齐全、劳动安全措施是否齐备等。

第四，要多方筹措资金保证劳动教育得到开展。首先，需要积极了解教育部或者中央政府、地方政府在高校劳动教育有关的政策。目前国家及地方政府对高校劳动教育有经费支持，需要各大高校在预算时将其全面统计计算，保证能够获得中央及地方财政支付。其次，积极地面向社会展开募捐活动，能够让社会资本进入劳动教育、思政教育领域。再次，高校积极寻找高质量合作企业，力争获得合作对象的物资支持、资金支持。诚然，这其中高校也必须要满足合作企业的需求，如此才能建立稳定的长期合作关系。最后，在劳动教育、思政教育融合方面展开学研项目，并严控资金，能够在降低成本的同时提高学研效率。

第五，建立劳动教育与思政教育融合考核标准。首先，将学生劳动技能、劳动态度、劳动习惯纳入标准内。这也决定了从学生劳动表现反观教师劳动教育水平。其次，对教师劳动教育、思政教育校本教材质量展开评价。最后，对教师本人参与校园劳动创造的表现展开评价。

5 结语

想要提升高校思政教育中劳动教育地位，让劳动教育具有的强身体、益智慧、利审美等功能发挥出来，需要高校改变目前因为师生轻视劳动教育导致劳动教育体系不完善的现状。需要抓住双师型教师建设、劳动教育与思政教育融合环境建设、劳动教育监督机构建设、资金资源整合优化、劳动教育与思政教育融合考核标准建设等方面，使劳动教育中有思政教育，思政教育中有劳动体验，保证学生智力因素、非智力因素得到全面发展。

参考文献

[1] 王苇，蒋玮获．劳动教育在高校思想政治教育中的现状与策略研究[J]．智库时代，2020（10）：2.

[2] 张晓岚．浅析高校思想政治教育中的劳动教育[J]．浙江工商职业技术学院学报，2020，19（3）：3.

[3] 姜雪．关于高校引入"劳模导师"创新思想政治教育工作的研究[J]．黑龙江教育：理论与实践，2021（6）：2.

[4] 安奕霖．新时代劳动教育融入高校思想政治教育的探索：以电力类高等院校上海E大学为例[J]．产业与科技论坛，2021，20（8）：3.

[5] 曾凡传，张丹丹．新时代劳动教育融入高校思想政治教育的实践路径[J]．教育评论，2021（4）：6.

[6] 刘欣畅．高校劳动教育与思想政治教育的融合探析[J]．新丝路：中旬，2021（10）：2.

[7] 胡艾筠．浅析劳动教育融入高校思政课教学中的价值与应用[J]．科技资讯，2020，18（34）：3.

[8] 汝晴．新时代劳动教育融入高校思想政治教育研究[J]．科教文汇，2021（14）：2.

综合类研究

融媒体时代"学习强国"平台融入高校党建工作的创新路径研究

酒店管理系　刘思涵

摘要： 随着媒介融合的不断发展，"学习强国"平台应运而生。在中国共产党成立 100 周年之际，在"两个一百年"奋斗目标历史交汇的关键节点，加强党建工作是应有之义，而将"学习强国"平台融入高校的党建工作有利于弘扬主流价值观，增强党员的思想政治素养，对于新时代高校的党建工作意义重大。但目前"学习强国"平台在融入高校党建工作的过程中尚且存在一些问题，各高校需要有针对性地创新路径，进而增强思想建设、作风建设、制度建设和组织建设等，为高校的党建工作服务。

关键词： 融媒体时代；学习强国；高校；党建

中国共产党自成立以来，便带领广大群众不畏艰苦、顽强拼搏，不断地取得一个又一个伟大的胜利。没有共产党，就没有新中国。我国历来非常重视党的建设问题。习近平总书记强调："办好中国的事情，关键在党。"加强党的建设是适应国家人才强国战略的要求，党建工作的重要内容是提升党员的素质。

习近平总书记在党的十九大报告中指出，我们要"高度重视传播手段建设和创新，提高新闻舆论传播力、引导力、影响力、公信力"。近年来，随着互联网的发展，云计算、人工智能、大数据以及 5G 等信息技术发展迅猛，传统媒体和新媒体之间互相碰撞，实现了跨时空距离、跨主体身份、跨传播功效的深层次融合，我们迎来了融媒体时代。当前融媒体时代下，高校党建工作需要创新方式方法，充分利用"学习强国"平台的优质资源和强大功能，培养出更多优质学生党员队伍，适应国家要求。

1　融媒体时代"学习强国"平台融入高校党建工作的意义

"学习强国"学习平台于 2019 年 1 月 1 日问世，它是一个以当今国家大事，习近平总书记的一些重要思想、重要讲话精神等为主要内容，面向人民大众特别是党员的优质平台。"学习强国"平台是在新的历史条件下加强党的思想理论武装和党性修养的创新探索，有利于全国人民特别是党员学习并深入理解习近平新时代中国特色社会主义思想。当下，高等学校是为我国培养优秀共产党员的主要阵地，要想有效地利用"学习强国"平台增强新时代广大党员的理论知识、提高党性修养，"学习强国"平台融合到高校的党建工作中是非常重要的。

1.1 线上APP方式为党建工作提供了新的开展形式

高校党建工作历来以"三会一课"为主要内容。"三会一课"是我们党经过实践检验证明的应该长期坚持的制度，它通过让党员按时上党课来巩固和拓展党员的政治理论知识，并按计划召开党员大会、小组会等来传达党的大政方针并检验所有党员的思想工作情况，但是长此以往，这种模式未免太过单一，大大降低了党员主动性。因此，在融媒体时代背景下，"学习强国"平台作为一种新兴的媒体出现，受到了高校的广泛青睐。首先，"学习强国"线上学习平台的优势是不论何种环境下都可以随时进行学习，并能进行和参与相关专题知识教育活动，不仅能够节省党员大量的时间，同时也改善了学习的效果。其次，这种学习方式有利于党员之间随时随地进行交流。在学习强国的平台上，通过"强国通"的分界面，可以创建学生学习小组，创建群聊，添加好友等，具有强大的沟通共享功能，有利于党员之间直接在"学习强国"平台分享交流信息资源，共同进步，进一步增强党的凝聚力。

1.2 多样丰富的板块主题教育加强了党员理论学习水平

作为媒介融合的产物，"学习强国"平台基于传统媒体与新型媒体进行融合，传统媒体中最具权威的媒体融入其中，也融合了这些权威媒体的新媒体客户端信息。"学习强国"平台可以在不同的端口进入。其中电脑PC端有十多个主题版块，包括"学习新思想""环球视野""红色中国""强军兴军"等，也有"重要新闻""学习时评"等特色栏目，还有"学习宣传贯彻党的十九届五中全会精神""全力做好新型冠状病毒肺炎疫情防控工作"等专题教育。手机客户端则包括几大板块，涉及科技、文化、国防、教育、医疗等众多领域，可以通过其中"百灵"这个板块刷有趣的小视频，还可以通过"电视台"看电视频道、学习重要会议及重要讲话等，内容极其丰富。通过平台的学习，党员们不仅可以学习到各种形式的党建理论知识，还可以学到经济、文化等各个领域的学习资源。此外，该平台的内容实时更新，便于所有党员及时了解国家一切大小事，是加强师生党员理论学习的有效途径。

1.3 多元积分模式激发了党员学习积极性

与其他学习型平台相比，"学习强国"平台的学习积分规则很好。学习积分是"学习强国"学习平台对用户通过本平台进行学习的行为分析数据。党员可以通过每日登录、浏览或播报学习资讯，刷学习视频，挑战答题等赚取积分，有利于党员快速掌握时讯内容，更好地学习"四史"，更好地对自己的思想进行武装。此外，用户在通过做任务赚取积分的同时，还能够赚取相应的点点通积分，这些积分可以用来兑换书籍、文具等实物产品，还可以兑换助农优惠券、流量包等线上产品，能够有效激发学习兴趣。通过这种积分机制，党员之间形成了"比拼学习"的热潮，不仅可使他们充分利用好自己的零碎时间，提高了学习效率，还潜移默化地增加了自己的知识储备。

2 融媒体时代"学习强国"平台融入高校党建工作的困境

当前，"学习强国"平台作为高校党建工作中重要的工作，其使用及操作功能非常强大，各高校也认识到了该平台的价值，并正在逐步将"学习强国"平台融入党建工作中，但是在这过程中也存在着一些困境。要想进一步将"学习强国"平台与高校党建工作深度融合，在党建工作中利用"学习强国"平台找出创造新时代的工作方法，必须正确分析当前"学习强国"平台在融入高校党建工作过程中所面临的困境。

2.1 "学习强国"平台的应用深度不够

通过"学习强国"APP，党员能够接收权威性的理论知识资源，有效提高自身的思想认知水平。同时，高校利用"学习强国"平台推动党建工作也有利于"学习强国"平台的推广和宣传，让更多的人体会到"学习强国"平台的有益功能和它的价值意义，从而更好地弘扬主流价值观。但是，在融媒体的时代下，充斥着各种媒介混合的产物，面对这些产物，一些高校不知该如何选择，或者没有深刻认识到"学习强国"平台对于高校党建工作的益处，导致"学习强国"平台的应用深度不够，二者的结合程度还不够深。众高校只在党员范围大力提倡使用"学习强国"APP，而对非党员则没有要求，导致该平台的功能和优点没能很好地被深入挖掘，也没有充分发挥出它的积极作用。对于非党员来说，在成为党员之前没能充分接收"学习强国"平台的熏陶，对日后发展成为党员的时候其知识储备、政治觉悟相对来说就会较弱一些。

2.2 党员学习的主动性强度不够

当代大学生的现状是政治意识不够强，认为政治太过枯燥，这导致他们没能产生正确的认知，忽略了利用"学习强国"平台来提高自己的知识水平，主动地关心国家之事。在应用"学习强国"平台时，部分党员处于被动学习的状态，需要党组织管理人员督促其学习，甚至有人把对"学习强国"的学习当作一种形式、任务而不是一种使命，每天登录"学习强国"只是为了积攒积分，答题的时候过分依赖答案，甚至连题目也不看直接根据正确答案选择，这样的学习并不能为自己所用成为自己的知识储备，导致大部分学生不能达标，理论知识储备碎片化严重，对"学习强国"的学习也是敷衍了事，这与我们大肆宣传和推崇"学习强国"平台的初衷不符。

2.3 对党员学习状况的监管力度不够

当前，高校在运用"学习强国"平台进行党建工作时会建立专门的学习管理小组，分级管理，这样有利于发送通知、传达及转达消息，也便于清晰掌握党员、即将成为党员以及可能成为党员群体的学习情况，并对他们的学习成果进行评估和考核。在这些管理小组成立初期，一些小组长确实是尽心尽力、积极性很高，但是随着时间的推移，部分人便放松了对自己的要求，也放松了对小组成员的要求，不仅学生党员对"学习强国"的学习流于形式，监管的管理者也只是流于形式，在知道小组成员没有完成积分任务、没有达到条件的情况下没有及时督促，而是放任自流。因此，也就未能形成监督管理的长效机制，导致党建工作完成的效果不理想。

3 融媒体时代"学习强国"平台融入高校党建工作的路径

对于众高校来说，加强党建工作是大势所趋，更是人民的需要。融媒体时代的来临，给高校党建工作提供了更多的机遇，高校建设在当下充分利用融媒体的优势培养党员队伍，利用融媒体的特点创新党建工作的新亮点。"学习强国"平台作为融媒体时代背景下的产物，其强大的功能对高校党建工作非常重要，众高校必须创新"学习强国"平台融入高校党建工作的实践路径，推动"学习强国"平台与高校学生党建工作的深度融合。

3.1 增加对学习强国平台的运用

"学习强国"平台作为权威性的宣传党和人民意志的平台，"学习强国"平台的强大功能可以给高校工作提供更好的可利用空间和资源，发挥其育人功能，加强党员思想建设。当前高校党建工作对于"学习强国"平台的应用深度不够，应该将其进一步融入高校乃至全国的党建工作当中去。首先，除了在党员范围内要求对"学习强国"平台进行学习，也要鼓励非党员注册和学习"学习强国"平台，积极组织所有教师以及所有学生都参与到"学习强国"平台的学习当中，形成共同学习的浓厚氛围。这有利于党员加强党性修养，也有利于非党员为日后成为党员打下良好的基础，提升党员质量。其次，可以将"学习强国"平台应用到高校思想政治课当中。当前在众高校的思想政治课中，"学习强国"平台的"出镜率"还不够高，所以各高校的思政课老师可以将"学习强国"平台带到课堂中，并将它作为思政课程的考核标准之一，让大家认识到它的强大功能和优越性，有利于大家在潜移默化中主动地去学习，从而加强思想建设。

3.2 提高师生党员的学习主动性

"学习强国"平台这种线上的学习平台，拥有着丰富的内容知识，非常适合当代人的思维方式和认知水平，所以更应该激发党员对"学习强国"平台的学习兴趣和行动热情，提高他们的主动性，切实改变作风和学风，从而加强党的作风建设。首先，要提高党员对"学习强国"平台的重视。高校要加强对师生党员的引导，在平时工作当中、课堂上以及党课上都可以宣传"学习强国"平台的育人等功能，使学习者了解该平台的有益之处，使党员能够主动并乐于通过这个平台来进行学习，以提高党员的学习质量，保证大家在该平台的学习中有所收获，不断学习，严格要求自己做一名合格的共产党员。其次，除了通过引导党员对"学习强国"平台加强重视之外，还可以鼓励他们创作形式多样的优质党建作品，并积极投稿至"学习强国"平台，这有利于提高思维创新能力和实践能力，让他们把"学习强国"平台当作一种发自内心的兴趣，才会更愿意自发地去学习。这在无形中提高党员对运用"学习强国"平台的积极性和主动性的同时，也有利于提高各高校的知名度，推动党建工作进一步发展。

3.3 强化对师生党员的监督管理

"学习强国"平台是中宣部推出的全民学习平台，是我国思想文化交流、科研学术共享的优质平台，同时也是深入贯彻学习习近平新时代中国特色社会主义思想的重要载体，在"学习强国"平台上进行学习，是提高党员质量的重要措施。而制定对党员学习的监督管理机制，是保证党员学习质量的重要举措，是党的制度建设的关键一环。不仅要通过"学习强国"平台来监督党员的知识学习，还要针对党员对"学习强国"平台的学习情况进行有效监督管理，如对党员的每日的学习积分状况进行反馈、让党员提出相应的党建工作建议等。因此，管理制度应该全面完善，加强对党员的管理。在完成平台学习之后，管理人员须对其结果进行适当的监督和反馈。在分级设立管理小组的时候，也要注意提高对组长的要求，让小组长既然选择了这个职务，就应该承担起这个职务的责任，负担起对学校建设与小组成员的重要责任。

3.4 完善学习强国评价考核机制

建立并完善评价考核机制是检验党员学习"学习强国"平台效果的重要

保障。对于"学习强国"平台的使用，应该建立起一套与之相应的评价考核机制，在保证学生党员学习量的同时也要注重其学习质的提升，党组织建设的有效开展离不开党员质量的提高。

3.4.1 重视线上考核评价

对于高校党建工作来说，可以充分利用"学习强国"平台中的"学习积分"这一强大的激励功能作为考核评价标准之一，推动"学习强国"平台学习的标准化。首先，可以通过定期公布所有党员的学习积分排名，让他们形成你追我赶的良性竞争局面，对排名靠后的党员进行适当的批评和指正，并利用树立榜样的方式倡导全体党员向优秀党员看齐，从而实现共同进步。其次，学习积分一定程度上代表了努力程度，并利用学习积分作为评优评先的标准之一。对积分高、参与度高的党员进行物质或精神奖励，如授予荣誉称号或给予加分等，并将此作为评定奖学金、党员评优的参考标准之一。

3.4.2 结合线下考核评价

考虑到部分党员对于线上学习的态度较为敷衍，应结合线下的方式检测学生学习的成果。如开展以"学习强国"平台内容为主题的专题演讲比赛、心得体会分享，以党建知识为主要内容的线下知识竞赛、微党课比赛等，这也有利于党员更加踊跃地积极参与到学习当中，让线上的学习成果在线下活动中得到巩固和提升，营造出浓厚的学习氛围。此外，如果党员达到了一定的积分，可以让其实地参观爱国主义教育基地、革命文化基地等，不仅可以对党员进行党性教育，让大家接受党性的熏陶，而且有利于激发党员的兴趣和积极性。

4 结论

习近平同志指出，要"用先进文化占领思想文化阵地，善于用先进文化、用具有吸引力的正面的东西，去占领每一个阵地，让负面的东西和敌对势力无法乘虚而入，失去生存的土壤"。融媒体的迅速发展，为高校党建创新工作提供了新的契机。"学习强国"平台作为我们党宣传我国党建知识、弘扬优秀文化、进行爱国主义教育、加强意识形态的一个优质平台，丰富了党建工作的内容和形式，为高校党建工作营造了优质的文化生态环境，应该被广泛应用于新时代高校党建工作当中去。在这过程中，党员也应自觉主动地去关心国家大事，积极通过如"学习强国"等线上优质平台加强理论知识的学习，不断提高思想政治理论与实践的素养，不断拓宽视野，拓展自己的见识，培养远大的抱负，积极投身新时代中国特色社会主义伟大实践，为实现中华民族伟大复兴的中国梦贡献自己的青春力量。当然，高校党组织领导小组也要重视对党员学习成果的监督，完善监督考核机制，为我国培育更多的优秀党员骨干力量，助推我国全面社会主义现代化国家建设。

参考文献

［1］刘新庚，刘邦捷. 手机思想政治工作的基本内涵与实施原则 ［J］. 思想教育研究，2017（9）：97-100.

［2］张立，金新亮. 红色基因：传承机制变迁与当代建构 ［M］. 北京：人民出版社，2021.

［3］滕建勇. 新时代高校党建高质量发展的思考与探索 ［J］. 思想理论教育，2021（2）：74-78.

［4］陈源波. "学习强国"平台在高校党建工作创新中的应用研究 ［J］. 黑龙江工业学院学报（综合版），2020，20（8）：20-23.

［5］刘双英. "学习强国"助推高校大学生立德树人建设 ［J］. 现代交际，2021（2）：118-120.

［6］魏艳清. 用好学习强国 App，做好高职学生党员教育管理工作 ［J］. 公关世界，2020（24）：112-113.

［7］雷婧. "学习强国"平台在高校党建工作创新中的应用研究 ［J］. 高教学刊，2020（14）：40-43.

［8］陈锡初. 以"学习强国"为抓手 夯实党媒集团基层党组织建设 ［J］. 中国地市报人，2021（1）：76-77.

［9］王玉平. 新时代高校党建与高校治理现代化的逻辑互构 ［J］. 学校党建与思想教育，2021（1）：60-63.

［10］王期文，张成相，杜秀娟. 基于"学习强国"平台的研究生党支部建设 ［J］. 时代报告，2020（6）：32-33.

［11］宋晟，邓思佳. 新时代高校基层党组织制度建设探析 ［J］. 学校党建与思想教育，2021（6）：23-24.

［12］徐敬松，彭丹. "学习强国"平台融入高校党建工作的路径研究 ［J］. 时代报告，2020（11）：18-19.

［13］徐迎华，李长利. 新时期高校党建在高等教育发展中的作用研究：评《高校党建创新——实践探索与理论思考》［J］. 领导科学，2021（4）：2.

［14］李志强，孙金凤，张娜. 融媒体"学习强国"视域的高校党建教育路径创新 ［J］. 扬州大学学报（高教研究版），2020，24（4）：65-71.

"一载体，双平台、多融合"
——民办高校师生协同发展模式研究

工商管理系　关晓月

摘要：本文从师生协同发展模式的内涵入手，通过分析该模式的现实困境，提出师生同向同行、共同发展的"一载体，双平台、多融合"模式，进而实现民办高校教育质量和综合实力的全面提升。

关键词：协同发展；双主体；融合

一直以来，高校扩招对我国经济社会的发展和国民素质的提高都有积极的促进作用，但近年来扩招"后遗症"的日益显现，诸如教育资源分配和生源素质数量等问题已经严重制约高校教育质量和学术水平的发展，特别是民办高校的师资队伍建设和学生综合素质教育，直接影响着学校的办学实力和社会效益。现代教育过程是由教师和学生共同构成教育活动的主体，传统以强调教师成长或学生培养的"单主体"模式由于缺乏师生间良好的协作反馈机制，不可避免地会在教育实践中遇到一方过分主导而削弱甚至抑制另一方的倾向。而随着高教改革的深入和人才培养模式的优化，师生"单主体"也在向"双主体"模式发生转变。"双主体"是以构建教育主客体间双向互动为基础的协同发展关系，旨在充分发挥教师和学生的自我效能。

1　师生协同发展模式的内涵

协同发展，是指超过一个以上的不同资源或个体，相互协作实现某一目标，达到双赢。师生协同发展，则是以教师和学生作为独立自主的个体，在教育实践中相互协作配合，完成统一的教学活动任务，既强调教与学的"整体性""共生性""协同性"和"互补性"，又要求处在主体的师生有共同的目标和价值取向，在相互合作中共同成长、实现互惠共赢。

2 民办高校师生协同发展模式的现实困境

2.1 师生的协同发展意识不强

对民办高校教师来讲，应用型人才培养的定位要求教师要全面提升自身的应用能力和实践能力，同时，在传统的职称评审道路上，教师又需要在教学和科研上不断精进，积累成果。因此，教师如何将产、教、研有效结合，向学生输出知识、信息的同时，也使自身能力得以提升达到双赢显得尤为关键。然而，现实的情况是，部分教师对"双主体"教学的认知存在偏差，片面追求自身发展，在进行教改、科研的过程中难以主动加入学生参与和互动的部分，无法将师生共同协作成果反哺于教育教学过程，致使自我成长的积极性和成就感不足，呈现效果不完整。对学生而言，学生对课下的拓展练习、自主学习等任务的完成也常常东拼西凑、敷衍了事，缺乏对专业学习和实践深入训练的场所和动力。

2.2 师生的合作机制缺失

教师与学生是教育教学过程中的两大主体，也是一个有机整体，两者是合作关系，通过长期合作，达到一种默契配合、相得益彰的理想状态，从而实现教学相长。但在实际的教育教学中，师生间缺乏一定的合作机制。学生与教师仅仅在课堂上碰面，课下很难再交流沟通，更没有一个平台或载体能够将师生集结起来，让教师为学生的"学"而再"教"，让学生的"学"在教师的再次指导下出效果。

2.3 高校的制度环境不完善

纵观目前的民办高校，教师发展和学生培养大多是独立进行的，相互之间没有关联性。通常高校教师的教学行为仅仅被局限在课堂，教师在课堂之外对学生的指导较为零散、无体系，教师的教改、科研没有学生参与，学生的科创、专业活动，教师也仅仅是友情出席。而学生受制于课堂特定交流形式的束缚，在有限的教学交流中不能更多地向老师展示自身多元创造性的思维，师生各自的成果积累不能资源共享，相辅相成，于是无法达到融合互助的效果。

2.4 社会组织的参与度不够

在民办高校外部，企业、政府机构、社会团体等组织拥有丰富的社会资源，能为师生提供良好的锻炼和发展平台。但由于行业领域、资本运作、行政归属等原因，民办高校与这些组织间往往缺乏横向合作实践，社会组织对人才培养的参与度不够。一方面，民办高校制订人才培养方案时未能深入探究行业、企业的用人需求，人才输出常常与社会脱节；另一方面，民办高校教师的教学科研活动，常常偏理论轻实践，应用型、可转化的服务社会的研究成果呈现数量较少，这也不利于教师的综合发展。

3 "一载体、双平台、三融合"的师生协同发展模式的构建

3.1 框架设计

民办高校师生协同发展模式应以提高学校核心竞争力为目标，以为地方经济提供资源整合和人才供给为宗旨，将提升教师教育科研能力和培养学生创新创业能力作为着眼点，以教学相长、产教融合、以赛促学为推手，通过项目化教学、企业化评价，构建"以专业工作室为载体，以课程实践教学和校外实习基地为平台，将"产、教、研、学、赛、创"有机融合的师生协同发展培养模式，即"一载体、双平台、多融合"模式。框架图设计如图1所示。

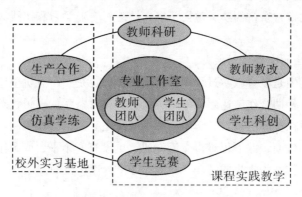

图1　"一载体、双平台、多融合"模式框架

3.2 "一载体"：以专业工作室为载体，激发师生的自主创新、实践能力

教师骨干组成教师团队，学生骨干组成学生团队，两者进入专业工作室，以工作室为载体，参与各项校内外实践活动，结合学校发展对教师素质的要求，市场经济对人才职业能力和专业素养的需求，发挥教师团队在专业工作室的指导作用，利用专业教师在教学上的优势和项目开发上的经验，带动和培养学生的实践应用能力。同时，通过学生的创造性思维和自主创新，为教师提供新颖的思路与想法，师生共同设计选题，共同研讨项目，形成师生优势互补，为教师教改科研、学生创新竞赛提供素材积累和智力支持。

3.3 "双平台"：以课程实践教学、校外实习基地为平台，实现校企良性互动

在校内，突出课程实践教学的实操性，通过工作室运作，鼓励教师指导学生参加学科竞赛、学科拓展活动，将理论知识学以致用。在校外，根据应用型

人才培养的行业、企业特点，建立"校外实习实训基地"，通过实践教学项目，全方位开展校企深度合作，实现专业工作室与企业实践相衔接。一方面，通过学生进入实习基地进行仿真实习，让学生提前了解企业经营和生产运作的情景，运用理论知识进行现实操作，为未来踏入社会做好充分准备；另一方面，鼓励教师通过挂职锻炼、校企合作等形式，与行业、企业接轨，提高教师的社会服务能力和行业影响力，并在教学、教改、科研上积累实践成果，积极向高素质的"双师双能"型教师迈进。此外，教师对企业开展的社会服务，也为学科专业建设提供产学研合作机会，提升专业服务产业的能力。

3.4 "多融合"：产、教、研、学、赛、创相融合，实现师生"双主体"的对接

第一，产、学、创相辅相成。

紧密结合教学实习基地，通过专业工作室打造以学生为主体的创业孵化平台，在产、学、创方面拓展思路和实践方式，构建多样化创新性实践路径。课程实践引导了学生体验创新的过程，创新创业项目的落地又检验了学生的创新能力，真正实现"企中校、校中企"。

第二，产、教、研改革创新。

专业工作室积极打造项目课程化教学、实践模式，将企业项目与技能实操相结合，保证人才培养适应企业需求。教师将积极开展以职业发展、技能实践、教学改革为导向的课堂实践。一方面，选取来自企业的真实项目，通过任务导向、项目驱动的教学模式，有效进行教学改革；另一方面，专业工作室针对企业的项目开发成果，在服务企业运营的同时，也为教师的科研积累提供素材，助力教师综合能力的提升。

第三，学、赛、创紧密结合。

专业工作室打造标志性专业竞赛，用比赛检验学生的学习效果和实际运用能力，形成以赛代训、以赛促学的有效机制。专业工作室作为创新人才的练兵场，通过拓展训练、创新实训等方式，建立教学基地、实践基地、创业基地等创新创业人才孵化基地，通过教师指导、学生实践，有效提升学生的创新实践能力。

第四，教、学、研相得益彰。

以专业工作室为独立的教学组织单元，师生在教学信息的双向传递中，充分发挥各自的主体作用，相互配合、积极互动。教师调动学生的积极性，指导学生完成任务，树立其职业信心，提升其职业胜任力。教师的教学成果有机衔接教师科研课题项目、行业研究，工作室中的学生也配合教师完成科研辅助，让学生在做中学、学中研、学中用。

4 结语

师生协同发展模式，有效整合了教师和学生的发展需求，呈现出师生协同合作的主体优势，回归了教育教学的本质初心，不仅有利于提高民办高校师资队伍水平，提升学生的综合素质，保障教学质量，还能建立和谐友好的师生关系，实现师生共同成长。

参考文献

[1] 韩祥伟.基于师生协同发展为导向的思政课双主体教学模式研究 [J].理论观察，2014（4）：172-173.

[2] 奕兆云.大学教师参与协同创新的现实困境及路径探索 [J].临沂大学学报，2014（5）：15-19.

[3] 黎军，宋亚峰.我国民办高校发展现状及对策研究：高等教育普及化阶段到来前的思考 [J].教育与教学研究，2017，31（2）：50-57，68.

[4] 张广凤.师生协同发展的实践教学模式研究：以徐州工程学院《证券投资学》课程教学为例 [J].金融理论与教学，2013（4）：78-80.

应用型本科视角下以教学为中心的会计学术研究转型

财务管理系　王磊　陈晟川

摘要： 在地方本科高校向应用型转变的背景下，科研工作也需要转变到适应于应用型人才培养的轨道上来，然而部分地方高校科研工作却并未相应地向应用型转变。就会计学术研究而言，部分地方高校的科研导向仍然重理论研究而轻应用研究，重实证分析而轻实践应用，甚至套用研究型大学的标准，这种导向使科研难以服务于教学，更未能体现应用型本科"教学中心地位"的题中之义。本文在应用型本科的视角下探讨了以教学为中心的会计学术研究框架。

关键词： 应用型；会计学术研究；教学中心地位

1　问题的提出

2015 年以来，教育部等部门陆续印发文件，明确引导部分地方普通本科高校转向应用型，这就要求应用型本科高校坚持并强化教学中心地位，以教学质量的提升带动内涵建设。然而，教学工作不是应用型本科高校的全部，科学研究同样不可或缺。大学发展规律表明，科研作为大学的一项基本职能在人才培养中起到支撑作用，加强科学研究，推动科研反哺教学，形成相互促进、相互滋养、相互支撑的关系，可以为培养具有创新精神和创新能力的人才服务。

随着地方高校向应用型本科转变，其在办学思路、办学定位和办学模式上均不同于传统的研究型大学，那么科研导向也应该由理论研究向应用研究转变。然而，由于历史积淀所形成的观念，不少教师认为应用型本科是"低层次"教育，学校应该向研究型大学发展，而应用研究则"拉低"了学术档次。再加上高校排名是以高级别学术刊物的论文发表数量作为重要指标，因而部分地方高校在制定科研政策时还是以学术论文的级别和数量作为"指挥棒"，甚至套用研究型大学的标准。

就会计学科而言，其本质内涵是分期核算经济主体资金投入产出经济效果的一套专门方法，其天然就具有应用性社会科学的属性。尽管如此，由于上述原因，目前部分地方高校在会计学科的科研管理上却没有将其视为应用性学科，会计学术研究导向上还存在着若干与应用型本科的内涵要求格格不入的现象。

首先，应用型高校的科研导向有偏离应用型人才培养定位的现象。

由于现行的大学排名规则偏重高校的科研经费规模、论文与专著及 SCI、EI、CSSCI 等收录论文数量。应用性高校出于争夺排名的需要，不管是奖金评定还是职称晋升的激励政策都强调 SCI、EI、CSSCI 等高级别学术刊物的发表。然而，一方面由于应用型高校多属于新建本科学校，本科层次的办学积累相对不足，难以支撑高标准的学术研究；另一方面由于这种科研导向与应用型本科人才培养规格有所差异，不利于高校在应用人才培养上办出水平和特色，甚至可能在一定程度上对办学方向产生误导。应用型本科在这种导向下的科研成果显得不足，尤其是对于办学条件有限的民办高校而言更是如此。目前就会计学科而言，第八版北大中文核心期刊中的会计类刊物仅有 7 种，应用型高校的会计专业教师在与研究型大学的教师同台竞争之时毫无优势可言。

其次，目前主流会计学术研究方法有偏离教学中心地位的现象。

20 世纪 60 年代开始，美国会计学术研究开始掀起实证分析的浪潮，即建立数理模型，通过数据分析探讨变量间相关性以验证假设，作为应用性社会科学的会计学术研究就走上了"自然科学化"的道路。受英美会计研究的影响，国内的会计学术研究从 20 世纪 90 年代开始引入了实证分析。时至今日，实证分析方法已经占据会计学术研究的主流地位，从高层次会计学术刊物的发表，到国家自然科学基金、社会科学基金等高级别课题的申报，再到会计类专业的硕博士研究生的培养，都以实证分析方法作为首要评价标准。毋庸置疑，实证分析的严谨性的确有利于会计理论创新。然而，对于在数量上已占到全国本科高校半壁江山的应用型本科而言，实证会计研究方法却显得"曲高和寡"。这是因为实证会计研究对象热衷聚焦资本市场，钻研上市公司数据以验证或创新财务理论，对中小企业的管理会计、税务会计等工作领域缺乏关注，应用型本科高校以服务地方经济为己任，主要面向本地非上市的中小企业输送人才，实证会计研究的成果难以应用于本地中小企业以服务地方经济发展。与此同时，实证会计研究以理论创新为最终目标，而应用型本科则更关注学生专业技能培养，加之实证研究方法具有较高的门槛，是应用型本科高校的师生所难以掌握和熟练使用的。因此，一味鼓励应用本科高校的师生从事实证会计研究势必会与应用型人才培养和服务地方经济的定位渐行渐远。

综上所述，在地方高校纷纷响应国家号召向应用型转变的背景下，有必要对会计学术研究框架进行分类，即，应用型本科高校的会计学术研究应该转向围绕教学展开、并以应用型研究为主。那么，具体应该如何转呢？本文首先通过文献回顾发现问题，进而运用规范研究方法，以应用型本科所应该具备的内涵为价值判断标准，搭建以教学为中心的会计学术研究框架，并以笔者的学术研究工作为案例分析其应用价值。

2　文献回顾

目前，相关研究主要分为两类，一是关于应用型本科高校的科研转型研究，二是关于会计学术研究方法的转型研究。

第一类研究探讨在地方院校向应用型转变之时，主张以应用研究为科研导向。

马陆亭（2012）基于当代中国高等教育大众化发展的实践，论证了建立高校分类体系的与原因与意义，提出在多元构架的大学体系中的"服务型大学""应用型人才培养"的概念。在高校分类的分类发展的大背景下，周光礼、莫甲凤（2014）在论述当今中国高等教育学术转型问题时，指出学术研究转型的基本特征就是"由学科化、理论化向跨学科、实用化转型"。李金奇（2017）以地方高校的视角提出，地方本科院校转型发展既要明确坚持办学方向和人才培养目标定位的转型，也要关注其学术研究宗旨和实践形态的转型。其学术转型要注重和突出学术研究的应用性和服务性价值取向与功能特征。刘献君（2018）提出，部分地方普通本科高校在向应用型转变中，需要树立新的观念，如产教融合、服务学习、个性化培养等。这类研究在关注地方应用型本科高校学术转型之时，都不约而同地强调了其应用性、服务性的特质，学术研究更应强调贴近地方经济建设和社会发展的需求，持续提高学术研究的针对性和实用性。

第二类则是面对近年来在国内越演越热的实证会计的研究方法，诸多知名学者探讨会计学术研究方法的历史脉络和未来走向。最具有代表性的有陈孟贤和曹伟的研究。陈孟贤（2007）针对我国自 20 世纪 90 年代以来参照英美国家的、愈演愈烈的会计实证方法进行了反思。通过回顾西方的会计学术研究史，发现西方学者对实证研究也产生了质疑之声，并在尝试寻求新的研究方法。曹伟（2014）在对华莱士"科学环"进行借鉴和批判的基础上，对理论和假设概念进行了拓展和重新定义，一改流行的理论和假设概念仅适用于理论性社会科学、不适用于应用性社会科学的现状，并以模型图的形式描绘了应用性社会科学规范研究的方法论，然后对目前会计实证研究方法论进行了批判。曹伟（2015）进一步将应用性社会科学的研究逻辑应用于会计研究，认为会计研究中所流行的实证研究和规范研究的分类存在着片面认识。曹伟（2017）首次提出将实证研究等同于会计学术研究的不良导向及危害，而后升华了会计作为应用性社会科学的研究逻辑，鼓励学者采用以应用为导向的框架，跨学科、跨行业开展学术研究，并采用文献研究、调查研究和实地研究等多样化的方法。这类研究通过回顾中西方的会计研究史，并加以对比，深入剖析会计的学科属性和社会角色，发现现有主流实证会计研究方法的不妥之处，提出会计学术研究转型的建议。

综上所述，第一类研究明确了应用性本科高校的科研转型方向，却并没有细化到某一具体学科的研究方法转型；第二类研究脱离了应用型本科高校的语境，仅从会计学科来探讨学术研究方法的转变。那么，应用型本科高校的会计学术研究路在何方呢？目前，学界很少有针对应用型本科高校的会计学术研究转型的探讨。事实上，应用型本科层次的高校，无论是从培养的人才数量还是在地方经济中所扮演的角色来看，都已占据重要地位。与此同时，在应用型会计人才培养过程中还在不断涌现出新问题，倘若广大会计教育工作者对此没有适时转变认识和学术研究方法，就有可能形成科研"盲区"，错失提升教学质量和实现学术价值的机会。因此，有必要探讨应用型本科高校的会计学术研究框架。

3 应用型本科高校的会计学术研究框架的搭建

3.1 应用型本科高校的科研导向

应用型本科高校以人才培养和应用实践为定位，以科研反哺教学，强化教学中心地位。突出应用型研究的导向主要有三个方向：

第一，加强教育教学实践的研究。应用型本科高校更要将对教育教学一般规律的研究与改革作为永恒使命，根据经济社会的发展需求，针对教学内容、手段和方法加强研究，探索新的教学方法，为高素质应用型人才提供保障。

第二，加强与地方经济发展联系紧密的研究。应用型本科高校具有高度的地域性特征，要扮演地方经济发展的"智慧库"，所以必须结合区域行业、产业、社会发展的特点，开展相关应用研究，为地方产业升级提供智力支持。

第三，加强科技成果转化的研究。对科技成果进行持续试验、开发应用并推广，形成新产品、新材料、新工艺，推动技术革新。

3.2 应用型本科高校的会计学术研究框架

2008 年，中国会计学会就明确提出了构建适应中国制度背景的理论框架和模型，促进实证研究和规范研究的融合。主流会计学术研究需要从实践中发现问题，学术研究最终又服务于实践。目前，主流会计学术研究侧重实证分析，主要采用由特殊到普遍的归纳法，用于解释和预测，目的是取得理论创新；而应用型学术研究不拘泥于规范或实证研究，强调运用理论解决实际问题，采用从一般到个别的演绎模式，研究方法总体上是演绎性的；关注"应该是什么"，即价值判断，目的是为特定问题提出解决方案。应用型本科高校以突出"教学中心地位"和"服务地方经济"为价值标准，因此，会计学术研究应该转向以提高应用型人才培养质量为根本目标，而不能固守主流会计学术研究的方法。从应用型人才培养的教学工作中发现问题，科研成果最终又服务于教学。融合规范研究和实证研究，灵活采用文献法、问卷调查法以及实地调查法等多种方式方法，以提供解决方案或专业服务的形式输出成果，以服务地方经济以及应用型人才的培养。如图1所示，以教学为中心的会计学术研究形成了一个围绕教学发现问题、研究问题、输出成果，最终反哺教学的闭环研究逻辑框架。

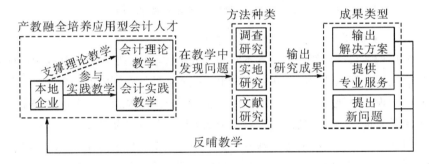

图1　以教学为中心的会计学术研究框架

应用型本科高校的办学模式是产教融合培养应用型人才，这要求学校与企（事）业单位通过合作制订人才培养方案、合作建设实习基地、合作实施教学以及合作促进就业等方式形成产教同盟。产教融合本身就是一种广义的教学活动，以教学为中心的会计学术研究的起点就从中而来，在教学活动中发现和分析问题，以有针对性的解决方案、专业服务作为成果输出，反哺到教学活动中，以提升应用型人才培养的质量。

4. 以教学为中心的会计学术研究框架的案例分析

笔者的教学团队长期从事应用型本科高校的会计类专业教学与科研工作，通过以2016—2020年的科研工作为案例，分析以教学为中心的会计学术研究框架的应用价值。将教学工作分为理论教学环节、课证融合环节和实践教学环节。从师生互动、辅导答疑和服务社会的教学活动中发现问题和评估问题，以提供解决方案或专业服务，输出成果的方式反哺教学，思路如图2所示。

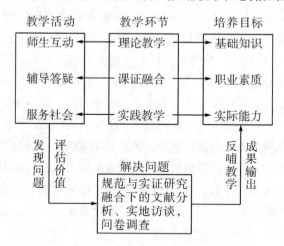

图2　应用型会计学术研究框架的应用

4.1　着眼理论教学，鼓励学生提出问题

应用型本科理论教学的目标不同于研究型大学和高职高专，其教学目标介于二者之间。理论教学应该在保证学生掌握职业技能的基础上，要求学生掌握原理性知识，以便为职业生涯的进阶储备"后劲"。因此，在教学过程中，应该鼓励学生进行有深度的思考，对理论知识建立起批判性思维。

例如，笔者在中级财务管理课程教学中，学生发现了两种不同的长期债券的资本成本动态测算法：一是先通过价值模型计算税前资本成本，而后对其进行"税盾"来测算；二是先将可税前抵扣的财务费用进行"税盾"，而后通过价值模型来测算。随即学生提出问题：这两种方法哪种是正确的？教师首先通过查阅2000—2015年发表的关于债务资本成本测算方法的97篇文献，发现很少有学者从数学推导和分析的角度来比较两种方法。于是，运用符号计算软件Maple建模，对两种方法进行分析，发现采用目前主流的动态测算法会造成对长期债券资本成本的低估。通过对问题的解答，既启发了学生深入思考，又可以为企业科学的筹资决策提供参考。与此类似的研究还有，笔者通过学生提问，发现了企业到期一次还本付息债券的投资和发行采用实际利率法进行利息调整时，会出现"利息过度调整"的现象。于是，通过对实际利息和名义利息的符号表达式的数学推演，得出避免"利息调整过度"现象出现的充要条件，为企业会计实务问题提供了解决方案。

4.2 重视课证融合,帮助学生职业成长

"课证融合"的教学改革需要把会计职业资格证书的要求融入课堂教学,帮助学生在接受学历教育的同时考取职业资格认证,提高就业竞争力。例如,将会计师职称的《中级会计实务》考试标准融入本科《中级财务会计》的课程大纲,笔者在教学过程中发现学生普遍难以掌握企业会计实务的知识要点。为了帮助学生有效制定学习策略,教学团队通过查阅文献,发现已有的考试命题研究受研究方法和样本量的限制,其结论往往带有一定的主观性。为了揭示考试规律,教学团队全面梳理 2006—2016 年考试真题,分析各考点的命题规律,运用数据分析软件绘制出考点关系图,反映出各考点之间的相关性。

4.3 升华实践教学,引导学生服务社会

社会实践要求学生综合运用理论知识,增加对社会实践的了解,培养解决问题的能力。例如,2016 年 9 月至 2017 年 1 月,笔者组织了一支学生团队赴学校的一家社会实践基地——成都七中育才学校学道分校进行"青少年财商课程研发与教学"的实践活动。学生团队通过将会计专业知识与儿童教育融合,形成了一套完整的针对 12 ~ 15 岁中学生的财商教育方案,并获得实践基地的青少年学生的肯定。与此同时,为了深入研究家庭财商教育支出的影响因素,对四川省青少年财商教育现状展开调研。调查覆盖了成都市、宜宾市、乐山市等地的多所中小学生及其家长。经过一年时间的调研,对调研结果进行数据分析及实证研究,形成市场调研报告。该报告荣获 2017 年第十五届"挑战杯"全国大学生课外学术科技作品竞赛"四川省二等奖",并以该调研报告为基础,公开发表一篇学术论文。

5 结论

有别于侧重实证研究的主流会计研究方法,以教学为中心的会计学术研究以提高应用型人才培养质量为根本目标。从应用型人才培养的教学工作中发现问题和解决问题,科研成果最终又服务于教学。融合规范研究和实证研究,灵活采用文献法、问卷调查法以及实地调查法等多种方式方法,以提供解决方案或专业服务的形式输出成果,以服务地方经济以及应用型人才的培养。

值得一提的是,鼓励开展应用型研究并非就要放弃在理论创新上的努力,而是要寻找一种会计应用型研究与理论研究之间的张力,达到某种平衡,使之相互促进。另外,在高校分类发展和谋求特色办学的趋势下,跨行业、跨学科地展开会计研究或成为有价值的研究方向。

参考文献

[1] 熊坚. 民办高校教师科研能力提升路径探讨 [J]. 教育现代化, 2019 (42)：81-84.

[2] 马陆亭. 建设不一样的"大学" [J]. 国家教育行政学院学报, 2012 (9)：38-42.

[3] 周光礼, 莫甲凤. 高等教育智库及其学术研究风格：中国著名高等教育研究机构的学术转型 [J]. 高等工程教育研究, 2014 (6)：45-57.

[4] 李金奇. 地方本科院校转型发展与大学学术转型 [J]. 高等教育研究, 2017 (6)：40-43.

[5] 刘献君. 应用型人才培养的观念和路径 [J]. 中国高教研究, 2018 (10)：6-10.

[6] 陈孟贤. 当代会计研究方法：检讨和反思 [J]. 会计研究, 2007 (4)：3-8.

[7] 曹伟. 应用性社会科学研究逻辑重构与会计研究方法反思 [J]. 财会通讯, 2014 (10)：3-8.

[8] 曹伟. 会计研究中的实证研究和规范研究辨析 [J]. 财会学习, 2015 (8)：15-19.

[9] 曹伟. 会计学科的发展瓶颈和发展建议 [J]. 财会月刊, 2017 (1)：3-9.

[10] 王磊, 徐金亚. 基于符号计算的长期债券资本成本动态测算法 [J]. 财会月刊, 2016 (29)：52-54.

[11] 王磊, 徐金亚, 尹波. 到期一次还本付息债券利息调整详解：基于符号计算 [J]. 财会月刊, 2017 (19)：63-66.

[12] 王磊, 蓝天. 《中级会计实务》考试主观题命题规律探讨：基于贝叶斯模型的分析 [J]. 会计之友, 2017 (10)：132-136.

[13] 王磊, 蓝天, 干胜道. 基于调研的家庭财商教育支出影响因素分析 [J]. 2019 (3)：68-70.

基于在线预订需求的酒店
动态定价模型及实证研究

财务管理系 倪璇 王磊

摘要： 动态定价作为酒店收益管理的重要手段之一，对实现酒店收益最大化具有重要作用，而基于需求价格弹性的在线消费者行为和预订期内的时间效应则是影响酒店产品价格优化的关键。本研究将在线消费者需求函数与确定性动态模型和随机性动态模型两种价格优化方法结合起来，以此来确定 H 酒店客房销售的最优价格。研究结果表明：确定性模型更能有效帮助酒店实现客房收入最大化；季节性特征、可售房数量、酒店地理位置和周边游客概况等均会影响动态定价策略；预订期内的需求弹性分布情况对动态定价有显著影响，需求弹性越高，价格水平通常越低。

关键词： 预订期限；确定性模型；动态定价；随机模型；需求弹性

1 引言

近年来，定价策略的研究已经成为酒店收益管理（revenue management，RM）的热门研究领域。国外学者 Legohe'rel、Ivanov 和 Zhechev 等将 RM 定义为信息系统控制和定价的应用，通过在合适的时间、合适的渠道，以合适的价格分配合适的客房给合适的客人，来实现酒店收入最大化。Cross 等指出，越来越多的酒店通过 RM 增加了利润，缘于他们能以不同的价格向不同类型的客户出售相对同质的产品。酒店产品的易逝性、酒店设施容量的有限性以及季节性的影响，让管理者意识到市场需求管理才是实现收入最大化的一个关键因素。收益经理能通过调整价格来影响市场需求，从而保证一定水平的出租率，实现收入最大化。在酒店业中，最常见的方式就是根据消费者的预订行为进行市场细分，在预订期内，可以预留一定的房间数量，留在未来销售给能够接受更高价格的客人。因此，定价是酒店 RM 的一个关键工具。

通过研究国内外收益管理相关文献，我们发现了研究领域内比较普遍的两种动态定价模型：一种是确定性模型，主要用于对整个预订期内的客房价格进行细分；另一种是随机模型，用于对在线散客需求进行细分，这也是一种消费者选择框架，目的在于确定消费市场对于价格的反应。

为实现酒店收入最大化，本文提出将这两种动态定价（dynamic pricing，DP）模型应用于在线消费者需求函数中，同时将季节性和预订日期的影响考虑在内。实现收入最大化的第一步就是测量市场对价格变化的反应，也就是需求函数估计。为此，我们应用了一个需求模型来测量不同的季节性需求和不同预订期下的价格弹性值。实际上，酒店需要学习如何更有效地利用大量可用信息，以便细分市场需求，并准确估计市场需求对价格变化的反应。通过有效使用收集到的数据来进一步了解客户的预订行为，是 RM 的一个关键步骤，也是整个预订期和不同季节收入最大化过程的一个关键步骤。

本文将两种收入最大化模型，即确定性和随机 DP 模型应用于酒店的细分市场，同时使用来自上海的一家案例酒店——H 酒店的历史预订数据展开实证分析，并结合需求价格弹性，对两种定价模型进行对比，旨在得出更能实现酒店收入最大化的模型。

2　模型描述

2.1　需求模型

需求函数用来表示酒店预订过程中消费者的需求量与影响该需求量的各种因素之间的相互关系。在这种情况下，特定入住日期（d）的在线散客预订量（Q^d）是酒店价格（p^d）和预订时间（r^d，即预订日距离入住日的天数）的函数：

$$Q_t^d = f(p_t^d,\ r_t^d) \tag{1}$$

式中，时间 t 表示预订期内的日期（$t = 1,\ 2,\ \cdots,\ d$），d 表示入住日期，即整个预订期内的最后一个观察日。需求函数 Q_t^d 可由线性公式或柯布道格拉公式（2）表示，该公式可通过应用自然对数（3）进行线性规划。

$$Q_t^d = \alpha_0 + \text{Dummies} + \alpha_p\, p_t^d + \alpha_r\, r_t^d \tag{2}$$

$$\ln Q_t^d = \beta_0 + \text{Dummies} + \beta_p \ln p_t^d + \beta_r \ln r_t^d \tag{3}$$

$$\text{Dummies}_{y,\,d,\,b} = \sum_{y=1,\,2,\,\cdots,\,Y} \beta_y Dy + \sum_{d=1,\,2,\,\cdots,\,D} \beta_d Dd + \sum_{b=1,\,2,\,\cdots,\,B} \beta_b Db \tag{4}$$

系数 b 表示预订期，系数 y 表示观测发生的年份。最后，由于我们需要处理不同年份的历史预订数据，我们用虚拟 Dy 代表入住日期的年份，当观测值与特定年份有关时，取 1，否则取 0（yy）。当观测值与整个预定期内的特定时间段有关时，预定期（Db）取 1，否则取 0（mm）。当观察值与特定的入住日期相关时，入住日期（Dd）取 1，否则取 0（d），这是预订期内的最后一天。前面定义的需求函数可以应用于大多数酒店，因为它考虑了影响酒店在线散客需求的大多数参数，同时考虑了消费者需求。

2.2　价格优化确定性模型

收入最大化模型（R）在国外的动态定价文献中是非常常见的。

$$R(t') = \text{Max} \sum_{t'} Q_{t'}^d \, p_{t'}^d \tag{5}$$

因此，用在线散客预订量除以预订天数，我们可以得到平均每日客房预订量（$q_{t'}$），其中 t' 能使预订日期 t' 到每一个入住日 d 都能获得收入最大化。在此之前，我们必须先转换需求函数，剔除价格变量，才能对变量（$q_{t'}$）进行优化。

$$-\beta_p \ln p_{t'}^d = \ln q_{t'}^d - \beta_0 - \text{Dummies}_{y, \, d, \, b} - \beta_r \ln r_{t'}^d$$

$$e^{\ln p_{t'}^d} = e^{\frac{\ln q_{t'}^d - \beta_0 - \text{Dummies}_{y, d, b} - \beta_r \ln r_{t'}^d}{-\beta_p}}$$

$$f(q_{t'}^d, \, r_{t'}^d) \rightarrow p_{t'}^d = e^{\frac{\ln q_{t'}^d - \text{Dummies}_{y, d, b} - \beta_r \uparrow \ln r_{t'}^d}{-\beta_p}} \tag{6}$$

为了简化符号，我们将选取同一个入住日期。此外，在 Vives 等的研究中，使用了两种不同的需求函数，并以此检测到了关于同一入住日期的两种不同的需求行为；由于 t' 随着入住日期的临近而变化，因此可以得到两种不同的需求函数 $f(p_{1,} \, t', \, r_{1,} \, t')$ 和 $f(p_{2,} \, t', \, r_{2,} \, t')$，分别代表距离入住日较远的阶段和距离入住日临近的阶段。

$$\text{Max} R(t') = \sum_{1, \, t'} Q_{1, \, t'} f(q_{1,} \, t', \, r_{1,} \, t') + \sum_{2, \, t'} Q_{2, \, t'} f(q_{2,} \, t', \, r_{2,} \, t') \tag{7}$$

s.t.（1）

$$\lambda_1: \sum_{1, \, t'} Q_{1, \, t'} + \sum_{2, \, t'} Q_{2, \, t'} \leq r$$

s.t.（2）

$$\lambda_2: p_{1, \, 1} \leq p_{1, \, 2} \leq \cdots \leq p_{1, \, n-1} \leq p_{1, \, n} \leq p_{2, \, n+1} \leq \cdots \leq p_{2, \, d-1} \leq p_{2, \, d}$$

$$= f(q_{1, \, 1}, \, r_{1, \, 1}) \quad \leq \quad f(q_{1, \, 2}, \, r_{1, \, 2}) \leq \ldots \quad \leq \quad f(q_{1, \, n}, \, r_{1, \, n}) \leq$$

$$f(q_{2, \, n+1}, \, r_{2, \, n+1}) \leq \ldots \quad \leq f(q_{2, \, d}, \, r_{1, \, d}) \; \forall \; t'$$

式中，$n \leq d$。

拉格朗日乘数是一种寻找变量受一个或多个条件所限制的多元函数的极值的方法，可用于估计整个预订期内的价格和预订量，以实现收入最大化，同时根据酒店收益经理愿意出售的房间数量 r 考虑预订数量（s.t.（1））；可以出售的最大房间数是酒店容量。Vives 等将酒店销售分为两组，一组用于在线销售，另一组用于线下代理商销售。线下代理商的销售是提前很长时间协商的，而在线销售是在短期内进行的。因此，在同一动态模型中，这两种类型的需求并不相互兼容，每个细分市场分配的房间数量可能因不同的入住日期而异，即，酒店收益经理们首先要决定分配给线下代理商细分市场的容量，其余容量分配给在线散客细分市场。虽然约束（s.t.（2））是由酒店收益经理定义的可选降低价格的定价策略，但他们希望获得每一时段的最优价格，因此是不可能在预订期限策略中降低价格的。

$$L(1) = (q_{1,1}, q_{1,2}, \cdots, q_{1,n-1}, q_{1,n}, q_{2,n+1}, \cdots, q_{2,d}, \lambda_1)$$

$$L(2) = (q_{1,1}, q_{1,2}, \cdots, q_{1,n-1}, q_{1,n}, q_{2,n+1}, \cdots, q_{2,d}, \lambda_1, \lambda_2) \quad (9)$$

最终输出的是每个需求函数的每个预定义时段 t' 的最佳价格。其中，每一个价格（$p_{t'}$）都与每日客房预订的平均数量（$q_{t'}$）直接相关，并能根据可售房间的数量最大化收益。

2.3 价格优化随机模型

酒店动态定价中的随机模型反映了与销售概率相关的效用，通常都使用的MNL 模型，目标是使每个备选方案的效用最大化。应用在我们的例子中，将很大程度上使预订期内的每个时期都实现收入最大化。然而，需求函数（1）中的因变量（Q_t）采用的非负整数，故采用泊松回归模型更合适，因为酒店的预订量是可统计的，这符合国外几位学者指出的泊松分布。泊松回归是一种随机模型，它与逻辑回归有一些相似之处，并包含一个离散的解释变量。同样，Wang 等指出，多变量线性回归不是估算酒店预订的合适模型，因为它不是正态分布。他们强调泊松回归模型更合适，因为它是一个离散变量。Chen 和 Karimi 等也曾使用泊松回归模型预测国际旅游的总需求。

$$\text{Pr}(\text{Bookings}_t' = Q_t') = \frac{e^{-\mu_t'} \cdot \mu^{Q_t'}}{Q_t'!} \quad (Q_t' = 0, 1, 2, \cdots)$$

泊松模型是对数线性模型：

$$\log\mu_t' = f(p_t' r_t')$$

$$\mu_t' = e^{f(p_t' r_t')}$$

同样，与确定性模型类似，都是使用了拉格朗日乘数法的收入最大化模型（R）：

$$R(t') = \text{Max} \sum_{t'} P_{t'} \, e^{f(p_{t'}, r_{t'})} \quad (13)$$

s.t. （1）

$$\lambda_1: \sum_{1,t'} Q_{1,t'} + \sum_{2,t'} Q_{2,t'} \leqslant r$$

s.t. （2）

$$\lambda_2: p_{1,1} \leqslant p_{1,2} \leqslant \cdots \leqslant p_{1,n-1} \leqslant p_{1,n} \leqslant p_{2,n+1} \leqslant \cdots \leqslant p_{2,d-1} \leqslant p_{2,d}$$

我们在最大化收入建模的过程中又再次引入了这两种消费者需求：

$$R(t') = \text{Max} \sum_{1,\ t'} P_{1,\ t'}\ e^{f(p_{1,c},\ r_{1,c})} + \sum_{2,\ t'} P_{2,\ t'}\ e^{f(p_{2,c},\ r_{2,c})} \qquad (14)$$

3 实证研究

3.1 数据来源

实证分析所使用的在线预订数据来自上海的一家商务型酒店——H 酒店，该酒店在日常收益管理工作中使用了 PMS 酒店管理系统，通过该系统能够收集到大量的预订历史数据，这为我们的研究提供了可能。由于近两年受新冠肺炎疫情的影响，酒店数据波动较大，为了保证研究对未来工作的指导作用，我们选取了新冠肺炎疫情暴发前的数据进行分析，即 2017—2019 三年的数据。H 酒店每年都会根据季节性的入住时间、房间类型、客人类型、预订日期和付款方式设定不同的客房价格，最高价格出现在 7 月和 8 月的旺季，32%~41% 的预订发生在旺季。H 酒店共拥有 208 间客房，有近 70% 的预订是在线进行的。

最关键的是 H 酒店为我们提供了建立不同需求函数所需要的重要信息：每日客房预订量（Q_t）和每日平均客房价格（P_t）。我们将预订期限分为了两个阶段：距离入住日期较远的日期，预订量和价格较低（第一期）；距离入住日期较近的日期，预订量和价格显著增加（第二期）。最后，按照 Vives 等人发现的两种不同的预订行为，这两组被划分为了两种不同的需求函数，应用在收入最大化模型中。

3.2 分析结果

3.2.1 确定性模型与随机模型比较结果

在本节中，我们列示出了关于数据分析结果的图表。

首先，图 1 至图 4 均来自 H 酒店在两段不同入住时期的两个模型给出的预订期内最优价格、每日新增预订数量，以及 2017—2019 年三年的平均值和 2019 年的实际值。选择两段不同入住时期是基于酒店季节性特点考虑的，分别选定了旺季和淡季两个具有代表性的入住时期进行预订数据分析，同时将确定性模型和随机模型的两个约束 s.t.（1）和 s.t.（2）考虑在内，进行价格优化。

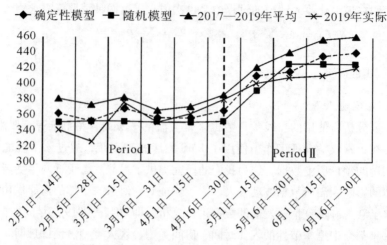

图 1 预订期内每日平均客房价格 P_t 对比（入住日期：7 月 1 日-15 日）

如图 1 和图 3 所示，确定性模型都显示了更高的价格水平，且价格变动趋势与 2017—2019 年的平均价格更为相似，而随机模型显示的价格较低，与最近的 2019 年的价格变动趋势更相似。主要原因在于确定性动态模型是根据平均需求量的历史数据来预估预订量，而随机模型则不考虑历史平均需求量，更多地考虑需求的自然变化。图 1 和图 3 展示了入住日期分别为旺季和淡季的每日客房价格对比，两个模型均相似的是第一阶段的房价变动趋势都比较平缓，第二阶段平均价格总是较高，且越临近入住日期，价格增长速度越快。

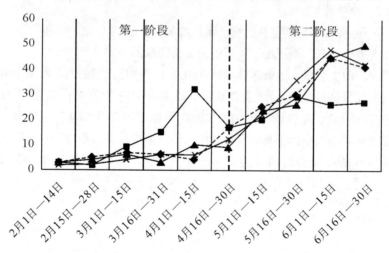

图 2 预订期内每日新增客房预订量 Q_t（入住日期：7 月 1 日-15 日）

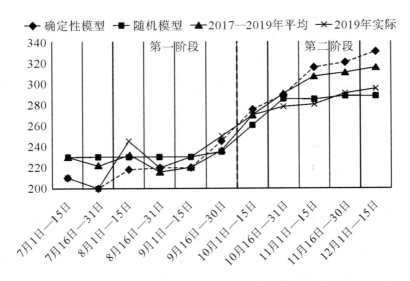

图3　预订期内每日平均客房价格 P_t 对比（入住日期：12 月 16 日-30 日）

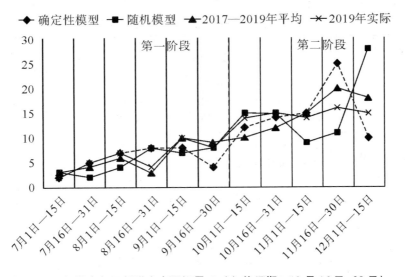

图4　预订期内每日新增客房预订量 Q_t（入住日期：12 月 16 日-30 日）

图 2 和图 4 展示了旺季和淡季的预订期内每日新增客房预订量，第一阶段由于预订时间较早，预订量都比较少，但随着入住日期的临近，预订量也快速增加。单从预订量来看，相比确定性模型，随机模型在整个预订期内，对预订量的估计都更不规则，且在旺季的第一阶段呈现了较大波动。

总体来看，随机模型由于基于消费者选择框架，受市场需求影响较大，预订量呈现不规则变动的趋势，而确定性模型基于历史平均数据，价格变化程度大，但预订量变化程度较低。根据两个模型的收入预测（通过价格 P_t 乘以预订量 Q_t 估算得出），确定性模型得到的收入平均比最近一年的实际收入高 12.13%，而根据随机模型得到的收入仅高出 2.9%。因此，确定性模型对价格和预订量的预测更为乐观，更有助于实现收入最大化的目标，而随机模型所得到的结果则更接近最近一年的收入。

3.2.2 需求价格弹性下的 DP 路径

本文还重点分析了不同的需求价格弹性值对最优价格和预订的影响，表 1 展示了部分价格弹性需求值与定价趋势之间的对比情况。通过对第一期（预订期内最早的日期）和第二期（最接近入住日的日期）的一系列情况进行对比分析，我们发现，在第二阶段，较低的需求价格弹性值会导致高水平的定价趋势（见表 1）；相反，第二阶段较高的需求弹性会导致定价出现争议，致使周期内定价呈现不规则变化。如表 1 所示，在第一阶段和第二阶段的弹性值比较接近的情况下，两个时期的定价趋势持平且都略有上升。

表 1　部分价格弹性需求和 DP 定价趋势

需求价格弹性		图示位置	预订期价格定价趋势
第 1 期	第 2 期		
-2.4	0.32	图 1：5 月 20 日-6 月 10 日（确定性模型） 图 3：11 月 10 日-11 月 22 日（确定性模型）	
-3.2	0.05	图 1：5 月 2 日-5 月 18 日（随机模型） 图 3：11 月 20 日 12 月 15 日（随机模型）	
-3.3	-2.9	图 1：3 月 16-4 月 30 日（两种模型） 图 3：7 月 20 日-8 月 20 日（两种模型）	
-1.1	-3.1	图 1：2 月 1 日-3 月 12 日（确定性模型） 图 3：9 月 20 日-11 月 20 日（随机模型）	

本文主要探讨了弹性需求与定价的关系，但在收益管理实践中，还应注意到非弹性需求的影响，如：突发事件的影响，例如新冠肺炎疫情暴发；节假日旅游高峰等。

4　结论

本文通过应用和改进国外文献中学者普遍使用的两个动态规划模型，以此来估计 H 酒店的在线散客细分中的最优价格。由于酒店价格存在季节性和可变性，加上缺乏特定模型的开发及特定环境下的实证测试，使得对该领域进行深入研究十分有必要。

通过对两种模型的预测结果进行对比分析，结果表明：①在确定性模型预测下，定价水平较高，预订量变化程度较低；在随机模型预测下，定价趋势平缓，预订量呈不规则变化，在本案例实证分析中，确定性模型更能实现收入最大化。②季节性、可售客房数量、酒店地理位置和周边游客概况是影响酒店定价的重要因素，因此，为实现酒店收入最大化，重要的是挖掘客户的基本信息以及消费行为特点，甚至了解客户价值，才能更好地细分客户。③当需求更具弹性时，DP 模型通常会显示出更低的价格水平。④在实际定价过程中，酒店收益经理不仅需要考虑整个预订范围内的需求价格弹性的分布情况，而且要考虑非弹性需求的情况。

未来的研究将侧重于在不同类型酒店中测试实证模型，以进一步验证确定性和随机模型的性能，同时还可以在需求模型中引入关于竞争对手价格、酒店在线评分等信息，由于这些都是酒店的外部数据，本研究中没有这些数据，因此本文提出的定价模型没有考虑竞争对手价格的影响，这也是本研究存在的局限性。此外，在酒店收益管理实践中，还需要考虑额外的预订信息，如客人数量、房间类型、餐饮、取消政策、忠诚度计划及其他细分市场的数据，这些额外数据都可能有助于完善现有的动态定价模型①。

参考文献

［1］LEGOHEREL P, CAPIEZ A. Yield management and the tourist industry：theoretical basis, methodological approaches and future research directions ［J］. International journal of contemporary hospitality management, 2000, 42（4）175 -180.

［2］CROSS RG, HIGBIE JA, CROSS ZN. Milestones in the application of analytical pricing and revenue management ［J］. Journal of revenue and pricing management, 2011（10）：8-18.

［3］AZIZ HA, SALEH M, RASMY MH, et al. Dynamic room pricing model for hotel revenue management systems ［J］. Egyptian informatics journal, 2011（12）：

---

① 由于新冠肺炎疫情的影响，导致酒店历史数据异常，因此本研究仅选取了疫情暴发前的数据作为分析对象，在未来的研究中，可将疫情的特殊情况考虑在内。

177-183.

　[4] LEE SK JANG SC. Room rates of U. S. airport hotels: examining the dual effects of proximities [J]. Journal of travel research, 2011, 50 (2): 186-197.

　[5] GUO X, LING L, YANG C, et al. OP strategy based on market segmentation for service products using online reservation systems: an application to hotel rooms [J]. International journal of hospitality management, 2013, 35: 274-281.

　[6] GUADIX J, CORTE'S P, ONIEVA L, et al. Technology revenue management system for customer groups in hotels [J]. Journal of business research, 2010, 63 (5): 519-527.

　[7] VIVES A, JACOB M, AGUILO' E. Online hotel demand model and own-price elasticities: an empirical application in a mature resort destination [J]. Tourism economics, 2019, 25 (5): 670-694.

　[8] RATLIFF RM, RAO BV, NAYARAN CP, et al. A multi-flight recapture heuristic for estimating unconstrained demand from airline bookings [J]. Journal of revenue and pricing management, 2008, 7 (2): 153-171.

　[9] WANG M, LU Q, CHI RT, et al. How word-of-mouth moderates room price and hotel stars for online hotel booking an empirical investigation with expedia data [J]. Journal of electronic commerce research, 2015.

　[10] BITRAN G, CALDENTEY R. An overview of pricing models for revenue management [J]. Manufacturing & service operations management, 2003, 44 (3): 134-134.

　[11] 魏轶华, 胡奇英. 顾客有最大、最小保留价格的连续时间收益管理 [J]. 管理科学学报, 2002, 6 (6): 47-52.

　[12] 刘晓峰, 黄沛. 基于策略型消费者的最优动态定价与库存决策 [J]. 管理科学学报, 2009, 12 (5): 9.

　[13] 陈萍, 雷星晖. 酒店产品收益管理动态定价与配额优化: 以中档连锁酒店为例 [J]. 财会月刊 (下), 2015 (11): 6.

　[14] 孙嘉欣. 基于收益管理的酒店客房多阶段动态定价模型研究: "互联网+" 时代的顾客行为视角 [J]. 现代经济信息, 2019 (7): 361-362.

高校大学生乡村旅游意愿与行为调查研究

酒店管理系　黄关梅

摘要： 近年来，旅游业发展迅速，乡村旅游以其"绿色生活""田园风光""亲近自然"等特点，顺应国家号召的"绿水青山"建设，传统文化复兴，发展势头强劲。大学生作为一个重要的旅游消费群体，研究他们的乡村旅游意愿和消费行为，对于乡村旅游的产品开发，营销宣传意义重大。本文以成都银杏酒店管理学院学生为例，通过问卷调查的方法，收集了341名同学在出游意愿、出游次数、出游花费、出游原因、选择乡村旅游类型、选择乡村旅游原因等方面的信息，通过 SPSS 24.0 统计分析，以此总结得出大学生乡村旅游的意愿和行为特征。

关键词： 大学生；乡村旅游；旅游行为

1　引言

随着经济和教育的发展，旅游市场进一步扩大，大学生人数不断增加，在校大学生为旅游业发展提供了一个丰富的潜在旅游客源。相比上班族，大学生有较多空闲时间，同时还拥有一定的经济支付能力，乡村旅游花费不高，乡村旅游地一般都处在大学所在城市郊区，完成一次旅游活动只需要一到两天时间，这从时间和经济支付能力上与大学生所拥有的条件完美吻合。成都市作为中国农家乐的发源地，是全国发展休闲农业与乡村旅游颇具特色的城市之一。同时，成都拥有 57 所大专院校，学生众多，因此了解大学生的消费行为和消费意愿，对成都的乡村旅游的产品开发和营销宣传意义重大。

在中国知网上检索主题词"乡村旅游"，可以看到有 32 117 条结果，期刊来源设置为核心期刊，仍然有 3 489 条结果，由此可见学术界关于乡村旅游的研究已经相当成熟。然而将检索主题词修改为"乡村旅游行为"，可以看到只有 92 条结果，核心期刊来源只有 19 条结果，进一步将主题词限定为"大学生"和"乡村旅游行为"，检索结果只有 3 条，核心期刊来源则为 0。由此可以认为学术界虽然对乡村旅游的关注度很高，研究也相对比较成熟，但是对乡村旅游行为的研究还略为不足，尤其是对大学生这一特定客源市场的乡村旅游行为研究非常少。大学生数量众多，出游意愿强，有足够的闲暇时间，同时也可以承担并支付乡村旅游的花费，并且绝大部分大学生都有乡村旅游的强烈意愿，因此我认为对大学生的乡村旅游行为的研究非常必要，可以帮助乡村旅游经营者开发适合大学生的旅游产品，同时还能利用大学生爱上网、刷抖音、玩社群等这些特点去进行针对性的营销，既能降低营销成本，又能改善营销宣传效果。

2　研究设计

本次研究采用问卷调查的方法进行，利用问卷星设计问卷，通过一对一联系，在网上平台、微信群、QQ 群共发放 341 份问卷，共收回 341 份问卷，问卷回收率100%。收回的问卷中其中有 259 位同学在出游的时候会选择乡村旅游，这是后面研究乡村旅游行为的样本，有 82 位同学不会选择乡村旅游，由此可见接近76%大学生是认同乡村旅游的，这也印证了乡村旅游发展把大学生作为一个重要的客源市场是非常正确的。此次问卷题目主要包括人口统计学特征、出游次数、出游花费、出游费用来源、出游目的、获取乡村旅游信息途径、选择乡村旅游的原因、喜欢的乡村旅游类型、喜欢的乡村旅游活动等。

对于收集到的数据，进行描述性统计分析和相关性分析，得出大学生的乡村旅游行为特征和乡村旅游意愿的影响因素，同时分析大学生选择乡村旅游的原因与喜欢的乡村旅游类型，喜欢的乡村旅游活动之间的关系。

3　数据分析

3.1　被试基本情况

筛选回收的所有问卷，剔除无效以及明显失真的问卷后，将数据录入SPSS 24.0 数据统计软件包，对数据进行统计分析。首先被试者的基本情况如表 1 所示：

表 1 被试者基本情况

变量	分类	频数	百分比/%
性别	男	83	32
	女	176	68
年级	大一	152	58.7
	大二	81	31.3
	大三	19	7.3
	大四及以上	7	2.7
出游次数	0 次	28	10.8
	1~2 次	168	64.9
	3~4 次	48	18.5
	5 次及以上	15	5.8
出游花费	100 元以下	21	8.1
	100~300 元	50	19.3
	300~500 元	61	23.6
	500~1 000 元	71	27.4
	1 000 元以上	56	21.6

3.2 获得乡村旅游信息的途径

大学生获取乡村旅游信息的途径非常广泛，其中排在前三的分别是各类旅游网站（64.48%）、第三方旅游 APP（53.67%）、亲戚朋友推荐（58.69%）。现在的大学生人手一部智能手机，上网非常方便，并且学生们平时也喜欢浏览网页、上网冲浪，而且现在绝大多数的旅游网站都有自己开发的 APP 或者是微信公众号，大家获取信息更为便捷。大学生虽然已经成年，但毕竟没有步入社会，所以心理上对亲人、朋友和老师都有依赖，因此在旅游资源上，亲朋好友的推荐，会让他们觉得信息更可靠，也更愿意相信。当然除此以外，报纸杂志（35.52%）、旅行社推荐（25.87%）、电视电台广告（27.8%）也是大学生获取旅游信息的重要途径（见图 1）。

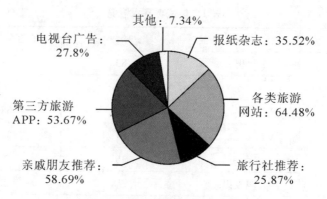

其他：7.34%

报纸杂志：35.52%

电视台广告：27.8%

各类旅游网站：64.48%

第三方旅游APP：53.67%

亲戚朋友推荐：58.69%

旅行社推荐：25.87%

图1 乡村旅游信息获取途径

3.3 选择乡村旅游的原因

大学生选择乡村旅游的原因有回归自然，放松身心（86.1%），体验乡村民俗风情（73.36%），欣赏乡村田园风光（76.06%）及品尝农家菜，购买土特产（43.24%）等（见图2）。大学生的主业是学习，生活花费主要靠家里供给，有一部分学生可以通过社会兼职、奖助学金等获得一部分收入，但整体收入不会很高。他们时间比较充裕，平时学习压力较大，周末外出旅游放松身心是非常必要的。大学生选择到达旅游地的交通工具主要是公共交通工具（77.22%）、自驾车（45.17%）和参加旅行团（26.64%）（见图3）。自驾一般是和亲人一起，旅行团一般是寒暑假去远距离地方旅游，因此大学生们自己周末外出旅游最常见的方式就是乘坐公共交通，既安全又经济实惠。乡村旅游地一般都在城郊，距离比较近，乘坐公共交通工具就能到达，一般可当天往返，特别适合周末约上三五个同学去游玩放松。同时，相比其他旅游，乡村旅游的花费较低，同时还能欣赏到田园风光，体验当地的民风民俗，品尝特色农家菜，放松身心，因此绝大部分学生都愿意选择乡村旅游。

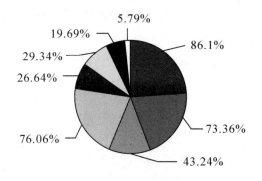

- 回归自然，放松身心
- 品尝农家菜，购买土特产
- 参与农业生产活动
- 观摩农业科技成果
- 体验乡村民俗风情
- 欣赏乡村田园风光
- 探索农业相关知识
- 其他

图2　选择乡村旅游的原因

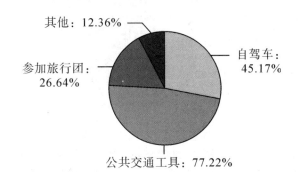

图3　交通工具的选择

3.5　偏好的乡村旅游类型和乡村旅游活动

大学生年轻，有活力，兴趣广泛，对新鲜事物都保持着高度的热情，他们喜欢的乡村旅游类型和活动是丰富多样的。大学生喜欢的乡村旅游类型中占比最高的依次是民俗风情型（74.52%）、农场庄园型（61.78%）、旅游小城镇型（59.85%）及度假休闲型（52.51%）（见图4）。在乡村旅游点，他们偏爱的活动项目也比较符合他们的年龄特征以及大学生的身份，这些旅游活动选择的比例都比较高，说明大家的兴趣广泛，喜欢尝试，但其中最受大家喜爱的还是游览观光特色村落或者田园风光，比例高达83.4%，其次选择乡村养生度假的同学也超过了半数（62.93%），这也再次印证了大家选择乡村旅游就是想要回归自然，放松身心，释放压力。另外湿地观光游憩或科考（46.33%）、水上运动（37.45%）、露营（37.07%）及山地运动（22.78%）等活动也深受大家的喜爱（见图5），不难看出，这些活动都是比较受当下年轻人追捧的，可见大学生们的喜好紧跟时代潮流。

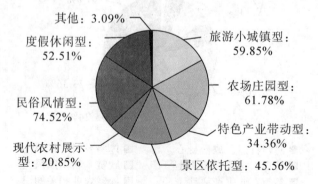

其他：3.09%
度假休闲型：52.51%
旅游小城镇型：59.85%
农场庄园型：61.78%
民俗风情型：74.52%
特色产业带动型：34.36%
现代农村展示型：20.85%
景区依托型：45.56%

图4　偏好的乡村旅游类型

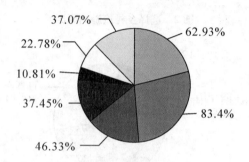

37.07%
62.93%
22.78%
10.81%
37.45%
83.4%
46.33%

■ 乡村养生度假　　■ 游览观光特色村落或田园风光
■ 湿地观光游憩或科考　　■ 水上运动　　■ 室内活动
□ 山地运动　　□ 露营

图5　偏好的乡村旅游活动

3.7　选择乡村旅游的意愿与出游次数、出游目的、出游花费之间的关系

相关分析是考察两个变量之间线性关系的统计方法，相关性包括正相关、负相关、零相关三种，由于分析之前我们不清楚存在何种相关关系，因此参数设置选择双侧检验，输出的结果不为零。一般先确定原假设 H0：假设两个变量没有线性关系，如果输出结果 P 值大于 0.05（一般假设检验的显著性水平为 0.05）则接受原假设，即两变量间无线性关系；若 P 值小于 0.05，则拒绝原假设，说明两变量间存在线性关系，且相关系数 R 值越大越相关，其中正数为正相关，负数则为负相关。

利用相关分析去研究一年的出游次数、一次出游的花费和是否会选择乡村旅游之间的相关关系，使用 Pearson 相关系数去表示相关关系的强弱情况。具体分析可知：一年的出游次数和一次出游的花费之间的相关系数值为 0.233，接近于 0，并且 p 值为 0.104>0.05，因而说明一年的出游次数和一次出游的花费之间并没有相关关系。一年的出游次数和是否会选择乡村旅游之间的相关系数值为 0.161，接近于 0，并且 p 值为 0.265>0.05，因而说明一年的出游次数和是否会选择乡村旅游之间并没有相关关系。

3.8 选择乡村旅游的原因与喜欢的乡村旅游类型、乡村旅游活动之间的关系

通过多重响应分析得到选择乡村旅游的原因与乡村旅游类型交叉表和选择乡村旅游原因与乡村旅游活动交叉表，我们可以发现选择乡村旅游的原因和最终喜欢的乡村旅游类型之间存在着一定的关系。选择乡村旅游的原因中回归自然、放松身心，欣赏田园风光，体验乡村民俗风情这三个的比例明显高于其他一些原因，分别为 86%、76.4% 和 73.6%，基于这些原因，他们在选择喜欢的乡村旅游地类型的时候非常接近，都偏爱民俗风情型、旅游小镇型和度假休闲型，尤其是民俗风情型的乡村旅游地，比重都在 60% 以上。在乡村旅游活动选择上，不管是基于何种原因出游，在活动选择上主要集中在游览观光特色村落或田园风光、乡村养生度假、湿地观光游憩或科考这三项上，室内活动、山地运动及露营都相对冷门。这可能和大家认为露营需要去专门的露营地，山地运动需要去专业的山地运动地进行有一定的关系，但同时乡村可以结合自己的实际地理位置和自然资源去提供相应的服务，比如山区的乡村如果能提供一些山地运动，那也能够满足一部分客人，同时将该乡村景区和其他景区区分开。由此可见出游原因对参与的乡村旅游活动影响并不会特别大，除非是一些比较特殊的原因。

4 结论

根据以上的分析我们得到结论，大学生是否会选择乡村旅游和他的性别、年龄、出游次数及出游花费都没有必然联系，这在很大程度上取决于个人主观喜好，并且和出游时的很多综合因素有关。因此乡村旅游从业者就要想办法让这些学生能够接触到乡村旅游信息，并且爱上乡村旅游，这需要从产品提供和营销宣传两个方面入手。

产品提供方面，根据前文的分析，大学生选择乡村旅游最主要的原因包括回归自然、放松身心，欣赏田园风光及体验民风民俗等，而这些恰恰是乡村旅游最大的特点，因此在产品的设计上，应该结合乡村旅游地的特色，保持乡村

旅游地的原貌，让大家能够真正地亲近自然，体验最淳朴的乡村生活，避免过度商业化和千篇一律。为提升大家的体验感，可以设计一些农事体验活动，比如竹编村，就可以安排竹编教学，让大家参与其中。饮食上，需要有当地的特色菜，并且可以安排游客自己采摘，既吃得新鲜，还能体验采摘的快乐；住宿上，按照当地的特色风格进行装饰，加入一些田园的、农家的东西做点缀；商业购物上，销售与旅游地相关的特色商品，避免所有乡村旅游地卖的都是一样的东西，毫无特色。

营销宣传方面，首先，选择大学生喜欢的并且经常使用的营销渠道，将旅游产品的宣传放在微信公众号、第三方旅游 APP 或者是旅游官网上；其次，在宣传内容上需要足够吸引眼球，尽可能结合当下的热点，在文案中加入一些大学生喜欢的网络用语，能快速吸引他们的注意力；再次，在预算足够的前提下，可以邀请一些大学生喜欢的名人偶像来作为乡村旅游地的形象宣传人，这对乡村旅游地在大学生群体中的传播可以起到加速的作用；最后，乡村旅游地可以跟所在地周边的高校一起合作举办一些大学生的活动，比如唱歌比赛、跳舞比赛、设计大赛、创新创业大赛、寻找最美大学生等，既能起到宣传促销的作用，同时又能丰富乡村旅游地的活动体验，两全其美。

参考文献

［1］朱洪端，张宗书，蒋敬. 成都乡村旅游景观特色营造研究［J］. 合作经济与科技，2019（8）：28-30.

［2］杨易凤. 大学生乡村旅游行为特征研究：以北华大学在校学生为例［J］. 度假旅游，2019（3）：8-9.

［3］张思佳. 海南省在线大学生乡村旅游期望构成及影响因素［J］. 区域治理，2019（12）：196-198.

小学校园网球课内外教训融合模式的多维研究[①]

休闲运动管理系 欧繁荣 杨成

摘要： 随着网球运动的普及，受众群体在各领域广泛扩展；校园网球承担着网球人口的覆盖、网球文化传承和优秀选手选拔的社会责任和教育定位，近年来也在我国全面推广。目前，网球进校园大多采用网球课结合课外俱乐部训练的模式，但也存在着诸多问题。本文通过对我国小学校园网球课内外教学与训练的融合模式的研究，梳理出几类融合模式，研究从专业到业余、从俱乐部到代表队、从高校到小学、从运动项目到特色课程、从技能内涵提升到学科目标引领的多维途径，并分析中小学校园网球的发展和趋向。

关键词： 小学；网球；教学；训练；融合

在全国卫生与健康大会上，习近平总书记提出"健康中国"理论，对全国学校健康及学生体质教育意义十分重大，对全面提升学生身体素质做出了较为全面的要求和重要方针引领。近年来随着经济的进一步发展，国民对身体健康的重视程度越来越高。随着校园足球热潮的全国推广，越来越多的学生走向运动场，在体育运动中网球以其独特的魅力吸引越来越多的人参与进来。尤其在 2011 年李娜法网夺冠让四大满贯赛场中第一次有亚洲单打选手夺冠，更是让国人倍感振奋。中国网球公开赛、上海网球大师赛这些超级赛事的举办，让人们更有机会近距离地观赏网球明星的精彩赛事，推动了我国网球运动的蓬勃开展，更多学校孩子对网球的热爱程度日趋增长，网球由小众项目进入学校开展越来越有必要性和时代性。

目前网球进校园推广中存在着诸多系列问题，一定程度上制约着网球教学

① 【项目基金】：四川体育产业与公共服务研究中心课题（课题编号 SCTY2021YB09）；四川省民办教育协会课题（课题编号 MBXH21YB80）；2021—2023 年高等教育人才培养质量与教学改革项目客体编号：YXJG-21012）.

注：文章已发表于《教学与管理》（中文核心），2020，（2）

与训练实施。首先，很多学校没有设立网球课程是最为突出的问题，由于很多学校领导不重视以及对网球宣传不到位让家长及学生对网球的认识较少，导致很多学校没有开设专门的网球课程。大多学校也没有专门的网球场地，一些有网球场地的学校数量也极其有限，而全班几十人共用一个网球场地教学的现象较为普遍。其次，资金的缺乏导致很多学校缺少场地和网球器材，在网球教学中由于专用器材的匮乏，在使用和练习中学生们很难保证每人一副网球拍，几乎都是两三人一个球拍轮流体验，学生练习的频次很低。在教学实施开展中每周网球的授课学时很少，学生们掌握网球水平的层次各不相同，导致一些学生对参与网球的积极性不高。此外，在教学中由于学校缺乏专职网球教师，很多小学体育老师大多数是篮球、足球、乒乓球等专项，对网球这一新兴项目的接受度尚存陌生，大多只是接受过网球初级训练，在网球教学中对动作掌握程度不熟练，不利于学生教学与训练质量的保障。网球是一项全身性专业化的技术运动，需要较为规范的技术指导和专业培养，在我国网球属于新兴项目，小学生们普遍基础性较差，每节课老师面对一个班四五十个学生教学讲解练习很难全面到位，大多学生只能自己练习不易形成初学规范，容易使学生产生一些错误动作，极大地消除了学生的网球运动兴趣。

我国小学的体育教学不仅可以促进学生的生长发育，增强身体素质，还能培养其良好心理品质。由于网球是一项复杂全身性有需要高度集中注意力的运动，小学校园网球课的开展对学生身体与心理都有着较好的促进作用。在小学中开展网球进校园活动，促进课堂教学和课外训练的有机结合，整合相关资源和优势，能够在教学中提高学生学习网球的兴趣，培育良好的学习氛围，同时训练中能让学生在课外体育活动中提高网球专项技能水平，形成网球后备人才的储备，让网球在小学校园充分焕发活力与激情。目前我国小学校园网球课内外教训融合有以下几类模式：

1 从专业到业余的融合——小学校园网球教学师资资源的共享

师资是保障小学校园网球推行的重要因素，依靠现有的小学师资来承担网球项目的推进的确存在一定的困难和局限，通过高校网球师资方面独特的优势资源，小学加强与当地的高校合作和交流，让高校的网球教师和专选学生进入小学，开展交流、培训、授课；实现网球师资资源的共享以及专业与业余的有效融合。小学应该通过与高校的合作，把高校网球专业的学生在小学开展见习活动，提高学生的网球教学和训练能力，也可以通过实习使网球专业的学生有更多的机会走进小学让其教学能力得到锻炼与提升。高校网球专业老师和学生进入小学传授网球就是为了更好普及网球知识和技术，同时进一步普及网球文化，推进小学学生网球运动的发展，培养小学生对网球运动的兴趣、熟练掌握网球技能，提高体育教师对网球运动科学锻炼指导的能力，储备网球后备人才。

小学师资通过接受高校网球专业教师有目的的辅导，有步骤、有计划、有层次地培训，培养各个小学校开展网球运动项目的骨干体育教师，能够在今后的校内网球课程教授方面成为各小学的主力军。同时把先进的网球理念带入小学的教学中，让学生更能有效地掌握网球专业技术。在网球培训与教学中从课程组织、课程设置安排、网球教材的甄选、课程的内容等多方面做好了充分翔实的准备，为小学在网球教学中提供充足的各项保障，实现网球教学师资资源的共享。

2 从俱乐部到代表队的融合——小学校园网球训练体系的共建

通过在小学成立网球俱乐部，吸纳有兴趣的学生参与网球活动，让更多的学生参与网球活动和训练；通过人数的增加可以遴选出优秀的学生在学校组建男、女网球代表队代表学校参加各种赛事，在小学四年级以上就可以构建班级、年级网球代表队；通过举行校园网球联赛让更多学生参与小学网球赛事体验，提高综合能力，使优秀的学生作为代表队训练并代表学校参加各类比赛，这样有利于形成较为完备的网球训练和竞赛体系。

在网球训练中通过老师的培训，让高校和小学校老师联合制订系统、科学的网球训练计划，逐步构建课内外、俱乐部和代表队相结合的校园网球训练体系，定期邀请高校优秀网球老师对小学学生代表队和俱乐部提供技术指导和教学训练。在俱乐部和代表队网球训练中应该相互联系，各有侧重点。在网球俱乐部的训练中更多以提高学生对网球的兴趣为主线，结合网球项目本身的特点设计出的符合学生身心发展的网球训练目标，主要是以学生的学习为主，重视学生网球积极性和主动性。学校网球代表队在训练中因为网球运动项目竞技的特殊性，训练内容的选择以提高技能夺取比赛胜利为主，同时理论知识的学习应贯穿在技能的学习中，这样对于技术的掌握更有利。同时两者的训练都应考虑各种因素，如学生的接受水平、训练的内容和学生现有的技能认知水平等实际情况，针对不同的教学内容应采用科学合理的教学方法。教练员在充分了解学校的情况基础上，制订出符合学校网球代表队的训练方法与计划，同时学校网球教师应注重自身能力提升，通过俱乐部和代表队间的相互联系让学校网球水平得到全面提升。

3 从教练到球员的融合——小学校园网球竞赛成绩的共荣

在小学校网球开展的同时，也要定期参加校际比赛，组建本校校队参与省（区、市）主办的各级联赛，培养集体荣誉感。鼓励有天赋、有潜力的学生参与校外网球训练、培训和比赛，向各类网球优秀运动队输送人才，为学生提高网球竞技水平和运动能力创造条件。同时也要重视校网球队队员的文化学习，制订相应的文化学习计划，保证其文化学习成绩达到同年级平均水平及以上，让其以后在升学方面可以通过网球的特长进入较好的中学或大学，也可以通过这方面的优势宣传让更多家长学生参与到网球项目中来。

在校园网球文化的发展中可以与高校和校外俱乐部建立多维联系，开展关于训练、比赛、教学等网球的主题活动。在网球赛事中建立少年儿童比赛交流机制，全面促进提升网球办赛水平、竞技水平，使小学校园网球运动发展越来越成熟，越来越规范。也可以让一些获得高名次的学生去网球环境较好的中学或俱乐部进行高水平的集训，并参加各类比赛进行交流与对抗。在学校进行网球赛事举办中应该使整个赛事更具完善，建设常态化学校课余网球竞赛机制，不断完善校内网球竞赛体系。每学年组织班级内比赛、年级联赛、学生个人技巧挑战赛等，同时也要积极申请承办本地校际校园网球赛。

在网球竞赛中，我们可以通过联合高校以及俱乐部较高水平教练的带训参赛，让其通过指导学生参赛具有一定的比赛解读能力，培养具有潜质的网球苗子。学校在网球竞赛中，不仅要重视学的训练，而且要对参加比赛的学生和教练员以肯定和鼓励。学校对于网球竞赛中的奖励不仅仅是奖励在网球比赛中获得名次的学生和带队的教练，在设计奖项中应该多元化、全面性。可以设立比赛名次等级奖。对于取得优异成绩学生进行奖励更能激发其再接再厉；可以设立顽强拼搏奖给予比赛中敢打敢拼不放弃学生以鼓励让其以后更能刻苦训练比赛；可以设立优秀教练员奖对辛苦带队训练和比赛高校的老师和学生以及学校网球老师以鼓励，肯定他们训练的辛苦的同时，更有利于提高他们带队训练的动力。学校网球运动的成绩都是多人的付出和团队的努力，应该体现共建和共荣的指导思想。

4 从高校到小学的融合——校园网球文化普及与传承共促

网球文化普及可以在校内利用课后或节假日时间组织系列关于网球主题活

动，打造具有吸引力的活动模式，使更多的小学生参与到网球运动中来。如网球亲子游戏通过网球活动让家长陪伴着孩子一起学习成长，与孩子共同体会成长中的快乐与困惑，让学生和家长更能了解网球，让更多学生参与网球。同时也可以开展网球知识竞赛，让学生了解网球知识，激发对网球运动的兴趣，培养学生掌握网球高雅文化和优雅礼仪，学会尊重对手和善待同伴，学会良性竞争和培育勇气，学会坦然面对成功的赢球和有尊严的输球。发展学生特长，促进学生身体、心理及社会适应能力等方面和谐的发展，丰富学生校园生活。网球运动在小学校有更好的发展空间，不仅要有好的训练体系、好的教练，还要坚持开展网球运动，普及网球文化和传承，更有利于网球项目在学校长期、稳定地发展。

5 从运动项目到特色课程的融合——网球项目与校园课程归一的共属

学校积极探索网球从运动项目回归到学校教学上，实现体育与教育结合，以网球项目为载体，开展多渠道、多形式的校园网球活动，网球文化与音乐、美术、写作、英语等学科渗透融合育人新路径。最终达到以球健体、以球育德、以球促智的育人目标，让学生健康快乐地成长，实现网球项目与校园课程归一的共属。

在网球与课程的融合中，可以通过互联网为校园网球搭载信息平台，通过微信建立公众号让师生网络互动，不断提高教师网球教学水平；在公众号中可以设计可操作的评级体系，激励学生参与校园网球各环节，提高自我评价；鼓励家长对校园网球课程及教学进行反馈，及时了解校园网球活动动态，不断提高校园网球训练和教育水平。在网球课堂中必须结合学校和学生实际，降低活动难度，创新活动模式，让学生能玩会玩。学校可以采用短式网球方式，使用泡沫球，重量轻，阻力小，学生易接受，好掌握。因地制宜，采用"移动式"网球场地，球网可收可放，有效解决场地不足问题，充分利用学校现有条件，规划出一面趣味性、知识性、实用性相结合的网球墙，尽量给学生创设训练的条件。在网球游戏中设计学生喜闻乐见的趣味活动，像网拍颠球、传球接力、拍球绕竿等，既降低了网球活动难度，又提高了学生参与的积极性，更好地促进校园网球运动普及和开展。积极探索网球项目与校园课程模式和体系，实现体育与教育两者价值功能的融合。

6 从技能内涵提升到学科目标引领——校园网球竞技价值与核心素养的共融

小学校园网球的推广，学生一方面可以提高网球运动水平，参加网球竞赛及各类赛事，另一方面也可以实现校园网球的竞技价值，让学生在竞争中学会成长。学生在比赛中会面对不同类型、风格迥异的对手，赛场上的比拼有输有赢，赢球而不骄傲，输球而不气馁，同时也让学生明白成功并非只凭借个人的能力便可达成，而是需要多数人合力而为。一个好的团队可以凝聚起强大的力量，激发团队的合作意识，可以帮助孩子们更早地适应竞争社会、培养竞争意识，让他们更好地把握自己，建立强大的人格与心理，塑造不服输的个性特征，不断挑战和突破自我。

青少年时期参加网球训练，在提高学生核心素养方面有着极为重要的作用，对于处在生长发育期的孩子发展体质及打球的学生自身的气质培养均有较好的影响。同时对人际交往培养也有其独到的作用，网球运动在内在培养中，对于孩子注意力的训练有不可替代的效果，可以成为克服由于专注力不集中孩子学习效率低下的关键因素。网球对于提升孩子专注力和培养孩子建立独立思维模式、独立思考能力有较为明显的帮助。由于网球战术变化丰富，要求孩子学会思考和判断，思维能力和应变能力将得到有效的提升，可以启发孩子的灵感，很好地发展孩子的想象力。网球是一项灵活而完美的运动，从网球的技能提升到全方位的引领，让网球竞技价值与核心素养得到有效的融合。

我国小学校园网球课内外教训融合模式体现了校园网球发展的思路和趋向，有条件的地区和小学校应联同高校资源整合师资力量、器材场地、学生的兴趣，建立较为全面的课程和竞赛体系。努力克服校园网球在我国小学校园推广的困境，构建小学网球课内外教学与训练融合的全新模式，大力发展校园网球，实现多维体系和全度融合。真正让网球走进小学校园，全方位融入教学课堂和课外训练中，推动学生从网球技能学习提升到学科健康目标引领，达成体育兴趣和全人教育的时代人才培养目标。

参考文献

［1］刘朝根.上海市闵行区中小学网球课开展现状调查与研究［D］.上海：上海师范大学，2012.

［2］朱世霞.成都试点小学校园网球开展现状调查及对策研究［D］.成都：成都体育学院，2012.

［3］耿聪.北京市部分小学校园网球活动现状调查分析［D］.兰州：西北师范大学，2014.

［4］赵庆民.微课在网球教学中的应用研究［D］.天津：天津体育学

院，2017.

［5］刘凌晓. 中小学校园网球课堂教学体系的构建［D］. 武汉：武汉体育学院，2017.

［6］颜攀力. 成都市小学校园短式网球开展现状及对策研究［D］. 成都：成都体育学院，2018.

英语中表示列举和顺序的词语[①]

外语系　汪艳

摘要：表示列举和顺序的词语是英文写作中不可或缺的话语标记语。中学生使用话语标记语的策略意识不强，写作中经常出现误用。基于语料库，本文对常见的列举性和顺序性标记语的用法进行了分析。

关键词：话语标记语；列举；顺序

中学生写作普遍存在逻辑结构混乱、表意不清的问题。究其原因是话语标记语的使用错误造成的。话语标记语是展现话语整体逻辑关系和局部句子之间关系的符号，对话语理解至关重要。话语标记语虽不传达语义，但是提供信息引导作用，具有程序性意义。表示列举和顺序的词在写作的逻辑流畅度方面举足轻重。

在英语中，表示列举和顺序的词语较多，有的以单词形式出现，有的以短语形式出现，但在句中通常都作状语（偶尔也用作其他句子成分）。本文以母语语料库 Brown 语料库书面语部分为例，就英语中一些表示列举和顺序的词语做一一概述。

1　表示列举和顺序的单词

1.1　用 first（firstly）、second（secondly）、third（thirdly）、fourth（fourthly）、fifth（fifthly）等表示列举和顺序

例如：

First（firstly），the poor girl had no clothes；second（secondly），she had no home；third（thirdly），she had no friends. 首先，这个可怜的女孩没有衣服；其次，她没有家；最后，她也没有朋友。

First think and then speak. ［谚］先想再说。

Firstly，she did not intend to marry at all；secondly，she meant to go on with her

---

①　注：文章已发表于《中小学英语教学与研究》（中文核心）

studies. 第一，她不想结婚；第二，她想继续学习。

There are three reasons why I hate him: first (firstly) he's a cheat, second (secondly) he's a liar, and lastly (finally) he owes me money. 我不喜欢他有三个原因：第一，他是个骗子；第二，他说谎；最后，他欠我钱。

First, I wish both of you good health. Second, I wish both of you success in your work; and third, I wish both of you good luck in everything. 第一，我祝你俩身体健康；第二，祝你俩工作顺利；第三，祝你俩一切顺遂。

1.2　用 last、lastly、finally、next、then 等表示列举和顺序

例如：

And last, I'd like to talk about the economic aspect. 最后，我想谈谈经济方面的问题。

Lastly, let me mention the great support I've had from my wife. 最后，我要提到我从妻子那里得到的极大支持。

And finally, I would like to thank you all for coming here today. 最后，我感谢大家今天的光临。

First, we mixed the flour; next, we made the tarts. 我们先和面，后做果馅饼。

Next, I heard the sound of cars. 接着，我听到了汽车的声音。

First, we go over the story, then we make an outline of it, and finally we retell it. 首先，我们将故事看一遍，然后写出一个大纲，最后重述这个故事。

First cook the onions, then add the mushrooms. 先炒洋葱，然后放进蘑菇。

We lived in France and then Italy before coming back toEngland. 我们在返回英国之前，先住在法国，后来住在意大利。

First he went to Paris, then he went to London, then he made up his mind to go to New York, and finally decided to come home. 他首先到巴黎，然后到伦敦，后来拿定主意再到纽约，最后决定回家。

The thief first provided himself with a key; then slipped into the house; next secreted himself in a cupboard, and finally took advantage of her nap after dinner to rifle her jewel-case. 小偷先准备了一. 把钥匙，然后潜人屋子里，再后就藏身于橱柜中，最后趁她饭后小睡之机偷走了她的珠宝箱。

值得一提的是，只有指三个或三个以上的人或物时才能用 last，如指两个中的第二个要用 second 或 latter。比如，要说 the last quarter of the century, the second (latter) half of the century.

2 表示列举和顺序的短语

2.1 用 at first、first of all、first and foremost、first off、from the first、(the) first thing 等表示列举和顺序

例如：

He showed some reluctance at first, but finally consented. 起初他好像有点不大情愿，但最后还是同意了。

At first she was a little shy in class, but now she acts more natural. 开始在班上她有点腼腆，但现在她行为自然多了。

First of all (First and foremost) we must make the best use of our present equipment. 首先，我们要充分利用现有设备

First off, we thanked him for the invitation. 我们首先对他的邀请表示感谢。

From the (very) first I disliked the man. 从一开始我就不喜欢那个人。

I'll do it (the) first thing tomorrow. 明天我首先要做这件事。

I shall phone her the news (the) first thing when I get there. 我一到那里，最先要做的第一件事就是打电话把这个消息告诉她。

2.2 用 at the beginning、from the beginning、for a start、to begin with、to start with 等表示列举和顺序

例如：

At the beginning I didn't know what to make of it. 开始时我不明白是怎么一回事。

At the beginning Mary showed some reluctance, but finally agreed to marry Tom. 在开始的时候，玛丽好像有点不大愿意，但最后还是同意嫁给汤姆了。

He had a perfect understanding of things from the beginning. 从开始他就对事情了解得很透彻。

It won't work. For a start, it isn't a good idea, and second, it'll cost too much. 此事行不通。首先，这个主意并不好；其次，此事花钱太多。

To begin with, he's too young; Secondly, he has not finished his studies. 首先，他太年轻；其次，他还未完成学业。

There are many reasons why he shouldn't get the job. Tostart with, he isn't qualified. 他不应该得到这份工作有很多理由。首先，他不合格。

2.3 用 one… another、one… the other 等表示列举和顺序

例如：

If you don't like this one, try another. 如果你不喜欢这个，试试另一个。

One person may like to spend his vacation at the seashore, while another may prefer the mountains. 个人也许喜欢在海滨度假，而另一个人也许喜欢在山里度假。

I have two brothers; one is twenty, and the other is fifteen. 我有两个兄弟：一个 20 岁，另一个 15 岁。

He held a book in one hand and his pen in the other. 他一手拿着书，一手拿着笔。

Here are two books. One is for Susan, and the other is for Jack. 这里有两本书，一本给苏珊，一本给杰克。

需要说明的是：

（1）another 一般指不定事物中的另一个；指两件东西中的另一件用 the other。例如：I have two pens. One is red, and the other is black. 我有两支钢笔，一支是红色的，另一支是黑色的。

不可说：I have two pens. One is red, and another is black.

（2）谈到三个人或物时，通常说：one, another（a second），the third（the other）。谈到四个人或物，则说：one, another, a third, the fourth（the other）。以此类推。例如：

There are three pens on the desk. One is red, another is black, and the other is blue. 桌上有三支钢笔，一支是红色的，另一支是黑色的，剩下的一支是蓝色的。

He has three sons. One is a teacher, another is a doctor, and the third（the other），an engineer. 他有三个儿子：一个是教师，一个是医生，还有一个是工程师。

（3）可用 still another 引出第三者。例如：One person may like to spend his vacation at the seashore, another may prefer the mountains, while still another may choose a large metropolis. 一个人也许喜欢在海滨度假，而另一个人也许喜欢在山里度假，还有人也许喜欢在大都市度假。

2.4 用 for one thing... for another、in the first place... in the second (third...
) place 等表示列举和顺序

例如：

For one thing, she dances; for another, she is fond of singing. 一则她能跳舞，二则她喜欢唱歌。

For one thing I don't like the color, and for another the price is too high. 一则，我不喜欢这个颜色。再者，价格也太高。

Well, in the first place he has all the right qualifications. 嗯，首先，他符合一切条件。

We don't know how the moon was formed in the first place. 我们不清楚月球原先是如何形成的。

Stealing is wrong, in the first place, because it hurts others, and, in the second place, because it hurts you. 盗窃是错误的，第一，因为害人；第二，因为害己。

2.5 用 on the one hand... on the other hand 等表示列举和顺序

例如：

On the one hand, I am your teacher, and on the other hand, I am your friend. 一方面我是你的老师，另一方面，我也是你的朋友。

On the one hand we could stay and help you, but on the other hand, it might be better if we went to help her instead. 一方面，我们可以留下来帮助你，但另一方面，如果我们去帮助她，也许会更好些。

不过，在实际使用中，我们常可见到只用 on the one hand 或 on the other hand 的情况。例如：

On the one hand I want to buy this new car, but I feel that it costs too much money. 一方面我希望买下这辆新车，但我又觉得太贵了。

I never could remember poetry. On the other hand, I remember numbers. I never forget an address or a date. 我从来记不住诗歌。但是，我记得数字。我从不忘记一个住址或一个日期。

2.6 用 last of all、last but not least 等表示列举和顺序

例如：

And last of all, I would like to thank Mr. Smith for all his help. 最后，我想感谢史密斯先生的一切帮助。

Last but not least, I'd like to thank all the catering staff. 最后但同样重要的

是，我要感谢所有的餐饮工作人员。

Billy will bring sandwiches, Alice will bring cake, Susan will bring cookies, John will bring potato chips, and last but not least, Sally will bring the lemonade. 比利带三明治来，爱丽丝带蛋糕来，苏珊带饼干来，约翰带马铃薯片来，最后但同样重要的是莎莉带柠檬汁来。

值得一提的是，at last 和 at the last 都可以说，但 at last 更常用。at the last 习惯上只指时间，不指次序。在列举事物时，最后一项内容应用 finally、lastly、last of all，不可用 at（the）last。

3 结束语

表示列举和顺序的话语标记语在语篇衔接、逻辑通畅方面发挥着重要作用。文章发现，列举和顺序标记语不能简单对应中文用法习惯，要注意其差别，以免形成语用石化。

参考文献

［1］陈庆斌. 大数据时代的大学英语写作教学模式重构［J］. 外语学刊，2016（3）：129-132.

［2］冉永平. 话语标记语的语用学研究综述［J］. 外语研究，2000（4）：8-14.

尊重教育：人学视域德育创新之路

财务管理系　李菲

摘要：新时代，人学视域下的尊重教育具有理论基础与实践意义。尊重教育必须以尊重学生为核心，尊重人性、天性、个性与德行，涵养良心、童心、慧心与爱心。

关键词：尊重教育；人学；德育创新

长期以来，高校德育工作成效不明显是常为人们所诟病的一个客观事实。为了走出德育成效低下的困境，众多专家从理论与实践等维度进行了研究与探索。新时代，人学视域下的尊重教育或许是德育创新的一条新路。

1 尊重教育的理论基础

尊重教育的核心是"尊重"，但两者是不能画等号的。《现代汉语词典》对尊重的释义是"尊崇或重视"。所谓"尊重"，一般是指对人或物的重视态度和方式。所谓"尊重教育"，是指在教育尤其是德育实践领域，教育工作者在以尊重为核心的基础上所产生的合规律、合人性及合价值的思想理念与行为方式。在这里，合规律主要是指尊重教育规律，使德育工作符合教育规律；合人性主要是指尊重教育对象以及教育者，在德育工作充盈、完善与发展人性；合价值主要是指尊重教育价值与效果，使德育工作达成预定的价值目标。在尊重教育中，"尊重"既是教育内容，又是教育手段；既是德育工作应遵循的基本原则，又是对学生的基本道德要求，还是德育工作的育人目的，即引导学生学会尊重。

尊重教育具有深厚的心理学基础，因为尊重是人最基本的心理需要。在心理学领域，对尊重重要性的研究理论首推马斯洛的心理需求层次论。他认为，人的需求可以分为五个层次，由较低层次到较高层次排列，即生理需求、安全需求、爱和归属感的需求、尊重以及自我实现的需求。他认为，尊重需要获得满足，这会增强人的自信心，使人感受和体验到自身价值，从而对社会充满热情、乐于奉献。人学视域下的尊重教育理念正是建立在学生的这种尊重需要的基础之上的。只有满足学生尊重需要的德育，才能走进学生心田，使学生产生获得感与幸福感。

尊重教育具有深厚的伦理学基础，因为尊重是人最基本的道德品质。道德既是人之为人的基本品质，也是人类的一种基本伦理精神需求，是人类最起码的道德共识。而尊重是人的精神需要的基础与核心，既是道德自律性的集中体现，又是道德学习的基础，可以促进受教育者自觉进行道德品质的构建。

尊重教育具有深厚的教育学基础，因为尊重是人与人之间最基本的交往准则，是构成良性师生关系的重要基础。在人类教育史上，启蒙思想家卢梭最早关注教育者对儿童的尊重。他提出了"儿童中心论"和"自然主义教育"思想，主张教育要尊重儿童的善良天性，给儿童充分的自由。20世纪初，蒙台梭利和杜威等人更是在自己的教育理论与实践中将卢梭的教育思想发扬光大。时至今日，人文主义教育也好，生命关怀德育也罢，都给予"尊重"独有的教育地位。

在我国深厚的文化传统中，人们大多是强调学生对教育的尊重，"师道尊严"大行其道。不过，也有一些思想家和教育家关注到教师对学生的尊重。例如，孔子的"因材施教""不愤不启，不悱不发"等思想。五四运动以后，现代尊重理念才开始被注入新的成分，并逐渐得以发展。

2 尊重教育的实践意义

尊重不仅是最起码的伦理道德行为规范，而且是崇高人格品质的基础与生长点，具有重要的教育意义。无数事实证明，任何德育改革创新，不关心学生尊重需求，不能涵养学生的尊重品质与人格，就会远离教育和德育的本质与真谛、价值与意义。尊重教育对于学生成长、教师发展与学校德育发展，都具有无法估计的价值与意义。

2.1 涵养学生良好伦理道德之必需

尊重既是一种积极健康的伦理道德素养，也是中华民族的传统美德，还是社会主义社会的基本道德规范。从尊重教育的内容与育人目标的维度来看，尊重教育就是要引导学生尊重自己（如"尊重生命，悦纳自己"）、尊重他人（如"平等待人，关爱他人"）、尊重社会（如"遵守规则，遵守公德"）、尊重自然（如"爱护环境，节约资源"）、尊重知识（如"追求真理，勇于探索"）等。

2.2 构建师生和谐人际关系之必要

在传统教育实践中，"尊重"一般是单向的，如"尊老爱幼"。尤其是在"天地君亲师"的思想意识支配下，在高校教育工作中，一方面"尊师重教"和"师道尊严"等本理念成为正统，另一方面强调的是"尊师爱生"和"孺子可教"。学生尤其是青年学生只在受教育、受爱护之列而不在受尊重之列。

随着时代的发展，尊重的内涵、对象及意义都发生了很大的变化。在高校教育实践中，"尊重"具有相互性和动态性特征。人们不仅强调"尊老"，而且主张"尊幼"；不仅强调"尊师"，而且主张"尊生"。在这里，"尊生"与"爱生"中的"爱护"具有不同的内涵。从社会学角度来看，"爱生"中的"爱护"其实隐含着社会等级和距离，是高位对低位之爱、是强者对弱者之爱。而"尊生"中的"尊重"则凸显一种社会认知与情感，是人格地位平等，是人与人之间的相互依存与同舟共济。

2.3 促成高校德育工作成效的必由之路

长期以来，高校德育工作过多注重培养社会主义建设者和接班人的社会价值，而轻视、忽视甚至无视德育涵养人的道德素养乃至促进人的全面发展的个体价值，其结果往往是德育目标"高大上"，而德育内容"假大空"，德育效果不尽如人意。尊重教育理念恰好为我们提供了改变德育工作传统价值取向的契机。涵养人的道德素养，促进人的全面发展，是德育最本质的价值目标与意义。因此，尊重教育可以引导我们从单一的社会价值取向走向社会价值与个体价值有机结合、辩证统一的价值取向。尊重教育正是涵养道德素养、促进学生全面发展之必需，是促成高校德育工作成效的必由之路。

3 尊重教育的基本遵循

穿越教育概念的丛林，揭开尊重教育概念的神秘面纱，把握尊重教育的内在本质、实践意义及其改革创新的正确方向与基本遵循，是摆在思政工作者面前的一项神圣而紧迫的任务。

3.1 尊重人性，守住道德良心

何谓人性？这一问题确实难以名状，但也并非完全不可捉摸。人性自有其规律所在。我们姑且可做如下设想：尊重人性，应该从为人的道德底线即良心开始。尊重教育首先要尊重人性，要把学生当作人，目中有人，并引导学生守住为人的道德底线——良心。在德育工作者眼中，不能只是将学生视为来学校学习文化知识的人。在学校德育生活中，只有尊重人性，守住道德良心，德育规章制度、"立德树人"目标才能落地生根，也才有价值。尊重本身就是人性的温暖与良知。尊重教育要求德育工作必须站在学生角度，换位思考，且宽容对待。对于青年学生的一些行为，哪怕是"教育逆反"或"抵抗教育"的行为，只要不失道德良心，都是可以宽容的。

3.2 尊重天性，不泯可贵童心

所谓天性，亦称本性，是指人与生俱来的天赋与秉性。虽然天性具有难以改变的特征，但是可以引导人向善，这正是思政德育工作可以大显身手的功能所在。好奇、好玩、好动、好美、好善都是人之天性，高校德育工作就是要呵护、唤醒和引导学生的这些天性。罗大佑有一首歌《童年》，其中唱道："总是要等到睡觉前，才知道功课只做了一点点；总是要等到考试后，才知道该念的书都没有念。没有人知道为什么，太阳总下到山的那一边；没有人能够告诉我，山里面有没有住着神仙……"这就是学生童心的真实反映。美国心理学家奇卡列说："好奇是儿童的原始本性，感知会使儿童心灵升华，为未来探究事物藏下本原。"学生的天性是由其生理、心理及年龄特点所决定的，尊重教育就是要尊重学生的天性，尊重他们的兴趣爱好，尤其要尊重和保护学生那颗可贵的童心——好奇心，从而为学生走向成功奠定坚实基础。

3.3 尊重个行，激励潜能慧心

德育工作者要想将尊重教育从理念层面转向行为方式与教育方法，就必须尊重学生个性，激励潜能慧心。具体而言，要尊重和理解学生的内心情感体验，保护学生的自尊心；要尊重学生的主体意识、个性差异、求异思维，激励不同学生的潜能慧心；要尊重全体学生，公正地对待每一个学生，给学生提供平等的人生出彩的机会。总之，我们要创造适合每一位学生的教育，因材施教，使其"各成乃器"，真正做到促进学生的德智体美劳全面自由发展。

3.4 尊重德行，弘扬仁爱善心

人之为人而与其他动物的显著区别不仅在于人具有意识，充满智慧，更在于人具有德行。学生的德行涵养比学习成绩更重要。因此，人学视域下的尊重教育必须尊重学生的德行和人格，弘扬学生的仁爱善心。所谓德行，就是人的道德品性，且不同的人具有不同的道德品性。即使是同一个人，在不同的生活环境下也会呈现出不同德行，而且要尊重同一个学生不同时期的德行。因为德行是一个不断完善和发展的过程，我们要学会欣赏，学会宽容，静待花开。同时，越尊重学生的德行、涵养学生的德行，他们也就越懂得尊重他人，懂得尊重中隐含着平等、公正、仁爱、人格等价值与意义。

参考文献

[1] 王丽娜."尊重"理念在高校思想政治教育中的应用研究 [D]. 石家庄：河北师范大学，2008.

注：文章已发表于《中学政治教学参考》（中文核心），2018，（7）

一种面向图像线特征提取的
改进投票域的张量投票算法

基础教学部　王莉　西安理工大学　苏李君

摘要： 张量投票算法是利用人类感知功能原理进行计算的，它具有较强的鲁棒性、非迭代性、参数唯一性等特性。其非迭代性具有节省计算时间的显著性特征，因此，广泛应用于图像线特征提取方面，但在一些复杂的含有噪声的图像中，却不能得到更为连续的显著线特征信息。本文针对此问题，提出一种改进的具有迭代性的张量投票算法，它主要是对投票域进行迭代改进，使改进后的张量投票算法可以提取更为连续的显著线特征，且与传统的张量投票算法对比，本文算法既缩短了计算时间，又提取了更为连续的线特征图像。

关键词： 张量投票算法；投票域；迭代；图像；线特征

引言

随着科学技术的不断发展，人们对视觉的要求也越来越高，人类感知能力在计算机视觉中具有越来越重要的意义。张量投票算法就是一种利用人类感知功能原理进行显著性图像线特征提取的较为简单、常用、有效的计算方法。该算法主要是将人类感知功能所获得图像数据加以数据结构化处理，去寻找一些显著性线特征的目标结构信息，从而应用人类感知功能进行图像线特征提取的一种有效的方法，其在工程、医学等领域有着广泛的应用。

张量投票算法最早是由 G. Guy 等提出的，该算法主要是以数据点为基元，在其所建立的投票域中通过投票的方式以及对曲线进行取向估计，使数据点聚集在一起，降低噪音，以达到数据之间的良好通信，在聚集投票点的过程中，形成了连续的显著性线特征。在张量投票算法发展初期，Medioni 等把它主要应用到三维空间中，王伟等做了进一步的研究，在三维空间中提取了交接点、曲线、曲面等显著性特征信息，从而开创了张量投票算法在三维等更高维中应用的先河。在张量投票算法不断发展过程中，它还多次应用到 CAD 工程制图进行模型的配准校对工作。

近年来，张量投票算法得到广泛应用，受到了众多学者的关注，他们对此做了大量研究。张量投票算法具有非迭代的特性使其节省了大量的计算时间，但是在一些复杂的、有缺失的目标中提取的显著性特征效果不佳，针对这类问题许多学者对其进行了大量的改进研究。学者在改进研究的过程中发现，投票域的建立在整个过程中起着至关重要的作用。2009 年，邵晓芳等对张量投票算法的投票域进行了分析，对投票域进行简化，达到了节省大量时间的目的，并将其应用到提取主观轮廓线特征等方面，取得了很好的视觉效果，但是在较为复杂的图像中线特征提取却不够连续；2011 年，A. Leandro 等对张量投票算法又进行了迭代改进，利用算法对投票域的逐步缩小进行迭代，使最后的结果增加了结构信息的精确度，提取到更为连续的线特征信息，但用时较长；2012 年，李致勋等把改进的张量投票算法应用到 MR 脑图像边界提取中；2018 年，张莹等利用改进球形张量投票算法应用 SAR 图像边缘提取中，同时也对张量投票算法进行了优化改进。利用球形投票域进行迭代，从而得到更为优良的特征信息，在迭代过程中利用广义非线性增强函数对像素的特征值进行增强处理，进而提高边缘线特征目标提取的精度，但是在迭代的过程中增大了计算时间。针对文献 [12] 和 [14] 中所出现的问题，本文提出一种改进投票域的张量投票算法，即在尽量减少计算量的同时又具有迭代性，以改善张量投票算法在图像线特征提取中的应用效果。

1 张量投票算法

张量投票算法是以数据点为基元，利用张量、矩阵论等知识，使一些没有方向的数据点聚集在一起，从而显示其显著性特征的方法，其在提取各种复杂的视觉特征结构信息方面有着较好的精度，并且具有较强的抗噪能力。它主要是由张量编码、建立投票域、投票的累加以张量分解和特征提取四部分组成，具体描述如下：

（1）张量编码：主要是把基元点表示成二阶对称张量的形式，每一个张量由两部分组成，即棒张量与球张量，两者分别表示了该基元点为孤立点或是曲线点的可能性与可能的方向。

（2）建立投票域：在算法中，投票域的建立起到了一个承上启下的作用，即每一个数据点都必须在其投票域内进行交流通信。投票域的建立是与数据点本身的性质相关联，且投票的强弱是与曲率大小和长度呈反比的，距离越远，曲线形成越弱，在此基础上构造衰减函数表示投票域的强弱变化，衰减函数为

$$DF = \exp\left(-\frac{s^2 + ck^2}{\sigma^2}\right), \tag{1}$$

式中：s 为弧长；k 为曲率；σ 为张量投票算法中的投票尺度参数；c 为尺度 σ 函数，控制曲率的退化程度，即

$$c = \frac{-18\log[(0.1) \times (\sigma - 1)]}{\pi^2}, \tag{2}$$

所以尺度参数的选取取决于投票域的大小。

（3）投票域的累加：每一个数据点搜集到所有投票域内的点对其进行的投票，对这些投票进行累加，也就对张量的累加，最终形成了一个新的张量形式。

（4）张量分解和特征的提取：每一个数据点形成的新张量又可以重新分解为棒张量与球张量形式，就可以表示此数据点为孤立点或是曲线上的点的可能性，从而得到了目标的显著性特征。

2 迭代过程

在上述张量投票算法中，投票域的建立是算法中一个非常重要的环节。要先选取一个适当的尺度参数，建立衰变函数和投票域，在应用分形维数的自适应张量投票算法中，已经得出可以由分形维数对尺度参数进行自适应控制，从而选取适当的尺度参数。但是在投票域内还是有部分噪声干扰，因为在这个过程中不能完全消除所有噪声的干扰，但是可以采用逐步减少噪声的方法解决以上问题。针对这个问题，文献［14］提出一种改进球投票域的方法，从而达到迭代效果的目的，使该方法得到的曲线特征更具有连续性，但是同时也增加了计算时间，在文献［12］中则提出一种利用改进投票域的方法来减少计算时间。本文结合以上两种方法，提出一种在尽量减少计算量的同时又缩小投票域的方法，以剔除多余的噪声，获得优良的实验效果。

2.1 建立衰变函数

建立投票域首先要确定衰变函数，本文已经提出利用分形维数对尺度参数自适应控制，即有确定的尺度参数确立衰变函数，如式（1）所示。在式（1）中 s，k 表示为

$$s = \frac{l\theta}{\sin\theta}, \tag{3}$$

$$k = \frac{2\sin\theta}{l}, \tag{4}$$

式中：l 为两投票点的距离。

由式（1）～（4）可知，衰变函数中不仅仅是尺度参数对其有影响，其

中的曲率和弧长也影响投票域的建立，曲率和弧长又是受接收点与发出点之间与 X 轴的夹角所控制，一般情况下张量投票算法按照感知原则，夹角在 $0° \sim 45°$ 间，从而确立了投票域。在张量投票算法中，投票域越小，接收点收到的信息就越少，得到连续的曲线特征就越少；反之，投票域越大，接收点收到的信息越多，得到的曲线特征就越多，其方向也就更不确定。为了兼顾两者，本文提出细化投票域的方法，逐步略去干扰主方向的点，得到一个更为均衡的结构。

2.2 改进投票域

2.2.1 细化投票域

由式（1）中可知，衰变函数的确定，就是从夹角出发，可以通过逐步减小夹角以达到简化的效果，其中夹角的确定为数据点的坐标所确定，设 $P(x, y)$，则夹角为

$$\theta = \arctan \frac{y}{x} , \tag{5}$$

逐步减小夹角，简化夹角为

$$\theta_i = \arctan \frac{i * y}{x} , i = 1, 2, \ldots, m, m \in Z 。 \tag{6}$$

根据对夹角的细化过程，从而达到对棒张量投票域的细化过程，具体细化过程如图 1 所示。

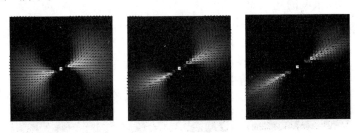

（a）$i = 1$　（b）$i = 2$　（c）$i = 3$

图 1　棒张量投票域

通过图 1 可以看出，棒张量域逐步缩小，逐步缩小选取范围，以逐步减少噪声点的干扰，进一步确定数据点的主方向。

2.2.2 简化投票域

在张量投票算法中主要是在棒张量投票域中进行投票，在图 1 中已经显示出棒张量投票域的形式，从图 1 中可以看出，投票域是一个对称图形。在一般的图像中，一个数据点两侧分为内侧点与外侧点，两侧最初始搜集到的曲线方

向为两个方向，为了避免两侧点带来方向的复杂度与偏离性，只采用数据点的内侧点对其进行投票，即只取棒张量投票域的一半区域作为投票域。在简化的过程中也可以得到相同的结果，并且在这个过程中减少了大量的计算时间。棒张量投票域的简化过程如图2所示。

（a）$i=1$　　（b）$i=2$

图2　简化的棒张量投票域

从图2中可以看出，投票域减少到了原来的1/2，这样投票的运行时间也相应地减少。

2.2.3　优化投票域

本文采用既可以达到减少噪声，又可以缩短相应的计算时间的一种优化投票域的方法，从而进行迭代，即结合细化和简化投票域的方法，对投票域进行改进。在逐步缩小投票域的同时简化投票域，只在投票域的一侧进行搜集投票数据，具体投票域的建立如图3所示。

（a）$i=1$　　（b）$i=2$　　（c）$i=3$

图3　简化迭代后的棒张量投票域

本文对张量投票算法改进后的结果，即可以节省一些不必要时间的前提下，又可以得到更好的特征信息。

2.3　终止迭代

在式（6）中，第i次迭代得到的夹角为θ_i，当为m次时，迭代终止，终止情况一般可以有直接确定m的值或是让投票域尽量小，直到$\theta_i \to 0$这种情况终止迭代次数。

3 图像线特征提取

本文主要是对张量投票算法中的投票域的建立进行改进优化，使改进后的算法既可以得到更为连续的特征信息，又可以节省计算时间，利用改进后的张量投票算法对图像的线特征进行提取，并与文献［14］中的迭代方法进行对比。

3.1 改进算法的主要步骤

（1）对图像进行边缘检测，然后对图像中每一个基元点中的"1"点编码为球张量形式。

（2）结合分形维数确定衰变函数中的尺度参数，$\theta_1 = 45°$，建立棒张量投票域。

（3）在建立投票域的基础上进行投票，也就是每一个点对其邻域内的数据点进行投票，同时接收其投票域的点对其信息的传递。

（4）每一个点收集张量信息，进行叠加，形成一个新的张量，又可以分为棒张量域球张量。

（5）回到步骤（2），缩小投票域，逐步减少夹角度数，设 $\theta_i = \arctan \dfrac{iy}{x}$，$i = 1, 2, \cdots, m, m \in Z$。

（6）依次循环，直到不满足步骤（5），最终分解张量，分为棒张量与球张量，输出相应的特征信息。

3.2 结果与分析

（1）实验中对 60 幅图像进行对比分析，由于篇幅有限，本文以选取其中 3 幅图像为例，应用文献［12］和［14］中的张量投票算法与本文改进的张量投票算法对图像进行线特征提取，其中图像中以不同的红色框图为个例，表示对显著性特征的提取的优劣性对比，如图 4 所示。

第 1 列为原图；第 2 列为应用文献［12］得出的线特征图像；第 3 列为应用本文方法 3 次迭代得出的线特征图像；第 4 列为应用文献［14］3 次迭代得出的线特征图像。

图 4　图像的线特征提取结果

　　通过图 4 几种方法提取图像线特征的结果对比可以明显看出，第 3 列本文所采用的 3 次迭代的改进方法得到了更为连续的显著性线特征，图像的轮廓更为清晰连续。

　　根据图 4 所示的 3 种方法，本文利用条形统计图图 5 显示 3 种算法在时间上的快慢，通过时间的对比可以得出，本文的方法比文献［12］和［14］3 次迭代方法缩短了大量的计算时间。

　　图 5 横坐标为随机抽取的 60 幅图像，纵坐标为 60 幅图像利用三种算法提取线特征所用的时间，通过图 5 可以看出，文献［12］与［14］3 次迭代方法

提取的线特征时间较为接近，但是本文所提出的方法明显快于其他 2 种方法，效率更高。

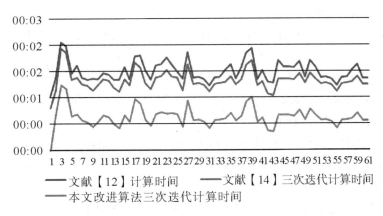

图 5　3 种算法提取线特征所用时间（以小时为单位）对比

4　结语

本文主要是在文献 [12] 和 [14] 的基础上提出了一种新的改进张量投票算法，该算法在缩小投票域的基础上进行迭代算法。传统算法中的非迭代性虽然节省了计算时间，但是针对较为复杂的图像进行显著性特征提取效果不佳，而本文中则加入了迭代性，在不断缩小投票域的基础上逐步减少选取范围，这样首先达到了逐步略去噪声点的干扰，得到更为连续的、稳固的特征信息；其次由于初始选取范围较为广阔，选取也就较为粗糙即计算时间就更少，在不断缩小选取范围的基础上再提取更为显著的特征，同时也达到了减少计算时间的目的。即本文是在基于减少时间的基础上进行迭代优化处理，将改进后的张量投票算法应用到了图像的线特征提取方面。从实验中可以明显地看出，迭代改进后的算法可以得到比原算法效果更好的图像特征，并且也减少了计算时间，获得了预期的效果。

参考文献

［1］CHENG X. Research on crack extraction based on the improved tensor voting algorithm ［J］. Arabian journal of geosciences, 2018, 11 (13): 1-16.

［2］林洪彬，邵艳川，王伟. 二维解析张量投票算法研究 ［J］. 自动化学报，2016，42 (3): 472-480.

［3］WU T P, YEUNG S K, JIA J, et al. A closed-form solution to tensor voting: theory and applications [J]. IEEE Transactions on pattern analysis and machine intel-ligence, 2012, 34 (8): 1482-1495.

[4] HUAN H. A tensor voting based fractional-order image denoising model and its numerical algorithm [J]. Applied numerical mathematics, 2019 (145): 133-144.

[5] ZHOU H, CHEN K J, ZHANG W M, et al. Feature-preserving tensor voting model for mesh steganalysis [J]. IEEE Transactions on Visualization and computer graphics, 2019 (99): 1.

[6] RASHWAN H A, PUIG D, GARCIA M A. Improving the robustness of variational optical flow through tensor voting [J]. Computer vision and image understanding, 2012, 116 (9): 953-966.

[7] 朱叶青, 黄文明. 基于张量投票的图像去噪算法研究 [J]. 通信技术, 2011, 44 (5): 110-112.

[8] 王伟. 基于解析张量投票的机械工件三维点云保特征修补方法研究 [D]. 秦皇岛: 燕山大学, 2017.

[9] 邵艳川. 基于解析张量投票机械工件三维点云特征推理研究 [D]. 秦皇岛: 燕山大学, 2016.

[10] 严燚坤, 屈建勤, 王本淇. 一种基于张量投票的 CAD 模型配准方法 [J]. 汕头大学学报 (自然科学版), 2018, 33 (4): 62-70.

[11] 邵晓芳, 灵伟, 王勇, 等. 张量投票方法的投票域计算分析 [J]. 电光与控制, 2009, 16 (9): 67-69.

[12] LOSS L A, BEBIS G, PARVIN B. Iterative tensor voting for perceptual grouping of Ⅲ-Defined curvilinear structures [J]. Medical imaging, IEEE transactions on, 2011, 30 (8): 1503-1513.

[13] 李致勋, 公慧玲, 姜建. 张量投票在 MR 脑图像边界提取中的应用 [J]. 现代计算机 (专业版), 2012 (25): 25-28.

[14] 张莹, 李爱霞, 赵红. 改进球形张量投票的 SAR 图像边缘提取 [J]. 测绘通报, 2018 (9): 59-63.

[15] 林洪彬, 王伟, 邵艳川, 等. 基于解析张量投票的散乱点云特征提取 [J]. 图学学报, 2017, 38 (2): 137-143.

注: 文章已发表于《河南大学理工学报》(中文核心), 2020.10